# 新时期绿色建筑
# 经济效益与评价构建研究

沈凤斌　著

吉林科学技术出版社

图书在版编目（CIP）数据

新时期绿色建筑经济效益与评价构建研究 / 沈凤斌
著 . -- 长春：吉林科学技术出版社，2019.10
ISBN 978-7-5578-6168-1

Ⅰ．①新… Ⅱ．①沈… Ⅲ．①生态建筑－建筑经济评价方
法－研究 Ⅳ．① F407.9

中国版本图书馆 CIP 数据核字 (2019) 第 232659 号

**新时期绿色建筑经济效益与评价构建研究** XINSHIQI LVSE JIANZHU JINGJI XIAOYI YU PINGJIA GOUJIAN YANJIU

| | | |
|---|---|---|
| 著　　者 | 沈凤斌 | |
| 出 版 人 | 李　梁 | |
| 责任编辑 | 朱　萌 | |
| 封面设计 | 刘　华 | |
| 制　　版 | 王　朋 | |
| 开　　本 | 185mm×260mm | |
| 字　　数 | 230 千字 | |
| 印　　张 | 10 | |
| 版　　次 | 2019 年 10 月第 1 版 | |
| 印　　次 | 2019 年 10 月第 1 次印刷 | |
| 出　　版 | 吉林科学技术出版社 | |
| 发　　行 | 吉林科学技术出版社 | |
| 地　　址 | 长春市福祉大路 5788 号出版集团 A 座 | |
| 邮　　编 | 130118 | |

发行部电话／传真　0431—81629529　　81629530　　81629531
　　　　　　　　　　81629532　　81629533　　81629534

储运部电话　0431—86059116

编辑部电话　0431—81629517

网　　址　www.jlstp.net

印　　刷　北京宝莲鸿图科技有限公司

书　　号　ISBN 978-7-5578-6168-1

定　　价　50.00 元

# 前　言

　　绿色可持续发展从一个历史时期来说，是一种全新的概念，但人类与此有关的思想却由来已久，"天人合一"，是我们所求取的理想彼岸。绿色建筑是一项系统的工程，他不但在建筑设计上要追求绿色，同时在建筑施工过程中也要遵循绿色原则，将成为未来建筑设计的发展方向，会为我国住宅建设设计带来新的创新方法与成果。结合我国的经济、环境、气候条件，采用绿色建筑设计理念进行绿色建筑设计，实现节能、节地、节水、减少环境污染和改善居民住宅舒适度。

　　随着人们对生活与生存环境质量要求的不断提高，如何加强新时期绿色建筑设计的新理念及其创新，如何通过构建绿色建筑质量评价指标体系和评价方法。本书从经济学的角度来讨论绿色建筑经济效益和评价体系的构建。首先对绿色生态建筑的基本理论进行分析，包括绿色生态建筑的概念、基本类型以及开展绿色建筑行动的必要性和紧迫性等，其次讲述了新时期绿色建筑经济的发展特点和规模的相关内容，再次对新时期绿色建筑经济成本、效益和评价体系做了详细的研究，最后探讨了新时期绿色建筑经济的展望及产业发展策略等内容。

　　另外，由于作者的水平和认识上的局限，参考并借鉴了诸多专家、学者的研究成果。在此一并表示衷心的感谢。书中存在错误在所难免，望广大老师、同行批评指正，不吝赐教，以便编者不断提高，改正错误。

# 目录

# 第一章　绿色生态建筑基本理论

## 第一节　绿色建筑行动的倡议

### 一、绿色建筑的概念

人类建造房屋，是为了提供一个适宜的空间，以满足生活、生产及各种社会活动的需要，这是建筑的最基本功能。房屋的建造需要占用土地、使用建筑材料，房屋的使用需要消耗各种能源、资源来实现其功能；同时，房屋的建造、使用、维护、拆除等过程还会产生建筑垃圾、生活垃圾、生活污水等，能源的消耗还会排放各种污染物。因此，建筑在为人类提供舒适的生产、生活空间的同时，也在影响着自然环境。随着经济社会的不断发展，人类对建筑功能的要求越来越高，建筑对自然资源的消耗越来越多、对自然环境的影响也越来越深远。20世纪六七十年代，人类开始关注地球生态环境问题，太阳能建筑、节能建筑等作为建筑领域对该问题的响应被提出，并逐步得到发展。随着可持续发展思想的不断深入，人们对建筑环境影响的关注从单一的能源消耗方面扩展到全面审视建筑活动对全球生态环境、周边生态环境和居住者生活环境的影响，同时开始审视建筑"全寿命周期"内的影响，包括原材料开采、运输与加工、建造、运行、维修、改造和拆除等各个环节。于是，绿色建筑的概念逐渐形成。

关于绿色建筑的定义，国际上尚无统一的规定，范围界定亦有所差别。我国《绿色建筑评价标准》CB/T 50378-2006对绿色建筑的定义是："在建筑的全寿命周期内，最大限度地节约资源（节能、节地、节水、节材）、保护环境和减少污染，为人们提供健康、适用和高效的使用空间，与自然和谐共生的建筑。"这一定义明确了通过提高能源、资源利用效率，减少建筑对能源、土地、水和材料资源的消耗，提升建筑内部环境品质，减少建筑对外部环境影响的核心任务；突出了在"全寿命周期"范畴内统筹考虑的原则；强调了健康、适用、高效的使用功能要求；体现了"与自然和谐共生"、营造和谐社会的思想。

需要指出的是，绿色建筑不等于高成本建筑。绿色建筑强调通过优化设计实现资源、能源的节约和循环使用，强调因地制宜和材料的本地化，因而不会过多增加成本。即便是建设中的成本增加，也完全有可能通过材料的再利用、运行阶段的节能、节水等措施在一段时间（几年）内收回。实践证明，优秀的绿色建筑，很多并没有比普通建筑增加成本。

绿色建筑也不等于高科技建筑。绿色建筑的本质是建筑适应气候、建筑适应功能。高技术只是实现绿色建筑目标的手段之一，不是唯一途径。通过采用传统技术策略或适宜技术策略，绝大多数情况下完全可以实现与高新技术策略相同的效果。

绿色建筑更不等于"绿化建筑"。部分开发商滥用"绿色建筑"概念，认为绿色建筑就是绿化，这是不正确的。利用绿化净化空气、美化环境，只是绿色建筑的部分要求，不是全部。绿色建筑追求的是"四节一环保"（节能、节地、节水、节材和环保要求）目标，内涵更为广泛。①

## 二、对绿色建筑的理解

绿色建筑源于建筑对环境问题的响应，最早从 20 世纪 60 ~ 70 年代的太阳能建筑、节能建筑开始。随着人们对全球生态环境的普遍关注和可持续思想的广泛深入，建筑的响应从能源方面扩展到全面审视建筑活动对全球生态环境、周边生态环境和居住者所生活环境的影响；同时开始审视建筑的"全寿命周期"内的影响。

由于绿色建筑概念传入我国的时间较短，绿色建筑相关基础研究起步较晚，各地区域差异又很大，人们对绿色建筑基本含义的理解有些混乱，即使在学术界也依然存在分歧。归纳起来业界的看法大致分成两类，即"目标说"和"过程说"。

"目标说"是一种横向思维，将绿色建筑看作是一个包含了诸多内容的理想目标，现在也许达不到，但是实践努力的方向。"目标说"总结了绿色建筑的基本原则和构成绿色建筑的基本框架，即绿色建筑要有利于保护环境，要有效地使用水、能源、材料和其他资源，要使建筑对于能源和资源的消耗降至最低程度，重视室内空气质量、防止室内空气污染，尊重地方文化传统、积极保护建筑物附近有价值的古代文化或建筑遗址，追求建筑造价与使用运行管理费用的整体经济合理，既不能单纯强调低建造成本，使建筑付出高昂的使用代价，也不应过分强调绿色目标付出不切实际的初投资。

"过程说"是以发展的眼光动态地定义绿色建筑。对某个具体的建筑个体而言，"过程说"认为绿色建筑是一个伴随在建筑全寿命周期每个阶段的持续概念，例如：在开发决策阶段，绿色建筑强调统筹兼顾社会效益、环境效益和经济效益，降低建筑项目的环境与社会风险；在规划阶段，绿色建筑强调建筑与环境持续和谐相处，通过辨识场地的生态特征和开发定位充分利用场地的资源和能源，减轻建筑活动对环境的不利影响；在设计阶段，强调整体性设计，将建筑物作为一个完整的系统，综合考虑建筑的间距朝向、形状、结构体系、围护结构等因素；在施工阶段，尽量减少建设活动对环境的负面影响，通过实施绿色施工，显著减少对周边环境的干扰，减少填埋废弃物的数量及建造过程中消耗的自然资

---

① 中国城市科学研究会，绿色建筑 2008[M]. 北京：中国建筑工业出版社，2008

源数量，并将竣工后对室内空气品质的不利影响降到最低程度；在运行维护阶段，所采用的技术和方法要有利于建筑规划设计目标的实现，推行科学、适用的消费模式，保证建筑设备的安全、环保、高效地使用，保障室内空气品质和包括声、光、电等要素的物理环境，提高建筑物整体的运行效率。对于特定区域的建筑，"过程说"认为，在不同的历史发展阶段，由于受到经济发展水平、文化传统、自然资源等条件的约束，绿色建筑呈现出不同的要求和面貌，"绿色"的程度是随着社会发展而变化的。"过程说"秉承的是一种现实主义的态度，强调绿色建筑不是一个绝对的、高不可攀的理想，而是根据不同情况下提出的有针对性的、通过努力可以达到的目标，而且在建筑的全寿命周期里有着不同的表现形式。

在严格意义上，"目标说"和"过程说"并不是两类并置的观点，只是出于不同的着眼点。"目标说"是从静态的视角描述绿色建筑的各个方面，"过程说"则是从动态的方面指出绿色建筑实现的途径和方法。两种认识结合在一起，绿色建筑应该是指一个处在不断发展过程中的目标群体。我国2005年颁布的《绿色建筑技术导则》和2006年实施的《绿色建筑评价标准》就是沿着一个目标和过程结合的思路对绿色建筑作了定义。《绿色建筑评价标准》从建筑的全寿命周期、"四节一环保"、人的需要及与自然和谐共生四个方面界定了绿色建筑的基本含义，为评价有关绿色建筑的行为建立了框架；《绿色建筑技术导则》则通过分级为不同阶段、不同背景、不同类型项目确定一个可操作的目标，指出了绿色建筑实现的途径。

我国幅员辽阔，各地资源条件和经济发展水平差异大，对各地绿色建筑的发展要求不能一刀切。笔者认为，发展绿色建筑要把理想与现实结合起来，最重要的是要为建筑领域的可持续发展指明方向。一方面要树立理想的绿色建筑标杆，如获得绿色建筑星级标识的建筑；另一方面基于不同地区的经济社会发展阶段和建筑特点设立切合实际的分阶段目标，使不同的经济水平、文化传统、资源条件下的实践都有各自通过努力可以实现的现实目标，并向理想的绿色建筑方向迈进，促进建筑的绿色发展。

## 三、基本要素及其绿色化设计要素

绿色建筑基本要素大致有以下几个方面。

（1）耐久适用性 这是对绿色建筑的最基本要求之一，耐久性是指绿色建筑的使用寿命满足一定的设计使用年限要求，适用性是指绿色建筑的功能和工作性能满足于建造时的设计年限的使用要求，同时，也能适合一定条件下的改造使用要求，即使是临时性建筑物也有绿色化适用性的问题。其绿色化设计要素包括以下几个方面。

①建筑材料的可循环使用设计，即应对传统材料进行生态环境化的替代和改造，如加强二次资源综合利用，提高材料的再生循环利用率等。未来建筑材料的发展原则应该是具有健康、安全、环保的投入性，具有轻质、高强、耐用、多功能的技术性，还应符合节能、节水、节地的条件。2002年，化学家迈克尔·布朗嘉和著名建筑师威廉·麦克唐纳合著《从

摇篮到摇篮：循环经济设计之探索》，布朗嘉认为，人类要从产品的设计阶段开始，就研究产品的最终结局是否可以成为另一个循环的开始。它的目标不是减少废弃物，而是将工业产品的废弃物变为有用的养料，服务在其他产品中。目前，布朗嘉已经将"从摇篮到摇篮"理论演化成了一种包括材料绿色认证、新材料创新和商业运作的新工业模式。"从摇篮到摇篮"的目标，不是为了减少废弃物，而是将废弃工业产品变为有用的养料，循环再利用。例如，轻钢结构住宅是一种节能环保型建筑，钢结构是一种质量轻、强度高、抗震性能好，而且能循环使用的建筑材料。所以，钢结构住宅物作为绿色建筑、绿色低碳建筑，目前在世界上已经普遍得到应用。

②充分利用旧建筑，就可以节约用地，还可以防止大拆乱建，可根据规划要求保留或改变其原有使用性质并纳入建设项目规划。在绿色建筑理念中重点突出对产业类、住宅类历史建筑保护和再利用的理论框架，提出有技术针对性的改造设计方法具有很重要的理论意义和极富现实价值的应用前景。中国香港瑞安集团承建的上海太平桥旧区改造项目，本着不同的城市要留下不同的历史印迹的观念，将上海石库门用原来的材质整旧如旧，而在内部进行了现代化的设施装修。因此走入上海新天地，依旧是青砖步道、清水砖墙、乌漆大门、窄窄弄堂，但石库门里已换上优雅的音乐，舒适的中央空调。不同肤色、不同语言、不同国度的人们可以在休闲中感受和触摸这座城市的文化和历史。

③建筑的适应性设计，是一种顺应自然和面向未来的超越精神，可以合理地协调人、建筑、社会、生物与自然环境之间的相互关系。要不断地运用新技术、新能源设计、改造建筑，使之不断满足人们生活的新需求。如沈阳万科头道住宅项目设计，设计参照了山地度假村为主题的独特性和适应性，墙面多采用石材；抹灰外墙和木质材料；为了配合北方冬季寒冷多雪的气候特征设计了斜坡屋顶；阳台提供夏天和冬天舒适的享受和功能，因此阳台形式的设计融合了自然地形的特点。

（2）节约环保性其绿色化设计要素包括以下几个方面。

①用地节约设计。应该在建设的过程中尽可能维持原有场地的地形地貌，要避免因土地过度开发而造成对城市整体环境的破坏。

②节能建筑设计。应利用自然规律和周围环境条件，改善区域环境微气候，节约建筑能耗。主要包括两个方面的内容，一是节约，即提高供暖系统效率和减少建筑本身所散失的能源，主要包括外窗、遮阳系统、外围护墙及节能新风系统四个方面；二是开发利用新能源。要充分考虑在建筑采暖、空调及热水供应中利用工业余热，采用太阳能、地热能、风能等绿色能源。

③用水节约设计。应结合区域的给水排水、水资源、气候特点等客观环境状况对水环境进行系统规划，制定水系统规划方案，合理提高水资源循环利用率，减少市政供水量和污水排放量。在多雨地区应加强雨水利用，沿海缺水地区加强海水利用，内陆缺水地区加强再生水利用，所有地区考虑采用节水器具。

④建筑材料节约设计。应控制造型要素中没有功能作用的装饰构件的应用，在施工过

程中应最大限度利用建设用地内拆除的或其他渠道收集得到的旧建筑材料，以及建筑施工和场地清理时所产生的废弃物等。

（3）健康舒适性其绿色化设计要素包括以下几个方面。

①建筑设计及规划注重利用大资源环境。在建设过程中应尽可能维持原有场地的地形、地貌，当因建设开发确需改造场地内地形、地貌、水系、植被等环境状况时，在工程结束后，鼓励建设方采取相应的场地环境恢复措施，减少对原有场地环境的改变，避免因土地过度开发而造成对城市整体环境的破坏。

②完善的生活配套设施体系。居住区配套公共服务设施（也称配套公建）应包括教育、医疗卫生、文化、体育、商业服务、金融邮电、社区服务、市政公用和行政管理九类设施。

③多样化的住宅户型。住宅针对不同经济收入、结构类型、生活模式、职业、不同文化层次、社会地位的家庭提供相应的住宅套型。

④建筑功能的多样化和适应性。住宅的功能分区要合理，小区的规划设计应合理。

⑤室内空间的可改性和灵活性的要求。可改性首先应该提供一个大的空间，这样就需要合理的结构体系来保证，对于公共空间可以采取灵活的隔断，使大空间具有丰富宜人的可塑性。

（4）安全可靠性其绿色化设计要素包括以下几个方面。

①确保选址安全的设计措施。绿色建筑建设地点的确定，是决定绿色建筑外部大环境是否安全的重要前提。建筑的设计首要条件是对绿色建筑的选址和危险源的避让提出要求。为此，建筑在选址的过程中必须考虑到现状基地上的情况，其次，勘测地质条件适合多大高度的建筑，总而言之，绿色建筑的选址必须符合国家相关的安全规定。

②确保建筑安全的设计措施。建筑设计必须与结构设计相结合，合理确定设计安全度，进行防火防震防爆设计，即建筑的防火分区问题、安全疏散问题等。

③建筑结构耐久性的保障措施。绿色建筑结构的设计与施工规范，重点放在各种荷载作用下的结构强度要求，同时也对环境因素作用（如干湿、冻融等大气侵蚀以及工程周围水、土中有害化学介质侵蚀）下的耐久性要求进行了充分的考虑。

④增加建筑施工过程中的安全生产执行能力。结合具体建筑施工的特点，提高绿色建筑施工水平，应通过完善安全管理制度，落实安全生产责任制，加大安全生产投入，形成激励机制，强化安全问题的严肃性，最终提升安全生产执行力，不断提高安全管理水平，形成"绿色"施工的良好氛围。

⑤建筑运营过程中的可靠性保障措施。物业管理公司应制定节能、节水、节材与绿化管理制度并严格按其实施。建筑运营过程中会产生大量的废水和废气，为此需要通过选用先进的设备和材料或其他方式，通过合理的技术措施和排放管理手段，杜绝建筑运营过程中废水和废气的不达标排放。各种设备、管道的布置应方便将来的维修、改造和更换。

（5）自然和谐性建筑与自然的关系实质上也是人与自然关系的体现。建筑作为人类的活动，要满足人们物质和精神需求，寓含着人们活动的各种意义。自然和谐性是建筑的一个重要的属性，正因为自然和谐性，建筑及其人们的活动才能与自然息息相关，才能融入自然，是可持续性精神的体现。自然建筑化赋予了建筑真实的自然品质，使建筑实现了完美的自然和谐性，自然建筑化设计手法对当代的建筑设计有良好的指导和借鉴意义。

（6）低耗高效性其绿色化设计要素包括：合理的建筑朝向；设计有利于节能的建筑体形和平面设计；重视日照调节和照明节能，合理利用太阳能；重视建筑用能系统和设备的优化选择；采用资源消耗和环境消耗影响小的建筑结构体系和材质；充分利用可再生资源；采取严格的管理运营措施。

（7）绿色文明性绿色建筑外部要强调与周边环境相融合，和谐一致、动静互补，做到保护自然生态环境。绿色建筑内部要强调舒适和健康的生活环境：建筑内部不使用对人体有害的建筑材料和装修材料；室内空气清新，温、湿度适当，使居住者感觉良好，身心健康。

其绿色化设计要素包括：①保护生态环境，在确定评估指标体系的时候要注重对应用生态原理和规律的把握；②利用绿色能源。

（8）科技先导性绿色建筑不是所谓的高科技简单的概念炒作，而是要以人类的科技实用成果为先导，综合利用高科技成果，尽量保证各种科学技术成果能最大限度地发挥自身的优势，同时又能使得绿色建筑系统作为一个综合整体的运行效率和效果最优化。首先要在绿色建筑实践和人文理念建构过程中，坚信建筑科学发展的进步性和日臻完善性；其次要坚持实事求是的科学精神，在对评估指标体系进行客观评估的基础上，从我国国情出发，从我国建筑业的实际情况出发，结合实际情况在实践中检验指标的合理性。

（9）综合整体创新设计基于环境的综合整体创新设计、评估指标体系既要反映世界绿色建筑评估指标体系的特点，更要具有我们民族的特点。基于我国国情的创新设计，即构建绿色建筑的理念应该坚持大众化的原则，也就是我们所提倡的坚持绿色建筑的"平民化""大众化"。

绿色建筑的综合整体创新设计在于将建筑科技创新、建筑概念创新、建筑材料创新与周边环境结合在一起设计。重点在于建筑科技的创新，同时与环境和谐共处，利用一切手法和技术使建筑满足健康舒适、安全可靠、耐久适用、节约环保、自然和谐及低耗高效等特点。

①基于环境的整体设计创新。将景观元素渗透到建筑形体和建筑空间当中，以动态的建筑空间和形式实现空间的持续变化和形态交集。

②基于文化的设计创新。由于地域文化的不同而对自然地貌的理解显示出极大的不同，从而造就了如此众多风格各异的建筑形态和空间，展示其独特文化底蕴的景观建筑。

③基于科技的设计创新。科技进步使建筑和城市空间的功能性变得越来越模糊，空间和功能的模糊性和复杂性使得建筑更强调建筑与城市公共空间的相互交融，自然转换，在这种意义上，绿色建筑，尤其是绿色公共建筑，真正成为城市的"文化客厅"。

## 四、发展绿色建筑与建筑节能的关系

发展绿色建筑是建筑节能工作的重要内容。建筑节能是指在建筑中合理地使用、有效地利用能源，不断提高能源利用效率，用最小的能源消费代价取得最大的经济和社会效益。建筑节能工作包括新建建筑执行建筑节能标准、既有建筑节能改造、公共建筑节能管理、可再生能源建筑应用、推广绿色建筑等一系列工作。随着建筑节能工作的不断深入，建筑节能标准向更高要求、更广泛的覆盖领域发展；建筑节能从围护结构节能向可再生能源应用、节能产品推广发展，从节能建筑向绿色建筑发展，从单体建筑向区域（小区）发展，从城市向乡镇发展。可见，绿色建筑是建筑节能工作关注的重要方面，发展绿色建筑是建筑节能工作深化和拓展的方向。建筑节能工作已取得的成就也为绿色建筑进一步发展奠定了基础。

绿色建筑比节能建筑要求更高。节能建筑必须达到建筑节能强制性标准，主要强调节能。"四节一环保"的绿色建筑是建筑可持续发展理念的集中体现，除了强调节能外，还要求节水、节地、节材及保护环境，提供健康、安全和适用的使用空间。节能建筑未必是绿色建筑，但绿色建筑必须是节能建筑。相比节能建筑，绿色建筑是建筑可持续发展的更高层目标。

## 五、绿色建筑行动的范畴

我国目前正处于加快推进工业化和城镇化、新农村建设的关键时期，建设规模巨大，发展绿色建筑面临难得的机遇。我国政府高度重视发展绿色建筑，强调要从规划、法规、技术、标准、设计等方面，全面推进"绿色建筑行动"。

建设领域的发展关系到全社会的可持续发展大计，必须用绿色理念指导建设实际。由于我国所处的社会发展阶段，客观上形成了建筑能耗增长的强劲动力。尽管我国已开展了卓有成效的建筑节能工作，但是建筑能耗依然呈现不断攀升趋势，资源、环境压力进一步加大。因此，通过深化建筑节能工作，推动建筑的绿色发展应是绿色建筑行动的出发点。

我国地域广阔，各地经济社会发展不平衡，建筑节能工作进展也不平衡。因此，开展绿色建筑行动，需要因地制宜地设立切实可行的目标，分步有序地实现建筑的绿色发展；既要继续推进已有的建筑节能工作，又要不断提高要求，拓宽工作领域。现阶段，首先仍要以节能为基本目标，通过强化新建建筑执行节能标准，加快既有建筑节能改造，加强建筑用能管理等措施进一步提高建筑能源利用效率。其次，要提出更高层次的节能、节地、节水、节材和环保要求（即"四节一环保"），强制有条件的地区和建筑率先执行绿色建筑标准。

# 第二节  绿色生态建筑的基本类型

目前社会上和学术界很多关于新型建筑的研究会涉及绿色建筑，为什么要用"绿色"而不用别的颜色来描述新型的建筑体系呢？住房和城乡建设部科技发展促进中心认为这是出于以下三个方面的考虑：其一，从"绿色"的内涵来看，"绿色"并不只是一种颜色，其包含着丰富的环境文化内涵，所以人们喜欢用"绿色"来比喻、象征"可持续发展建筑""生态建筑"等；其二，从生态学上看，绿色植物是生态系统中的主要生产者，是地球生态系统最基本的构成因子，因此将新型建筑体系称为"绿色建筑"，意味着人类的建筑活动要效法绿色植物，既要最大限度地减少资源消耗和环境破坏，又要为地球生态系统的完整、稳定和美丽做出积极的贡献；其三，从人类文明与文化的演化来看，"绿色文化"即生态文化是唯一能够与生态文明时代相适应的文化。

因此，"绿色"是一种象征和比喻，而且"绿色建筑"一词生动直观，已经约定俗成，不仅为建筑界广泛采用，也容易为非建筑专业的群众所接受。在绿色建筑的发展过程中，各个国家及其各个研究领域对绿色建筑的称谓很多，如"生态建筑""可持续建筑""共生建筑""自维持建筑""有机建筑""仿生建筑""自然建筑""新乡土建筑""环境友好型建筑""低碳建筑""智能建筑"等。现在就这些概念做一些分析和阐述。

## 一、少费多用建筑

"少费多用"（more with less，ephemeralization）是指在建筑的施工过程中借助有效的手段，尽可能少用材料，用较低的资源消耗来取得尽可能大的发展效益。这个原则是由美国建筑师富勒于1922年提出的。这一概念表达的意思是使用较少的物质和能量追求更加出色的表现。"少费多用"思想在当时曾引起世界各国学者、专家的热烈讨论，并且在未来的半个多世纪里推动了建筑学、设计学等学科的发展。

富勒认为，人类最大的生存问题是饥饿和无家可归，而科学研究、社会的发展和工业化生产能让人们的财富更快地增长，能让全人类过上和平与繁荣的生活。这也成了富勒创作思想和行动的支柱，可细分为以下几条原则：①全面地思考；②预见可能的最好未来；③以少得多；④试图改变环境，而不是改变人类；⑤用行动解决问题。

富勒通过"行动"来解决人类的生存问题，通过"全面地思考"（全面的和人性化的思考）和"以少得多"的设计方式来"改变环境"，实现"预见可能的最好未来"，从而改善人们的生存环境。"空间灵活性"是富勒Dymaxion住宅的主要特点之一。在Dymaxion住宅内，空间被软隔断分成了若干大小不一的扇形房间，而当家中有聚会活动时，软隔断可以绕中心做指针式的旋转，改变各个房间的大小，如缩小卧室、增大起居室等。这种空间设计手法可以使同一空间具有提供多种使用的可能性，使空间具有了弹性。

生态建筑学之父保罗曾在 1960 年号召将"少费多用"思想应用到建筑领域。建筑师福斯特与富勒有长达 15 年的合作经历，因此他的生态建筑观与富勒的"少费多用"思想也具有了高度的一致性，而其作品也延续了"少费多用"生态设计手法，在其设计巴塞罗那长途通信塔时就采用了富勒 4D 生态塔的结构原型，并且将 4D 生态塔的六边形平面简化为弧形等边三角形平面。如此一来，全部荷载将由唯一的中心柱来承担，内部空间可灵活布置，等边三角形弧形界面将弱化风荷载对结构的侵袭，减轻结构负担。

富勒和福斯特都热衷于对人居环境舒适度的追求和研究，因此，他们都曾在各自的作品中采用一系列自然通风措施，使建筑在节约能耗的同时满足人类对舒适度的追求。之后，在 1971 年，他们开始借助一定的技术手段展开对人工微气候室的研究。研究之初是针对办公室，目的是为了营造一种介于自然与办公室之间的舒适环境。他们在以透明性材料为表皮的泡沫状网格空间内用室内植物和空气控制设备等方式来调节和营造一个舒适的办公微气候环境，后来也发散地应用于植物园等功能类型的建筑中。

"少费多用"思想，意在通过应用协同学、系统论等科学方法和先进技术，强调整体性原则，目标是使每单元的物能投入经整合后得到最高效的利用，使人们在改善自己生存环境的过程中所需的资源、能源最小化，从而缓和人类生存改善与环境、资源之间的矛盾。这一思想被广泛地应用到设计学、机械学等诸多领域，而在建筑领域，可解读为对最轻质高强的建筑结构体系的研究和集约空间的灵活利用等。"少费多用"思想有助于实现用最小的物能消耗实现人类生存条件的最大化改善的美好设想，它具有不可否认的远瞻性和生态意义，对缓解当前的能源危机和实现可持续发展意义深远。在人类发展与资源危机的矛盾日渐突出的今天，"少费多用"这一原则是一条很重要的经济性设计原则。

"少费多用"思想与全球可持续发展目标是高度统一的，设计手法中蕴含的原理是具有启迪性的：①借助结构力学、仿生学、空气动力学等学科的方法理性地寻找最优的生态建筑设计方案，达到物料的最少消耗；②将被动式生态策略与适宜的技术结合应用到建筑设计中，实现能耗上"少费多用"；③全面思考人们的舒适性需求，注意生态化的细节，实现建筑的高舒适性与全面的生态性；④设计须适应未来的变化，预留空间的灵活性，提高建筑的使用率，延长建筑的功能寿命；⑤设计须考虑建筑的再利用性和可拆解组装性，并且选用可回收性建材以降低拆后污染，最终实现"少费多用"。

## 二、可持续建筑

"可持续建筑"的概念在 1994 年第一届国际可持续建筑会议中被定义为：在有效利用资源和遵守生态原则的基础上，创造一个健康的建成环境并对其保持负责的维护。可持续建筑是指在可持续发展观的指导下建造的建筑，内容包括建筑材料、建筑物、城市区域规模大小等，以及与它们有关的功能性、经济性、社会文化和生态因素。可持续建筑的理念就是追求降低环境负荷，与环境相融合，并且有利于居住者的健康。其目的在于减少能耗、节约用水、减少污染、保护环境、保持健康、提高生产力等，并且有益于子孙后代。可持续建筑的概念意味着从建筑材料的生产、规划、设计、施工到建成后使用与管理的每个环节，都将发生一场以保护环境、节约资源、促进生态平衡为内容的深刻变革。关于可持续建筑，世界经济合作与发展组织给出了四个原则：一是资源的应用效率原则；二是能源的使用效率原则；三是污染的防止原则（室内空气质量，二氧化碳的排放量）；四是环境的和谐原则。因此，通过以上概念分析可以发现，节能建筑是按节能设计标准进行设计和建造，使其在使用过程中降低能耗的建筑，是实现绿色建筑的必然途径和关键因素，而绿色建筑将建筑及其周围的环境看成一个有机的系统，在更高的层次上，实现了建筑业的可持续发展。

## 三、生态建筑

生态建筑是基于生态学原理，规划、建设与管理的群体和单体建筑及其周边的环境体系。其设计、建造、维护与管理必须以强化内外生态服务功能为宗旨，达到经济、自然和人文三大生态目标，实现生态环境的净化、绿化、美化、活化、文化"五化"需求。

生态建筑将建筑看成一个生态系统，通过组织（设计）建筑内外空间中的各种物态因素，使物质、能源在建筑生态系统内部有秩序地循环转换，获得一种高效、低耗、无废、无污、生态平衡的建筑环境，实现人、建筑（环境）、自然之间的和谐统一。

意大利建筑师保罗·索勒提出的"arcology"其实并不是"architecture"和"ecology"的简单相加，而是设计师本人及其弟子们通过长期的探索和研究，用他们对生态学和建筑学的理解，表达出的对城市规划和建筑设计的理解。

生态学在很广的尺度上讨论问题，从个体的分子到整个全球生态系统。其中对于4个明显可辨别、不同尺度的部分有特殊的兴趣，而且每个尺度上感兴趣的对象是有变化的。

①个体，在此水平上，个体对环境的反应是关键项目。

②种群，在单种种群水平上，多度和种群波动的决定因素是主要的。

③群落，是给定领域内不同种群的混合体，兴趣在于决定其组成和结构的过程。

④生态系统，包括生态群落和与之关联的描述物理环境的各种因子联合的复合体，在此水平上有兴趣的项目包括能流、食物网和营养物循环。

周曦等认为，即使是专门考虑了地球环境和全球生态系统的设计原则，也并非是人类对地球及地球生物，包括人类自身及其后代的一种贡献，这不是一种值得炫耀的功绩，而是人类对自身错误的一种认识和纠正，是人类对其自身长期破坏地球生态环境的一种补救，而且往往是不全面的，有时甚至还掺杂着某些功利性的行为或想法。这些设计和原则是不能代替常规有用的设计原则和方法的，称为"生态补偿设计"，因此有意识地考虑使建筑对自然环境的破坏和影响尽可能减少的建筑物可以称为"生态补偿建筑"。而一些传统、具有某些生态特征的建筑等，是人类适应当时的条件和生产力水平，改变自身的生存状况和生存条件的产物，可以称为"生态适应建筑"。美国的"生物圈 2 号（Biosphere2）"试验，日本的"生物圈 1 号"试验，以及俄罗斯和英国等国家和地区的有关试验，虽然其目标和结果会各不相同，但科学试验的性质是一致的，可以称为试验性的设计与实践建筑，草砖房和自维持住宅具有类似的意义。此类建筑的高科技技术和材料研究与应用，虽然从当前来看其费用和成本较高，但从人类利用自然能源的长远目的和利益的角度来讲，其实践和试验的意义是明显的，并且目前看成是试验性和高成本的材料和技术，在不久的将来就有可能会成为常规的材料和设计手段。

## 四、绿色建筑

广义的绿色建筑发展到今天，已经不单单是"建筑"概念本身的含义所能表述的了，而是发展成为一个集合自然生态环境、人类建筑活动和社会经济系统等多方面因子相互作用、相互影响、相互制约而形成的一个庞大的综合体系。其不仅涵盖对土地、空气、水等自然资源和气候、地貌、水体、植被等地域环境的关注，而且还包括对社会经济、历史文化、生活方式等社会经济系统的重视，在此基础上，来研究基于营建程序与法则（决策、设计、施工、使用以及技术、材料、设备、美学等）和人工环境（建筑物、基础设施、景观等）基础上的人类建筑活动。从系统论的角度上看，绿色建筑是一个开放、全面、复杂和多层次的建筑系统。以下主要讨论狭义的绿色建筑，及将生态学的观点融入建筑活动中，要求在发展与环境相互协调的基础上，以生态系统的良性循环为基本原则，使建筑的环境影响保持在自然环境允许的负荷范围内，并且综合考虑决策、设计、评价、施工、使用、管理的全过程，在一定的区域范围内结合环境、资源、经济和社会发展状况，进行建造的可持续建筑。

李百战认为，低能耗、零能耗建筑属于可持续建筑发展的第一个阶段，能效建筑、环境友好建筑属于第二个阶段，而绿色建筑、生态建筑可认为是可持续建筑发展的第三个阶段。生态建筑侧重于生态平衡和生态系统的研究，主要考虑建筑中的生态因素，而绿色建筑与居住者的健康和居住环境紧密相连，主要考虑建筑所产生的环境因素，而且综合了能源问题和与健康舒适相关的一些生态问题。绿色建筑也可以理解为是一种以生态学的方式和资源有效利用的方式进行设计、建造、维修、操作或再使用的构筑物，而且有狭义和广义之分。就广义而言，绿色建筑是人类与自然环境协同发展、和谐共进并能使人类可持续发展的文化，而智能建筑、节能建筑则可视为应用绿色建筑的一项综合工程。

随着人们对环境问题认识的深化、科学发展观的确立以及绿色建筑自身内涵的扩展，绿色建筑吸收、融汇了其他学科和思潮的合理内核，使得今日的绿色建筑概念具有很强的包容性和开放性。在这众多称谓中，通常也把"生态建筑"或"可持续建筑"统称为绿色建筑。

国外学者 Charles 提出绿色建筑可以被定义为"健康、新颖设计和使用资源高效利用的方法,使用以生态学为基础原则的建筑。"同样,生态设计、生态学上的可持续设计以及绿色设计都是描述可持续发展原则在建筑设计上的应用。驱动绿色建筑发展的动力是多元的,不但靠道德的力量,还需要经济利益作为诱因,外部成本实现内化,使绿色建筑成为一种内在驱动的行为。

英国布莱恩·爱德华兹把生态建筑定义为:"有效地把节能设计和(在生产、使用和处置的过程中)对环境影响最小的材料结合在一起,并保持了生态多样性的建筑。"这个定义强调了绿色建筑的三种形态,即"节能""对环境影响最小"和"保持生态多样性"。英国研究建筑生态的 BSRIA 中心把绿色建筑界定为:"对建立在资源效益和生态原基础上的、健康建筑环境的硬件和管理。"此定义是从绿色建筑的营建和管理过程的角度所做的界定,强调了"资源效益和生态原则"和"健康"性能要求。

马来西亚著名绿色建筑师杨经文指出:"绿色建筑作为可持续性建筑,它是以对自然负责的、积极贡献的方法在进行设计。"黄献明等认为,绿色建筑是微观建筑层面的生态设计,绿色建筑就是指在建筑的生命周期内消耗最少地球资源、使用最少能源、产生最少废弃物的舒适健康的建筑物。其切入点是绿色环保,包括以下几个特点:环境响应的设计,即强调通过人类的开发与建设活动,修复或维护自然栖息地与资源,实现人类与自然的和谐共处;资源利用充分有效的建筑;营造具有地方文化与社区感的建筑环境;建筑空间的健康、适用和高效。生态建筑是天地人和谐共生的建筑,其切入点是生态平衡,重点是处理好人与自然、发展与保护、建筑与环境的关系,节能减排,舒适健康。可持续建筑是指自然资源减量循环再生、能源高效清洁、人居环境舒适健康安全、环境和谐共生的建筑,其切入点是资源、能源循环再生。

根据国家标准《绿色建筑评价标准》( GB/T50738-2006 )对绿色建筑( green building )的定义为:在建筑的全寿命周期内,最大限度地节约资源(节能、节地、节水、节材)、保护环境和减少污染,为人们提供健康、适用和高效的使用空间,与自然和谐共生的建筑。这是对绿色建筑所下的一个比较完整的定义,也是具有中国特色的生态建筑理念。

绿色建筑的概念,是指在建筑的全寿命周期内,首先要注意,是全寿命周期,就是从建筑设计、建设、使用,到最后的拆除的整个过程中,最大限度地节约资源,包括节能、节地、节水、节材等,保护环境和减少污染,为人们提供健康、适用和高效的使用空间。这些在我们国家的标准里都有比较明确的说法。大家注意,并不是说我们一味地只去节约资源。另外,我们还要为人们提供健康、适用、高效的使用空间,与自然和谐共生的建筑。

早期的绿色建筑仅仅是以降低能耗为出发点的节能建筑,重点关注通过增强建筑物在节能方面的性能以降低建筑物的能耗,随着人们对绿色建筑的认识逐步深入,对绿色建筑的理解也更加深入,因此,绿色建筑所关注的问题已不再局限于能源的范畴,而是包括节能、节水、节地、节材、减少温室气体的排放和对环境的负面影响、促进生物多样性,以及增加环境舒适度等多方面的考虑。这就是我们常说的绿色建筑。

而建筑作品能否成为绿色设计，一般要通过整合性的生态评估方法，从材料、结构、功能、建筑存续的时间、对周围环境的影响等各个方面来通盘考虑，主要包括以下五个方面：节约能源和资源；减少浪费和污染；高灵活性以适应长远的有效运用；运作和保养简便，以减少运行费用；确保生活环境健康和保障工作生产力。

一方面，由于地域、观念、经济、技术和文化等方面的差异，目前国内外尚没有对绿色建筑的准确定义达成普遍共识。另一方面，由于绿色建筑所践行的是生态文明和科学发展观，其内涵和外延是极其丰富的，而且是随着人类文明进程不断发展、没有穷尽的，因而追寻一个所谓世界公认的绿色建筑概念是没有什么实际意义的。事实上，人们可以从不同的时空和不同的角度来理解绿色建筑的本质特征。但无论是哪个定义或称谓，其最终的目标都落在了低碳生态上。"低碳"是指建筑的生产过程、营建过程、运行过程、更新过程等全生命周期内减少石化能源的使用，提高能效，降低温室气体的排放量；"生态"是指在营建和运行过程中，要采用对环境友好的技术和材料，减少对环境的污染，节约自然资源，为人类提供一个健康、舒适和安全的生存空间。其全寿命周期的碳减排目标，应该设定为低碳—超低碳上。

## 五、健康住宅

如今，在绿色经济的大背景下，很多地产商面临经营模式的转变，健康住宅逐渐成为地产行业的新趋势。所谓健康住宅，是对在满足住宅建设基本要素的基础上，提升健康要素，以可持续发展的理念，保障居住者生理、心理和社会等多层次的健康需求，进一步完善和提高住宅质量与生活质量，营造出舒适、安全、卫生、健康的一种居住环境的统称。

绿色住宅、生态住宅、健康住宅这些概念之间有相似之处但又有一些不同。

（1）绿色住宅。绿色住宅是运用生态学、建筑学的基本原理以及现代的高新科技手段和方法，结合当地的自然环境，充分利用自然环境资源，并且基本上不触动生态环境平衡而建造的一种住宅，在日本被称为环境共生建筑。

（2）生态住宅。生态住宅是通过综合运用当代建筑学、生态学及其他科学技术的成果，以可持续发展的思想为指导，意在寻求自然、建筑和人三者之间的和谐统一，即在"以人为本"的基础上，利用自然条件和人工手段来创造一个有利于人们舒适、健康的生活环境，同时又要控制自然资源的使用，实现向自然索取与回报之间平衡的一种新型住宅建筑模式。这种住宅最显著的特征就是亲自然性，即在住宅建筑的规划设计、施工建造、使用运行、维护管理、拆除改建等一切建筑活动中都自始至终地将对自然环境的负面影响控制在最小范围内，实现住宅区与环境的和谐共存。清华大学建筑学院院长秦佑留认为，"生态住宅"内涵各式各样，但基本上围绕三个主题：一是减少对地球资源与环境的负荷和影响；二是创造"健康舒适"的居住环境；三是与自然环境融合。

（3）健康住宅。根据世界卫生组织的定义，"所谓健康就是在身体上、精神上、社会上完全处于良好的状态，而不是单纯地指疾病或体弱"。据此定义，"健康住宅就是指使居住者在身体上、精神上、社会上完全处于良好状态的住宅"。

健康住宅有别于绿色生态住宅和可持续发展住宅的概念。绿色生态住宅强调的是资源和能源的利用，注重人与自然的和谐共生，关注环境保护和材料资源的回收和复用，减少废弃物，贯彻环境保护原则；绿色生态住宅贯彻"节能、节水、节地、治理污染"的方针，强调可持续发展原则，是宏观、长期的国策。

健康住宅围绕人居环境"健康"二字展开，是具体化和实用化的体现。健康住宅的核心是人、环境和建筑。健康住宅的目标是全面提高人居环境品质，满足居住环境的健康性、自然性、环保性、亲和性，保障人民健康，实现人文、社会和环境效益的统一。

健康住宅在满足住宅建设基本要素的基础上，对居住环境和居住者身心提出了更为全面和多层次的要求，并且必须凸显出可持续发展的理念，进而将居住质量提升到一个新高度。

对健康住宅的评估主要包含以下四个因素：一是人居环境的健康性，主要是指室内、室外影响健康、安全和舒适的因素；二是自然环境的亲和性，让人们接近并亲和自然是健康住宅的重要任务；三是住宅区的环境保护，是指住宅区内视觉环境的保护、污水和中水处理、垃圾收集与处理和环境卫生等方面；四是健康环境的保障，主要是针对居住者本身健康保障，包括医疗保健体系、家政服务系统、公共健身设施、社区儿童和老人活动场所等硬件建设。随着社会发展和技术进步，健康住宅的内涵也逐步由低层次需求向高层次需求发展，从过去倡导改善住宅的声、光、热、水、室内空气质量和环境质量，到完善住宅区的医疗、健康和社区邻里交往等，使居住环境从"无损健康"向"有益健康"的方向发展。

就其建造的基本要素而言，主要应体现以下六个方面：①规划设计合理，建筑物与周围环境相协调，房间光照充足，通风良好；②房屋围护结构（包括外墙和屋面）要有较好的保温、隔热功能，门窗气密性能及隔声效果符合规范要求；③供暖、制冷及炊烧等要尽量利用清洁能源、自然能源及可再生能源，全年日照在2500h以上的地区普遍安装太阳能设备；④饮用水符合国家标准，给排水系统普遍安装节水器具，10万平方米以上新建小区，应当设置中水系统，排水实现深度净化，达到二级环保规定指标；⑤室内装修简洁适用，化学污染和辐射要低于环保规定指标；⑥营造健康舒适的居住空间。

综上所述，绿色住宅的概念比较广泛，包括住宅环境上的绿色和整个住宅建筑生命周期内的"绿化"，它是指在涵盖建材生产、建筑物规划设计、施工、使用、管理及拆除等系列过程中，消耗最少地球资源、使用最少能源及制造最少废弃物的建筑物，同时有效利用现有资源、进一步改善环境，极大地减少对环境的影响。它所考虑的不仅涉及住宅单体的生态平衡、节能与环保，而且将整个居住区作为一个整体来考虑。与生态住宅相比，绿色住宅将人、建筑、环境三者之间的相互关系更为具体化、细致化和标准化。

生态住宅是从生态学角度考虑的，侧重于尽可能利用建筑物所在场所的环境特色与相关的自然因素，包括地形、气候、阳光、空气、河湖等，使之符合人类居住标准，并且降低各种不利于人类身心的环境因素作用，同时，尽可能不破坏当地环境因素循环，确保生态体系健全运行。

而健康住宅则着重围绕人居环境"健康"二字展开，强调住宅建筑对于人们身体健康状况的影响以及居住在内的安全措施。相对于绿色住宅和生态住宅重视对自然环境的影响而言，健康住宅注重的是住宅与人类本身的关系，侧重于住宅建设对居住者身体健康的影响、居住者居住的安全及便利程度等，对于住宅建设对周边环境造成的影响、自然资源等是否有效利用等方面则不是很关心。对于人类居住环境而言，它是直接影响人类可持续生存的必备条件。

在 21 世纪，走"可持续发展"之路，维护生态平衡，营造绿色生态住宅将是人类的必然选择。在住宅建设和使用过程中，有效利用自然资源和高效节能材料，使建筑物的资源消耗和对环境的污染降到最低限度，使人类的居住环境能体现出空间环境、生态环境、文化环境、景观环境、社交环境、健身环境等多重环境的整合效应，从而让人居环境品质更加舒适、优美、洁净。

## 六、新陈代谢建筑

第二次世界大战后，在日本存在三个主要建筑流派，其中最主要的一个是由大高正人、菊竹清训和黑川纪章等当时的"少壮派"所展开的"新陈代谢派"运动。

在日本著名建筑师丹下健三的影响下，以青年建筑师大高正人、積文彦、菊竹清训、黑川纪章以及评论家川添登为核心，于 1960 年前后形成了一个建筑创作组织～～新陈代谢派。他们认为城市和建筑不是静止的，它像生物新陈代谢那样是一个动态过程，应该在城市和建筑中引进时间的因素，强调持续、一步一步地对已过时的部分加以改造，明确各个要素的周期（cycle），在周期长的因素上，装置可动、周期短的因素。他们强调事物的生长、变化与衰亡，极力主张采用新的技术来解决问题，反对过去那种把城市和建筑看成固定、自然的进化观点。同时，新陈代谢派试图超越现代主义建筑静止、功能主义的机器观，强调应借助于生物学或通过模拟生物的生长、变化来解释建筑，创造性地将建筑与生物机能有机的变换联系到了一起。

黑川纪章将"改变"与"成长"包含在新陈代谢的意义里，他将有机的意义分成两类：一类是材料的新陈代谢；另一类是能源的新陈代谢。材料的新陈代谢是一种生命体的实质转换与交替，而能源的新陈代谢是此过程的理论表现，必须根据新陈代谢的组织阶层来分类，而这个循环与不断改变的机能消长的比率有关，这种主要的阶层空间用于建立主要的空间组织阶层与使用者的关系，并且组构服务性的生活以及社会之间的关系等。从方法论上可分为四个阶段：①将空间细分成基本单元；②将这些基本单元细分为设备单元及活动单元；③在单元空间里划分新陈代谢韵律间的区别；④用不同代谢韵律来澄清空间中的连接物与连接点。他其实是从代谢论的观点试图说明空间与空间，或空间与建筑，或建筑与建筑的关系。

新陈代谢运动被认为是一场面向未来的高技术建筑运动，它的基本理念是：重视被称作成长、变化的生命、生态系统的原理；不仅强调整体性，而且重视部分、子系统和亚文化的存在与自主；将建筑和城市看成在时间和空间上都是开放的系统，就像有生命的组织一样；强调历时性、过去、现在和将来的共生，同时重视共时性，即不同文化的共生；隐形的信息技术、生命科学和生物工程学提供了建筑的表现方式；重视关系胜过重视实体本身。

新陈代谢运动所倡导的要点有以下几个方面。

（1）对机器时代的挑战，重视被称作成长、变化的生命、生态系统的原理。

（2）复苏现代建筑中被丢失或忽略的要素。

（3）不仅强调整体性，而且强调部分、子系统和亚文化的存在与自主。

（4）新陈代谢建筑的暂时性。

（5）文化的地域性和识别性未必是可见的。

（6）将建筑和城市视为在时间和空间上的开放系统。

（7）强调历时性、过去、现在和将来的共生，同时重视共时性，即不同文化的共生。

（8）神圣领域、中间领域、模糊性和不定性都是生命的特点。

（9）隐形的信息技术、生命科学技术、生命科学和生物工程学提供了建筑的表现形式。

（10）重视关系胜过重视现实。

中银舱体大楼坐落在东京繁华的银座附近，建成于 1972 年。大楼像由很多方形的集装箱垒起来的，具有强烈的视觉冲击。在注重外表特征的同时，必须注重功能性的体现。这幢建筑物实际上由两幢分别为 11 层和 13 层的混凝土大楼组成。中心为两个钢筋混凝土结构的"核心筒"，包括电梯间和楼梯间以及各种管道。其外部附着 140 个正六面体的居住舱体，采用在工厂预制建筑部件并在现场组建的方法。所有的家具和设备都单元化，收纳在 3m×3m×2.1m 的居住舱体内。每个舱体用高强度螺栓固定在"核心筒"上。几个舱体连接起来可以满足家庭生活需要。黑川纪章与运输集装箱生产厂家合作，作为服务中核的双塔内藏有电梯、机械设备的楼梯等。设计的灵感来自黑川纪章在苏联时看到的宇宙飞船，充满幻想色彩的建筑实践为他带来国际声誉。后来，他的"共生哲学"继承了"新陈代谢"的要点，并且在更深的层次上审视这个新时代的变化。他认为这一思想是即将到来的"生命时代"的基本理想，将成为 21 世纪的新秩序。

其主张主要表现为异质文化的共生、人与技术的共生、内部与外部的共生、部分与整体的共生、地域性与普遍性的共生、历史与未来的共生、理性与感性的共生、宗教与科学的共生、人与建筑的共生、人与自然的共生等，甚至还包括经济与文化的共生、年轻人与老年人的共生、正常人与残疾人的共生等。而崇尚生命、赞美生机则构成了共生的生命哲学的审美基础。共生哲学涵盖了社会与生活的各个领域，将城市、建筑与生命原理联系起来，它不仅是贯穿黑川纪章城市设计思想和建筑设计理念的核心，也是黑川纪章创作实践中遵循的准则，这在黑川纪章的城市设计和建筑作品中均得到体现。他的思想逐渐为世人所接受，并且成为城市可持续发展的指导思想之一。这也就是共生建筑的由来。

## 七、结合气候建筑

生物学家指出，除了人类之外，没有其他生物能在几乎所有的地球气候生活，这就向建筑师提出了如何设计使用适于各种气候带的建筑要求。英国建筑师 Ralph Erskine 说道："没有气候问题，人类就不需要建筑了。"这一辩证关系在传统建筑适应当地气候和合理利用资源环境的历史发展过程中清楚地得到了印证。到了 20 世纪 40 ~ 50 年代，气候与地域成为影响设计的重要因素。在建筑设计中对气候的关注开始于现代建筑的早期时代。建筑气候设计系统分析方法最早由 Olgyay 于 1953 年提出，它是在建筑方案设计阶段就开始从简单定性到复杂定量化分析建筑设计各要素，如朝向、体形、遮阳等与建筑热环境和热舒适之间的关系。Olgyay 提出的"生物气候设计方法"比较全面而综合地考虑了所有气候要素对建筑设计的影响，以及相应的室内热环境和热舒适的问题。在 60 年代，麦克哈格写了《设计结合自然》一书，通过阐述生态原理进行规划操作和分析的方法，从而使理论与实践紧密结合，这标志着生态建筑学的诞生。1963 年，V·奥戈亚在《设计结合气候：建筑地方主义的生物气候研究》中，提出建筑设计与地域、气候相协调的设计理论及建筑生物系统的方法。生物气候地方主义理论对后来的建筑设计影响非常之大。70 年代，德国在适应气候的节能建筑方面的研究有很多值得借鉴。

印度的 C. 柯里亚非常重视建筑形式对气候地理的适应性，他通过紧密结合当地的湿热气候，在 20 世纪 80 年代发表了《形式追随气候》一文，从空间形态的转变和转换入手，围绕"开放向天"的空间概念，针对不同气候提出不同的控制气候的空间形式的设计策略，其设计建筑的外观特点都体现为与当地气候紧密结合。他不仅有自己的理论，还用于实践，如巴哈汉艺术中心。巴哈汉艺术中心采用控制气候的五个概念：回廊，管式住宅，中庭，跃层阳台，分离的建筑单元。马来西亚的杨经文根据热带气候的特点提出了"生物气候摩天大楼"的设计理论，并且结合热带气候的特点，进行了非常成功的设计实践。就连高技派也开始对地域气候进行关注。欧洲高技派是以技术型节能设计为方向，但他们都是通过结合生物气候设计来达到节能的目的。要想减少由于气候因素对建筑的影响，就必须要采用建筑设计和构造设计这两个方面。功能型节能设计是人们经常选择的方式，而技术型节能设计的途径，主要是采用高科技手段达到建筑与环境的结合，来降低建筑的能源消耗，减少建筑对自然环境的破坏。1993 年，在美国建筑师学会、美国景观建筑师学会、绿色和平组织等众多机构的研究基础上，美国国家公园出版社出版了《可持续发展设计导则》，提出可持续发展建筑设计原则，即把建筑气候设计作为其主要组成部分之一，具体阐述为"结合功能需要，采用简单的实用技术，针对当地气候采用被动式能源策略，尽量应用可再生能源。"

在国内，近年来，关于建筑设计和气候的关系研究也已取得了很多成果。越来越多的国内业界人士对地域特点、利用自然气候资源的设计方法非常关注，在建筑的气候适应性相关研究方面，以周若祁教授为主的课题小组对窑洞民居建筑的气候特征进行研究，探索传统建筑的气候适应性经验及与现代生活方式存在的矛盾；西安科技大学的夏云教授研究了生土建筑的气候适应性优势及生活需求的改进措施。华南理工大学亚热带建筑研究室，以热带、亚热带建筑热环境与建筑物理学各方面的研究为重点，为国家标准与规范的制定提供了很有价值的数据。西安建筑科技大学刘加平教授的绿色建筑研究中心致力于对适宜黄土高原地区气候特点的建筑进行研究，提出适宜该地区气候的可持续发展的基本聚居建筑形态～～新型阳光间式窑洞。华中科技大学建筑与城市规划学院生态设计研究室从可操作的角度研究夏热冬冷地区建筑设计的生态策略。

针对气候条件，通过建筑设计，采用被动式（passive）措施和技术：围护结构保温和利用太阳辐射、围护结构防热和遮阳、自然通风和天然采光等，既保证居住的环境健康和舒适，又节约建筑能耗（主动式的供暖、空调、通风和照明系统的能耗），这是建筑师的工作范畴，也是当今世界建筑发展的潮流。在建筑气候学中，最令人感兴趣同时也是最复杂的因素即气候的分类与范围问题。事实上，建筑师所关心的气候范围往往更小，例如同一幢建筑物的不同朝向上气候的差异，底层与楼层气候的变化，相邻建筑物墙面热反射情况，墙和树对风型的影响等。我们可以将建筑师所关心的气候范围称为建筑微气候。

例如科威特的城市肌理表现为很多独立的单一家庭住宅，它们形成一种典型清晰的城市蔓延图景。为了适应沙漠气候，建筑之间的距离都比较近，从而形成之间的遮阴空间，这种空间对于调节温度有帮助。

## 八、生物建筑

生物建筑从整体的角度看待人与建筑的关系，进而研究建筑学的问题，将建筑视为活的有机体，建筑的外围护结构就像人类的皮肤一样，提供各种生存所需的功能；保护生命、隔绝外界环境、呼吸、排泄、挥发、调节以及交流。倡导生物建筑的目的在于强调设计应该以适宜人类的物质生活和精神需要为目的，同时建筑的构造、色彩、气味以及辅助功能必须同居住者和环境相和谐。

生物建筑运动的特点和作用表现为以下几点：①重新审视和评价了许多传统、自然的建筑材料和营造方法，自然而不是借助机械设备的采暖和通风技术得到了广泛的应用；②建筑的总体布局和室内设计多体现了人类与自然的关系，通过平衡、和谐的设计，倡导和宣扬一种温和的简单主义，人类健康和生态效益是交织在一起的关注点；③生物建筑使用科学的方法来确定材料的使用，认为建筑的环境影响及健康主要取决于人类的生活态度和方式，而不是单纯从技术上考虑。

上海世界博览会日本馆又称"紫蚕岛"，是上海世界博览会各国家馆之中面积最大的展馆宗一，展馆高约 24m，外部呈银白色，采用含太阳能发电装置的超轻"膜结构"包裹，形成一个半圆形的大穹顶，远远望去，日本馆犹如一个巨大的紫蚕宝宝趴在黄浦江边，极富个性的外观宛如拥有生命的生命体。展馆外观的基调色为红藤色，红藤色由象征太阳的红色与象征水的蓝色交融而成，可以说是自然的颜色。展馆的外壁会随着日光的变化及夜晚的灯光变换各种"表情"，让参观者感受到一种动感。该馆分为过去、现在、未来三大展区，形态融合了日本传统特色与现代风格，参观者可以通过视觉、触觉、听觉等感受到日本馆所传递的信息和魅力。"过去"展区展示保护文化遗产的"精密复制"技术，参观者可近距离鉴赏日本名作。"现在"展区通过照片透视画及实物展示、影像装置呈现 2020 年的未来城市。"未来"展区展示具有超高清及望远功能的"万能相机"、会演奏小提琴的"伙伴机器人"和实现客厅墙壁与电视机一体化的"生活墙"。日本馆的建筑理念是"像生命体一样会呼吸的环保建筑"，在设计上采用了环境控制技术，使得光、水、空气等自然资源被最大限度利用。展馆外部透光性高的双层外膜配以内部的太阳能电池，可以充分利用太阳能资源，实现高效导光、发电；展馆内使用循环式呼吸孔道等最新技术。日本馆的"呼吸孔"和"触角"则是日本馆制冷系统和换气系统的中枢结构。向内凹陷的"呼吸孔"通过呼吸柱将雨水引入场馆地下储水空间，再经处理后生成"中水"，为场馆外衣上的水喷洒系统提供用水，实现为展馆降温。"触角"则是在"呼吸孔"上加了一个"烟囱"，成了展馆的排气塔。在结构方面，由于日本馆采用了屋顶、外墙等结成一体的半圆形的轻型结构，使得施工时对周边环境影响较小。除此之外，它还能在炎炎夏日为自己降温，连接小气枕之间的金属扣件上设置了许多小喷头，天气炎热时可对气枕持续喷洒，形成流动的水膜，在带走热量的同时还能保持外衣表面一尘不染。整个日本馆没有向地下打入一根桩，而是采用了混凝土和自然土壤混合搅拌，形成坚固的地基，既提高了土地承载力，又没有破坏地表，场馆拆卸后，若将地基土挖掉，就又可以种上绿树、小草。

## 九、自维持住宅

自维持住宅理论最早由英国剑桥大学学者 Alex Pike 在 1971 年提出，其研究初衷是设计出一套应用于住宅的自我服务系统，以减少其对有限的地域性消耗源的依赖。1975 年，Vale 夫妇所著 The New Autonomous House : design and planning for self-sufficiency 一书的首句给了"自维持住宅"一个更加具体的定义：它是一种完全独立运转的住宅，不依靠外界的摄入，除了和它紧密相连的自然界（如阳光、雨水等）。这种住宅不需要市政管网的供气、供水、供电、排污等系统支持，而是利用太阳和风产生的能源代替供电、供气；收集雨水代替供水；排污自行处理。Vale 夫妇在 2000 年出版的另一本书 The New Autonomous House : design and planning for sustainability 中记录了他们 1993 年在索斯韦尔小城中部建造"自维持住宅"的全过程。

自维持住宅的设计思想是：①认识到地球资源是有限度的，要寻求一种满足人类生活基本需求的标准和方式；②认识到技术本身存在一种矫枉过正的倾向，人类追求的新技术开发和利用导致地球资源大量耗费，而所获得结果的精密程度已经超出了人们所能感知的范围，因此应该以足够满足人体舒适为目标，而不是追求更多的舒适要求。

自维持住宅的设计目标为：①利用自然生态系统中直接源自太阳的可再生初级能源和一些二次能源以及住宅本身产生的废弃物的再利用，来维护建筑的运作阶段所需要的能量和物质材料；②利用适当的技术，包括主动式和被动式太阳能系统的利用、废物处理、能量储藏技术等，将住宅构成一种类似封闭的自然生态系统，维持自身的能量和物质材料的循环，但由于其采用技术的非高层次性，难以达到自维持住宅所需求的完全维持的设计目标。

## 十、零能耗建筑

建筑能耗一般是指建筑在正常使用条件下的采暖、通风、空调和照明所消耗的总能量，不包括生产和经营性的能量消耗。在研究与实践生态社区、低能耗建筑方面的过程中，逐渐发展出了一种零能耗建筑（zero energy consumption buildings）的全新建筑节能理念。该设计理念即不用任何常规煤、电、油、燃气等商品能源的建筑，希望建造只利用如太阳能、风能、地热能、生物质能，以及室内人体、家电、炊事产生的热量，排出的热空气和废热水回收的热量等可再生资源就满足居民生活所需的全部能源的建筑社区。这种"零能耗"社区不向大气释放二氧化碳，因此，也可以称为"零碳排放"社区。

部分学者对零能耗建筑的认识还是存在一定的误区和偏见，主要有以下几点：①多层建筑接收到的太阳能在目前技术水平下所能转换的能量不足以满足整个建筑空间所需的运行能量；②零能耗建筑所需的并网双向输电在一些国家可能会遇到一系列的问题；③零能耗建筑只适用于远离城市电网的边远农村地区；④一些开发商利用这一概念进行炒作。

零能耗建筑即建筑一体化的可再生能源系统产生的能量与建筑运行所消耗的能量相抵为零，通常可以以一年为结算周期。但由于可再生能源的发电状态通常是间歇性的，建筑运行所需的能量既可来源于建筑上安装的可再生能源系统，也可来源于并网的电力系统。当可再生能源产生的能量高于建筑运行所需能量时，多余的能量输送回电网，此时的建筑用电量为负。如果一年的正负电量抵消，该建筑就是零能耗建筑，所以零能耗建筑也可称为净零能耗建筑（net zero energy consumption buildings）。零能耗还有几个派生概念，如果以降低温室气体排放为设计标准，可称为零碳排放建筑；如果以能耗费用为设计标准，可称为零能耗费用建筑。零能耗建筑应该强调能源产生地的能量平衡为零，也就是将生产能源时额外消耗的能源与能源输送过程中的损耗也计算在内。如果建筑自身的可再生能源可以抵消所有这些能源之和，可称为零产地能耗建筑。如果建筑自身的可再生能源系统所产生的能源高于所消耗的能源，可称为建筑发电站。德国低能耗建筑分类标准中，将零能耗定义为建筑在达到相关规范要求的使用舒适度和健康标准的前提下，采暖和空调能耗在

0 ~ 15kW( m²·a )的建筑。其中计算建筑能耗指标是以建筑使用面积每平方米能耗量为准，不是建筑面积。

目前，许多国家已经开始试验非常超前的零能耗住宅，要达到这一技术指标，在建筑材料构造、技术体系和投资上都有较高的要求。英国诺丁汉大学有一座"零能源住宅"，它主要采用屋顶的纸纤维保温、低辐射玻璃、外墙围护保温和太阳房的设计。德国斯图加特索贝克住宅虽然是全玻璃钢结构，但基于其完善的能量平衡系统，以相应的建筑材料和科技体系为支撑，出色地达到了高舒适度的节能要求，其一次性能源消耗为零。我国财政部、建设部可再生能源建筑应用示范项目，华中科技大学建筑与城市规划学院教室扩建和既有建筑改造工程，称为"000PK 建筑"（零能耗、零排放、舒适度 PMV 为 0、Popular 大众化、Key 共性关键技术 ）。此建筑主要目标为：夏热冬冷地区全年使用可再生能源进行温度和舒适性调节的教学、办公建筑；使全年屋顶太阳能电池板的发电量等于或略小于室内舒适度调节系统和照明总耗电量，所有发电都送入电网，用电从电网输入。美国能源部下属的劳伦斯伯克利实验室也对住宅节能技术进行了重点研究，还和一些州政府合作建设"节能样板房"予以示范。比如能源部和佛罗里达州合作建设的"零能耗住宅""太阳能住宅"等，通过利用佛罗里达地区充足的太阳能和采取建筑节能措施，让住宅不再需要使用外来能源。例如，中国第一座零能耗功能型生态建筑～～尚德研发中心。整个研发中心大楼使用光伏玻璃幕墙等太阳能光伏建筑一体化材料，直接为大楼提供绿色环保的太阳能电力，此外还将集成应用地热利用技术、空气热泵技术、水源收集与循环利用技术等先进技术，建成后将成为我国第一座零能耗功能型生态建筑。

## 十一、风土建筑和生土建筑

风土一词可以理解为两层意思。"风"指的是时代性及风俗、风气、风尚等；"土"指的是气候及水土条件、出生地等。二者综合起来是指一个地方特有的诸如土地、山川、气候等自然条件和风俗、习惯、信仰等社会意识之总称，是一定区域内的人们赖以生存的自然环境和社会环境的综合。风土在固守自己传统的同时，只有吸收容纳外来文化才能使自己得以生存和发展，才能使自己得以固守和繁衍。

风土建筑（vernacular or pastoral architecture）与乡土建筑有哪些不同呢？如果从研究的目的和结果上来看，所谓"乡土"强调的是一种乡村意识，从家庭到宗族、从宗族到生我养我的土地，是一种乡土之情和乡村制度的集中体现。乡土建筑的研究是以一个血缘聚落为研究对象，考察民间建筑的系统性以及它和生活的对应关系，从而揭示某种建筑的形制和形式的地理分布范围，侧重的是民间建筑的社会层面。而风土建筑主要指的是一个地域文化圈内以农耕经济为基础、地域文化为土壤、以天然作为自己的全部内容、与当地风土环境相适应的各类建筑。风土建筑以历史地理、农业区划和语言片系为依据进行划分，其建筑形态的选择与定型并非出于偶然。

阿摩斯·拉普卜特的代表作《宅形与文化》是建筑人类学的奠基作品之一，它探讨了宅形与其所属的各种不同文化之间的关系。他把风土建筑的设计和建造过程描述为一种模式调试或变异的过程，这种独立的风土建筑设计和建造过程与心理学家让·皮亚杰描述的同化和调节过程非常相近。正是在无数次独立的类似过程中，风土建筑的形式、技术、材料等要素逐渐发展变化。

例如北方的窑洞、南方的竹制吊脚楼，还有新疆的秸秆房（墙壁由当地的石膏和透气性好的秸秆组合而成的房子），美观、实用、能耗极低，对环境几乎不造成污染，这些都是典型的风土建筑。

土家建筑的吊脚楼有挑廊式和干栏式。其通常背倚山坡，面临溪流或坪坝以形成群落，往后层层高起，现出纵深。土家吊脚楼大多置于悬崖峭壁之上，因基地窄小，往往向外悬挑来扩大空间，下面用木柱支撑，不住人，同时为了行走方便，在悬挑处设栏杆檐廊（土家称为丝檐）。大部分吊脚横屋与平房正屋相互连接形成"吊脚楼"建筑。湘西土家吊脚楼随着时代的发展变化，建筑形制也逐步得到改进，出现了不同形式美感的艺术风格。挑廊式吊脚楼因在二层向外挑出一廊而得名，是土家吊脚楼的最早形式和主要建造方式。干栏式吊脚楼，即底层架空，上层居住的一种建筑形式，这种建筑形式一般多在溪水河流两岸。土家吊脚楼完全顺应地形地物，绝少开山辟地，损坏原始地形地貌。这就使得建筑外部造型融入自然环境之中。建筑的体量与尺度依附在自然山水之中，反映出了对大自然的遵从和协调。其就地取材，量材而用；质感既丰富多变，又协调统一。讲究通透空灵，在彰显结构竖向材料的同时也注重横向材料的体量变化，体现了湘西风土建筑的特点。

赵树德对"生土建筑"的界定为：狭义地从日常生活"土"字意义上讲，生土建筑就是指用原状土或天然土经过简单加工修造起来的建筑物和构筑物，实质上是用土来造型；若从广义讲，就是以地壳表层的天然物质作为建筑材料，经过采掘、成型、砌筑等几个与烧制无关的基本工序而修造的建筑物和构筑物。按广义理解，这样就要把岩石和土都包括在生料之内。把岩石和土合在一起并统一到"土"的概念之下。从大土作的概念出发，那么广义的生土建筑及其营造过程就是"大土作的基本概念"了。除此之外的对生土建筑的定义多数是狭义上生土建筑的概念，是指利用生土或未经烧制的土坯为材料建造的建筑。

生土建筑是我国传统建筑中的一个重要组成部分。生土建筑按结构特点大致可分为以下几种形式：①生土墙承重房屋，包括土坯墙承重房屋、夯土墙承重房屋、夯土土坯墙混合承重房屋和土窑洞；②砖土混合承重房屋，包括下砖上土坯、砖柱土山墙和木构架承重房屋等。现在的大多数研究者对生土建筑的类型模式一般有三种看法：①集中以建筑类型区分的～～穴居或窑洞、夯土版筑建筑和土坯建筑；②集中在对建筑结构进行区分；③集中在以生土建筑的施工工艺及特点区分。

生土建筑有如下优点：①结构安全，结构布局合理、有加固措施的生土房屋可以满足8度地震设防要求；②经济能耗低，生土建筑不仅造价低廉，而且在使用过程中维护费用低，在全寿命周期内能耗低；③优越的热学、声学性能，生土材料可调节温湿度，冬暖夏凉，湿度宜人，隔声效果好；④施工便利，生土材料分布广，技术简单灵活，施工周期短；⑤环境友好，无污染，可完全回收再利用。

生土建筑的不足如下：①强度低，自重大，材料与构件强度低，整体性能差，导致建筑空间拓展受限（包括建筑高度、开间进深、洞口尺寸等）；②耐久性差，生土建筑尤其怕水，不耐风雨侵蚀。

美国新墨西哥州，关于生土墙的建造规则已制定了具有法律权威的规范，其中对承重生土墙选用何种质量的土、生土构件的制作要求、生土材料应达到的技术指标等都做了详细规定，在生土建筑设计构造方面提出了若干条定量化的指标。秘鲁利马天主教大学的玛西亚·布隆德特博士等起草的《土坯房屋抗震指南》，详细介绍了土坯建筑的震害，还从土料成分、裂缝控制、添加材料、施工质量等方面分析了抗震性能的主要影响因素，并且建议了一些改善土坯力学性能的方法和构件构造尺寸。澳大利亚是广泛使用生土建筑的国家之一，长期以来非常重视生土建筑结构的研究与规范制定工作，目前正在起草"生土建筑指南"。法国是在生土建筑技术上最先推行革新的国家之一。法国的一位工程师大卫·伊斯顿，首先在法国境内使用 PISE（空气压缩稳定泥土）技术，使土与钢筋共同形成建筑整体，既具有良好的抗震性，又保持了土原有的舒适环保节能的本色，是生土建筑技术的一大进步。

地域特征明显的黄土文化中的"窑洞建筑"，到明清时期，已成为黄土高原和黄土盆地农村民居中的风土文化建筑的主要形式，是中国传统民居一支独特的生土建筑体系。在晋西和陕北人们之所以选择窑洞作为居室，是由当地的自然资源条件以及窑洞的优点所决定的。即便是用砖石砌筑的窑洞也是用生土填充屋顶，所以有人称之为"覆土建筑，生土建筑"。生土建筑就地取材，造价低廉，技术简单。生土热导率小，热惰性好，保温与隔热性能优越，房屋拆除后的建筑垃圾可作为肥料回归土地，这种生态优势是其他任何材料无法取代的。在甘肃陇东地区出现的独特的传统民居建筑～～窑房，是一种典型的绿色原生态的建筑类型，窑房从环保、材料、结构、施工、外观、实用等各个方面均优于目前普遍兴起的砖瓦房。是利用地方材料建造房屋的典型代表，较原有的黄土窑洞通风、采光、抗震、稳定性均有所改进，对于黄河流域的寒冬，也能起到良好的御寒作用，冬暖夏凉，这与当地的气候相适应，特别适宜贫困地区农民建房。窑房的技术更新，重点放在研制高强度土坯加工器具与抗震构造措施上，使传统土坯窑房获得新生。生土民居的回归有赖于多种绿色技术的支撑，如新型高强度土坯技术，抗震构造柱的使用技术，土钢、土混结构体系，生土墙体防水涂料技术，被动式太阳能建筑技术，雨水收集设施，节水设备与节水农业技术，利用太阳能采暖、热水技术，秸秆煤气的综合利用技术，垃圾处理新技术等。

## 十二、智能建筑

智能建筑可以定义为：以建筑物为平台，兼备信息设施系统、信息化应用系统、建筑设备管理系统、公共安全系统等，集结构、系统、服务、管理及其优化组合为一体，向人们提供安全、高效、便捷、节能、环保、健康的建筑环境。智能建筑是社会信息化与经济国际化的必然产物；是集现代科学技术之大成的产物，也是综合经济实力的象征。智能建筑其技术基础主要由现代建筑技术、现代计算机技术、现代通信技术和现代控制技术所组成。

智能建筑追求的目标如下。

（1）为人们的生活和工作提供一个方便、舒适、安全、卫生的环境，从而有益于人们的身心健康，提高人们的工作效率和生活情趣。

（2）满足不同用户对不同建筑环境的要求。智能建筑具有高度的开放性和灵活性，能迅速、方便地改变其使用功能，必要时也能重新布置建筑物的平面、立面、剖面，充分显示其可塑性和机动性强的特点。

（3）能满足今后的发展变革对建筑环境的要求。人类社会总的发展趋势是越往后发展变革越快，现代科学技术日新月异，而智能建筑必须能够适应科技进步和社会发展的需要，以及由于科技进步而引起的社会变革的要求，为未来的发展提供改造的可能性。

绿色建筑与智能建筑是两个高度相关的概念。绿色建筑与智能建筑的最终目的是一致的，都是创造一个健康、适用、高效、环保、节能的空间。绿色建筑强调的是建筑物的每一个环节的整体节约资源和与自然和谐共生，智能建筑强调的是利用信息化的技术手段来实现节能、环保与健康。绿色建筑是一个更为基础、更为纯粹的概念，而智能建筑是绿色建筑在信息技术方面的具体应用，智能建筑是服务于绿色建筑的。建筑智能化是实现绿色建筑的技术手段，而建造绿色建筑才是智能援助的目标，智能建筑是功能性的，建筑智能化技术是保证建筑节能得以实现的关键。要完成绿色建筑的总目标，必须要辅之以智能建筑相关的功能，特别是有关的计算机技术、自动控制、建筑设备等楼宇控制相关的信息技术。没有相关的信息技术，绿色建筑的许多功能就无法完成。其总体规划设计应从智能建筑的整体功能出发，通过合理地规划设计、基础架构、位置选择、系统布局、设备选型、软件搭配和节能环保措施等大幅度降低智能建筑的资源消耗。两者也存在制约关系，智能建筑所依赖的信息系统本身就是建筑的一个组成部分，它在服务于建筑的其他部分、其他系统时也存在消耗能源、产生污染等问题，包括信息系统设备在损坏报废或使用寿命期满之后产生废弃物等。

自 20 世纪 80 年代智能建筑出现，其为实现"办公、生活的高效、舒适、安全之环境，且具有经济型的目标"，将通信自动化（CA）、办公自动化（OA）、楼宇设备管理自动化（BA）及安全、防灾等技术领域纳入运行管理，并且提供新颖与优质的服务理念。1994 年来自 15 个国家的科学家在美国讨论时提出了"生命建筑"的概念，生命建筑具有"大脑"，它能以生物的方式感知建筑内部的状态和外部环境并及时做出判断和反应，一旦灾害发生，它能进行自我保护。比如日本开发成功的智能化主动质量阻尼技术，当地震发生时，生命建筑中的驱动器和控制系统会迅速改变建筑物内的阻尼物的质量，以此来抵消建筑物的震动。在我国智能建筑发展过程中，一个重要的标志是在 1997 年 10 月，国家建设部颁布了〔1997〕290 号文件，即"建筑智能化系统工程设计管理暂行规定"，这是我国政府颁布的有关智能建筑管理的第一个文件。2010 年 5 月 1 日，上海世界博览会成功开幕，这一盛事正式把智能建筑推向一个全盛的时期。"世博园"内世界各国的建筑精品，向全世界展示了顶级的智能建筑项目案例，介绍了国内外智能建筑行业中的知名品牌，并且展示了我国智能建筑行业发展历程和未来走向。

随着人们生活水平的提高，新需求的增长及信息化对人们传统生活的改变，人们对智能化住宅小区的需求日益强烈。其市场的潜力也日益增长。我国智能家居的发展正在进入迅速发展的阶段。在 20 世纪 90 年代，中国的住宅智能化和小区智能化建设，首先始于东南沿海的广州和深圳等地，后逐渐向上海、北京等地发展。在住宅建设行业逐步引人综合布线概念结合小区的闭路电视监控、对讲、停车场管理等一系列智能化系统，建筑智能化技术也开始从公共建筑向住宅和居住小区发展，建筑智能化技术迅速向小区智能化延伸，已成为智能建筑发展的重要市场。2001 年，建设部住宅产业办公室提出一个关于智能化小区的基本概念："住宅小区智能化是利用 4C（即计算机、通信与网络、自控和 IC 卡），通过有效的传输网络，将多元的信息服务与管理、物业管理与安防、住宅智能化集成，为住宅小区的服务与管理提供高技术的智能化手段，以期实现快捷高效的超值服务与管理，提供安全舒适的家居环境。"

仇保兴将绿色建筑与一般建筑的区别概括为六个方面：第一，绿色建筑的内部与外部采取有效连通的方式，同时也使室内环境品质大大提高；第二，绿色建筑推行本地材料，能够使建筑随着气候、资源和地区文化的差异而重新呈现不同的风貌；第三，绿色建筑最大限度地减少不可再生能源、土地、水和材料的消耗，产生最小的直接环境负荷；第四，绿色建筑的建筑形式是从与大自然和谐相处中获得灵感；第五，绿色建筑因广泛利用可再生能源而极大地减少了能耗，甚至自身产生和利用可再生能源，有可能达到零耗能和零排放；第六，绿色建筑以循环经济的思路，实现从被动地减少对自然的干扰到主动创造环境丰富性、减少对资源需求上来。

在文化层面上，绿色建筑与现代一般建筑也有区别：第一，绿色建筑文化从唯物辩证的自然观出发，强调人与自然的有机统一，坚持人是地球生态大家庭中的普通成员的立场，主张尊重自然，人与自然和谐共生；第二，绿色建筑文化认为自然界是一切价值的源泉，强调地球生态系统的内在价值、系统价值、创造价值、生命价值和审美价值；第三，绿色建筑技术观重新审视人、建筑和自然的关系，将节约资源、保护环境和"以人为本"的基本原则有机地结合在一起，在本质上是"环境友好"的；第四，绿色建筑文化主张将法律约束和道德关怀扩大到动植物和整个地球生态系统；第五，绿色建筑文化追求自然之"大美""真美"，追求简朴之美、生态之美和人工美的统一；第六，绿色建筑文化倡导适度消费和简朴、节约的居住方式。

无论从建筑的层面，还是从文化的层面来看，绿色建筑是可持续发展的建筑体系，是环境友好型的建筑体系，这就是它的本质特征，是我们推行绿色建筑的依据。

综上所述，绿色生态建筑的建造过程是基于建筑全生命周期过程的基础上，针对绿色建筑目标考虑决策、设计、施工、验收与运营管理甚至改造等阶段，以生态学和系统学等方法为指导，以设计图纸为成果的主要表达形式，按照任务的目的和要求，根据设想预先制定出工作方案和计划，从而形成试探性的图面解和最终的图面解的过程。它涵盖了对绿色建筑中有关能源、资源、材料、室内外环境以及文脉、经济、费用等一系列相关因素的现象状况与预期状况之间的矛盾问题的解决过程，并且将生态影响因素着重加以考虑的一种称谓。

# 第三节  开展绿色建筑行动的必要性和紧迫性

## 一、必要性

开展绿色建筑行动是推进建筑领域可持续发展的明智选择。在城镇化快速发展的现阶段，建筑面积迅速攀升，建筑能耗需求快速增长，建筑引发的环境影响越发明显，建筑发展带来的资源、环境压力进一步加大。建筑在全寿命周期的各个环节都消耗着各种资源、能源，排放着污染物。要破解建筑带来的资源环境约束，实现建筑领域的可持续发展，必须要从全寿命周期范畴内，减少建筑的土地消耗、能源消耗、水资源消耗、材料消耗，减少建筑对环境排放的污染物。这一切恰恰都是绿色建筑理念所倡导的，因此开展绿色建筑行动是在建筑领域贯彻落实科学发展观、深入建设"资源节约型、环境友好型社会"、营造人与自然和谐共生环境的明智选择。

开展绿色建筑行动是实现应对气候变化目标和节能减排目标的重要举措。根据国际能源署 (IEA）的研究，全球建筑领域消耗了约 1/3 的全球终端能源消费，产生了约 1/3 的全球与能源相关的二氧化碳排放；若要实现全球温升不超过 2℃的目标，到 2050 年建筑领域的二氧化碳排放就要比目前减少 60%，可见建筑领域减排对全球应对气候变化的重要影响。我国政府已对国际社会庄严承诺：到 2020 年实现单位 GDP 二氧化碳排放量下降 40% ～ 45%。实现这一目标的重要途径之一是降低单位 GDP 能耗。尽管困难很大，但经过各地方、各行业的艰苦努力，我国"十一五"期间单位 GDP 能耗下降了 19.1%；"十二五"时期，我国又提出单位 GDP 能耗下降 16%、单位 GDP 二氧化碳排放下降 17% 的约束性指标。"十一五"期间，一些投资少、见效快的节能措施已大量实施，进入"十二五"时期，节能减排和控制二氧化碳强度的边际成本将逐渐加大，节能的难度变得更大，但能耗增长的动力依然强劲，特别是建筑、交通领域的能耗增长迅速，建筑领域能源消耗和二氧化碳排放在全社会所占比例将进一步提高。因此，必须更加重视建筑节能工作，抓紧开展绿色建筑行动，通过强化新建建筑执行节能标准、大力发展绿色建筑、加快既有建筑节能改造等措施，努力提高建筑领域能源资源利用效率，才能保障"十二五"节能减排目标和2020年碳排放强度下降目标顺利实现。

开展绿色建筑行动是加快转变城乡建设模式的重要抓手。我国当前建设模式粗放，对房屋需求缺乏合理规划，造成了严重浪费。一方面受前些年房地产市场火热的影响，开发商投资建设了过量楼盘，导致不少商品房至今闲置；另一方面在高房价压力下，政府不得不为买不起房的低收入群体大量建设保障性住房。各地以拉动经济、改善民生、提升城市品质等为由，大搞建设，一些远不到使用寿命的建筑被提早拆除，一批"新、奇、特"的高能耗"地标"建筑被建成。我国当前建筑整体能源利用效率较低，建材消耗量较高，建筑废弃物回收再利用率过低，舒适性有待提高，特别是农村、城市棚户区等低收入群体的居住环境亟待改善。我国当前城乡建设注重规模数量多于注重建筑安全、舒适性能和能源资源利用效率，注重新建和改造多于注重不合理的拆除，注重设计节能多于注重实际运行节能。我国目前的城乡建设模式严重影响了建筑领域的可持续发展，亟须加以扭转。开展绿色建筑行动，用绿色理念指导城乡建设，可以有效引导各方主体转变发展思路，解决上述各类问题，是转变城乡建设模式的有效抓手。

开展绿色建筑行动是改善民生的有效途径。绿色建筑可以改善人居环境，为人们提供健康、适用和高效的使用空间。室内环境包括室内空气品质与室内物理环境。室内空气品质不良会引发病态建筑综合征。美国已将室内空气污染归为危害人类健康的五大环境因素之一，而我国在室内空气品质的研究、监测和控制方面力度相对较弱。室内物理环境包括热环境、声环境、光环境等。我国城镇居住建筑中只有寒冷和严寒地区有集中采暖的地区在冬季基本能达到国际公认的室内热舒适标准，而我国夏热冬冷地区数亿人在冬季生活在热环境品质较差的住宅里。室内声环境、光环境也是改善人居环境的重要方面，对人的生理和心理健康都非常重要。因此，大力发展具有良好室内环境的绿色建筑，作为建设小康社会、体现"以人为本"的民生工程应予以重视。

开展绿色建筑行动是拉动新兴产业发展的重要途径。"十二五"时期我国要继续推进经济发展方式转变，调整产业结构。目前，发展以节能环保、绿色、低碳为特点的新兴产业是世界范围内产业结构调整的主要方面。建筑节能与节能环保产业、新能源产业、绿色建材产业等密切相关。开展绿色建筑行动，将拉动建筑工业化、建筑节能服务、绿色建材、可再生能源、节水等产业的发展，不仅可为未来经济发展创造新的增长点，也有利于提高相关产业的技术水平，提升产业竞争力，增加就业岗位，同时还能拓宽未来国际市场，有利于促进经济发展向低碳转型。反之，如果我国不能顺应绿色发展潮流、抓住战略机遇，新的经济增长点不能培育，产业升级不够，在国际竞争中处于劣势，在全球化的背景下，今后经济社会发展将会非常被动。

## 二、紧迫性

我国正处在建设领域发展关键时期，应尽快开展绿色建筑行动。我国正处在工业化、城镇化快速发展和加快新农村建设的关键时期。一方面，建设规模巨大，建筑面积增长迅速，每年新建建筑面积高达 30 亿平方米，拥有全世界规模最大的建设市场；另一方面，人民生活水平稳步提高，消费模式不断升级，这两方面共同推动了建筑能耗的持续攀升。但从目前来看，无论人均建筑面积还是人均建筑能耗，我国都远低于发达国家水平，我国建筑能耗还有很强的增长动力和较大的增长空间。在此形势下，如果缺乏合理的引导，任由建筑面积恣意扩张，生活消费模式向欧美看齐，我国建筑能耗将可能出现爆发式增长，进而推动全社会能源消费的迅速膨胀。这样的后果不仅是我国资源、环境条件难以承受的，也将给全球能源供应和应对气候变化问题带来巨大压力。因此，我国应当抓住当前的战略机遇期，尽早开展绿色建筑行动，深化建筑节能工作，调整城乡建设模式，遏制建筑能耗的快速攀升，提高资源利用效率，将建筑领域的发展进一步引向可持续的道路。

建筑能耗具有锁定效应，需尽早开展绿色建筑行动。建筑是耐久性产品，如果在建造或房屋翻修阶段没有采用强有力的节能措施，不严格执行建筑节能标准，一旦建成将对能源消耗造成几十年的影响。若想在未来再采取措施减少建筑能耗将不太现实或很不经济，这部分原本可以获得的节能量却因建筑能耗的锁定效应无法实现。全球建筑节能联盟 2012 年最新研究表明，尽早采取强有力的建筑节能措施，可使全球建筑能耗显著减少，全球新建或改建的建筑若采用目前全球范围内已有的最佳建筑节能措施使建筑能效达到最高，则到 2050 年全球建筑终端热能消耗（即采暖空调制冷、热水的终端能耗，就全球建筑而言，其约占建筑总能耗的 2/3）将比 2005 年减少 1/3；如果仅将目前的节能措施延续，2050 年全球建筑终端热能消耗将比 2005 年增加 48%；如果不采取任何措施，2050 年将增加 111%。[①] 而我国在不同情景下，到 2050 年建筑终端热能的消耗也会有显著差异。由此可见，尽早采取强有力的建筑节能措施，可以有效降低未来的建筑能耗，我国需要尽快开展绿色建筑行动，广泛利用建筑节能措施，尽早建成各类低能耗建筑，为抑制未来建筑能耗的快速增长奠定坚实基础。

顺应国际建筑节能新形势，必须抓紧开展绿色建筑行动。国际方面，围绕能源安全和气候变化的博弈越来越激烈，各国纷纷采取应对措施，不少发达国家提出并实施了"绿色新政"，增加对低碳领域的投入，促进全社会的低碳发展。其中很多政策措施是针对建筑领域的，如建筑节能改造计划、绿色建筑（或低碳建筑、零能耗建筑等）发展战略、光伏屋顶计划、节能家电补贴政策等。这些政策不仅有助于降低建筑的能源消耗和碳排放，还能够促进建筑节能技术、节水技术、环保技术等的创新，促进绿色建材、节能环保、可再

---

① Glohal Buildings Performance Network. Best Practice Policies for Low Carbon & Energy Buildings Based on Scenario Analysis. May 2012.

生能源等相关产业的发展。因此，我国必须抓住全球建筑低碳发展的契机，抓紧开展绿色建筑行动，全面深化建筑节能工作，大力发展绿色建筑，拉动相关产业升级，促进技术创新，抢占未来发展制高点。

# 第二章  新时期绿色建筑经济的发展研究

绿色是自然界植物的颜色，是生命之色，象征着生机盎然的自然生态系统。在建筑前面冠以"绿色"，意在表示建筑应像自然界绿色植物一样，具有生态环保的特性。在我国原建设部颁布的《绿色建筑评价标准》中，对绿色建筑的定义是"在建筑的全寿命周期内，最大限度地节约资源（节能、节地、节水、节材）、保护环境和减少污染，为人们提供健康、适用和高效的使用空间，与自然和谐共生的建筑。"

## 第一节  新时期绿色建筑经济发展概况

### 一、绿色建筑经济发展简述

20 世纪中期，在全球资源环境危机中受绿色运动的影响和推动，许多学者以现代生态与环境的观念重新审视以前对建筑的认识，并且提出了许多新的理解，绿色建筑的思想和观念开始萌生。20 世纪 60 年代初，美籍意大利建筑师保罗·索勒瑞把生态学（ecology）和建筑学（architecture）两词合并为"arology"，提出了著名的"生态建筑"（绿色建筑）的新理念。1969 年美国学者麦克哈格在《设计结合自然》一书中论证了人对自然的依存关系，批判了以人为中心的思想，提出了适应自然的原则，这对绿色建筑学的发展产生了深远影响。20 世纪 70 年代中期，一些国家开始实行建筑节能类的规范，并且以后逐步提高节能标准，这可以说是绿色建筑政府化行为的开始。

几十年来，绿色建筑由理念到实践，在发达国家逐步完善，形成了较成体系的设计方法、评估方法，各种新技术、新材料层出不穷。一些发达国家还组织起来，共同探索实现建筑可持续发展的道路，如加拿大的"绿色建筑挑战"（green building challenge）行动，采用新技术、新材料、新工艺，实行综合优化设计，使建筑在满足使用需要的基础上所消耗的资源、能源最少，日本颁布了《住宅建设计划法》，提出"重新组织大城市居住空间（环境）"的要求，满足 21 世纪人们对居住环境的需求，适应住房需求变化。德国在 20 世纪 90 年代开始推行适应生态环境的住区政策，以切实贯彻可持续发展的战略。法国在 20 世纪 80 年代进行了包括改善居住区环境为主要内容的大规模住区改造工作。瑞典实施了

"百万套住宅计划"，在住区建设与生态环境协调方面取得了令人瞩目的成就。

1990年，世界首个绿色建筑标准～～《英国建筑研究组织环境评价法（BREEAM）》发布。1992年于巴西召开的"联合国环境与发展大会"使"可持续发展"这一重要思想在世界范围达成共识。绿色建筑渐成体系并在不少国家实践推广，成为世界建筑发展的方向。1993年，美国出版了《可持续设计指导原则》一书，书中提出了尊重基地生态系统和文化脉络，结合功能需要采用简单的适用技术，针对当地气候采用被动式能源策略，尽可能使用可更新的地方建筑材料等9项"可持续建筑设计原则"。1993年6月，国际建筑师协会通过"芝加哥宣言"，宣言中提出保持和恢复生物多样性，资源消耗最小化，降低大气、土壤和水的污染，使建筑物卫生、安全、舒适以及提高环境意识等原则。1995年，美国绿色建筑委员会又提出能源及环境设计先导计划（LEED），5年后加拿大推出《绿色建筑挑战2000标准》。2001年7月，联合国环境规划署的国际环境技术中心和建筑研究与创新国际委员会签署了合作框架书，两者针对提高环境信息的预测能力展开大范围合作，这与发展中国家可持续建筑的发展和实施有紧密联系。2005年3月，在北京召开的首届国际智能与绿色建筑技术研讨会上，与会各国政府有关主管部门与组织、国际机构、专家学者和企业，在广泛交流的基础上，对21世纪智能与绿色建筑发展的背景、指导纲领和主要任务取得共识。会议通过的关于绿色建筑发展的《北京宣言》，有利于促进新千年国际智能与绿色建筑的健康快速发展，有利于建设一个高效、安全、舒适的人居环境。至今，国际建筑界对绿色建筑的理论研究还在不断地深化，绿色建筑的思想观念还在不断地发展。

近年来我国在推动绿色建筑发展方面的力度也逐步加大。2001年9月，建设部科技委员会组织有关专家，制定出版了一套比较客观科学的绿色生态住宅评价体系——《中国生态住宅技术评估手册》。其指标体系主要参考了美国能源及环境设计先导计划（LEED 2.0），同时融合我国《国家康居示范工程建设技术要点》等法规的有关内容。这是我国第一部生态住宅评估标准，是我国在此方面研究上正式迈出的第一步。2003年8月，由清华大学联合中国建筑科学研究院等八家单位完成了"科技奥运十大专项之一"《绿色奥运建筑评估体系》的颁布。该评估体系基于绿色建筑的理念，按照可持续发展的理论与原则建立了一套科学的建筑工程环境影响评价指标体系，提出了全过程管理、分阶段评估的绿色奥运建筑评估方法与程序，并在奥运建设场馆中得到了应用。2005年10月，《绿色建筑技术导则》颁布，进一步引导、促进和规范了绿色建筑的发展。2006年3月颁布了《绿色建筑评价标准》（GB/T 50378-2006），这是我国实施最早的以绿色建筑评价为主题的标准。2010年11月住房和城乡建设部出台了《民用建筑绿色设计规范》（JGJ/T 229-2010），该规范明确"绿色设计应统筹考虑建筑全寿命期内，满足建筑功能和节能、节地、节水、节材、保护环境之间的辩证关系，体现经济效益、社会效益和环境效益的统一，应降低建筑行为对自然环境的影响，遵循健康、简约、高效的设计理念，实现人、建筑与自然和谐共生。"

2013年8月和9月相继颁布了《绿色工业建筑评价标准》（GB/T 50878-2013）和《绿色办公建筑评价标准》（GB/T 50908-2013），表明我国对绿色建筑的评价进一步细化。

我国绿色建筑进入规模化发展时代，"十二五"期间，计划完成新建绿色建筑 10 亿平方米；到 2015 年末，20% 的城镇新建建筑达到绿色建筑标准要求。

近年来，我国绿色建筑每年以翻番的速度发展，城镇化要转向新型城镇化，就意味着作为城镇化最基本的细胞～～住房必要以更新形式，从传统建筑转向绿色建筑。未来，必须把集约、智能、绿色、低碳等生态文明的新理念融入城镇化的进程中。尽管我国绿色建筑发展速度快，但也面临一些问题，如高成本绿色技术实施不理想、绿色物业管理脱节、少数常用绿建技术由于存在缺陷并未运行。要解决这些问题，必须实现专家评审机构尽责到位、政府监管到位、公开透明社会监督到位、补贴处罚机制到位、绿色物业运行维护服务到位等"五个到位"，严把绿色建筑质量关。

## 二、我国绿色建筑经济发展的时代背景

### （一）建筑能耗形势

自工业革命以来，人类生产生活的耗能量迅速增加。同样，近半个世纪以来，很多发达国家为了发展经济，曾经没有节制地使用能源，不但造成了巨大的能源浪费，而且使世界经济遭到沉重打击：除了自然资源和世界经济受到的破坏，地球环境也遭到了巨大的破坏，而且呈现加剧趋势。无论是对于发达国家还是发展中国家，建筑耗能普遍占到社会总能耗的 30% ~ 40%。如此巨大的建筑用能必定会对环境造成损害，因此开展建筑节能工作是关系到社会进步与经济发展的决策。

在过去的 30 多年里，很多专家和学者认识到建筑节能工作的重要性，提出了建筑可持续发展理论，并呼吁提高环境与资源的重要性。这使得建筑节能得到世界各国的重视，从此建筑节能在全世界蓬勃兴起，并引领了建筑行业的潮流。同样，我国的建筑能耗比较巨大，自 20 世纪 90 年代，很多建筑学专家投入了建筑节能理论和方法的研究，并在建筑节能措施推广方面进行了不懈的探索。同前，虽然我国意识到建筑节能形势比较严峻，建立了建筑节能体系，提出了建筑节能财政政策与经济激励政策，努力完善建筑节能标准与规范。但是，由于我国建筑数量庞大，且地域性差异比较明显（表 2-1 所示为我国建筑能耗形式），建筑节能工作进展十分缓慢，建筑节能工作在中国遇到了很大的困难与挑战。因此，对建筑节能工作进行研究分析，发现在建筑节能设计、政策和推广过程中存在的问题并加以解决，因地制宜地提出有助于实现建筑节能的措施与对策，切实地推进建筑节能工作的进步在我国具有很重要的现实意义。

表 2-1　中国 2014 年建筑能耗形式 [①]

| 用能类型 | 宏观参数 /（面积 / 户数） | 电 /（亿 kWh） | 总商品能耗 /（亿 tce） | 能耗强度 |
|---|---|---|---|---|
| 北方城镇供暖 | 126 亿 $m^2$ | 97 | 1.84 | 14.6gce/ $m^2$ |
| 城镇住宅（不含北方地区供暖） | 2.63 亿户 | 4080 | 1.92 | 729 gce/ 户 |
| 公共建筑（不含北方地区供暖） | 107 亿 $m^2$ | 5889 | 2.35 | 22.0 gce/ $m^2$ |
| 农村住宅 | 1.60 亿户 | 1927 | 2.08 | 1303 gce/ 户 |
| 总计 | 13.7 亿户 约 560 亿 $m^2$ | 11993 | 8.19 | 598 gce/ 人 |

截至 2013 年，世界的主要能源仍然是以不可再生能源（石油、天然气、煤炭）为主，如表 2-2 所示为 2013 年世界主要国家的能耗量：中国的石油消耗量和煤炭消耗量均处在世界前列，中国煤炭的消耗量占到世界的 50% 以上，这大大提高了世界温室气体的排放量。据统计，中国建筑能耗占到我国的 46.7%，造成了近 1/3 的 $CO_2$，排放量截至 2014 年，中国建筑面积仍然保持着 9% 以上的速度增长，这和小国"十二五"规划设定的节能减排目标有一定的差距？因此，伴随着国家大力推行建筑节能政策，我同建筑行业存在着巨大的潜力。

表 2-2　2013 年世界主要国家的能耗量（万吨标准油）

| 国家 | 石油 | 天然气 | 煤炭 | 核能 | 水能 | 可再生资源 | 总量 |
|---|---|---|---|---|---|---|---|
| 中国 | 507.4 | 145.5 | 1925.3 | 25 | 206.3 | 42.9 | 2852.4 |
| 美国 | 831.0 | 671 | 455.7 | 187.9 | 61.5 | 58.6 | 2265.8 |
| 俄罗斯 | 153.1 | 372.1 | 93.5 | 39.1 | 41 | 0.1 | 699 |
| 印度 | 175.2 | 46.3 | 324.3 | 7.5 | 29.8 | 11.7 | 595 |
| 日本 | 208.9 | 105.2 | 128.6 | 3.3 | 18.6 | 9.4 | 474 |
| 加拿大 | 103.5 | 93.1 | 20.3 | 23.1 | 88.6 | 4.3 | 332.9 |
| 德国 | 112.1 | 75.3 | 81.3 | 22 | 4.6 | 29.7 | 325 |
| 巴西 | 132.7 | 33.9 | 13.7 | 3.3 | 87.2 | 13.2 | 284 |
| 韩国 | 108.4 | 47.3 | 81.9 | 31.4 | 1.3 | 1 | 271.3 |
| 法国 | 80.3 | 38.6 | 12.2 | 95.9 | 15.5 | 5.9 | 248.4 |
| 伊朗 | 92.9 | 146 | 0.7 | 0.9 | 3.4 | 0.1 | 243.9 |

---

① 中国建筑节能年度发展研究报告 2016.

| 国家 | 石油 | 天然气 | 煤炭 | 核能 | 水能 | 可再生资源 | 总量 |
|---|---|---|---|---|---|---|---|
| 沙特阿拉伯 | 135.0 | 92.7 | — | — | — | — | 227.7 |
| 英国 | 69.8 | 65.8 | 36.5 | 16 | 11 | 10.9 | 200 |
| 世界总量 | 4185.1 | 3020.4 | 3826.7 | 563.2 | 855.8 | 279.3 | 12730.4 |

　　根据中国建筑气候区划图，中国可以分为五大建筑气候区：严寒地区、寒冷地区、冷夏热地区、夏热冬暖地区和温和地区。中国大部分区域属于寒冷地区，因此建筑保温采暖成为建筑能耗中不可忽略的部分，历年数据统计数据显示，建筑外围护结构往往是建筑热量散失的主要部位，其中，通过窗户散失的热量占建筑消耗总能量的1/3左右。如果建筑外围护结构的保温性能能够提高，那么建筑耗能将会大大降低，居民的生活费用也会减少，建筑节能效果也将极大提高。

　　为了实现节能减排的目标，国家和地方制定了有关建筑节能的标准与规范。特别是建筑节能已经成为建筑设计的强制性要求，是图纸审查和竣工验收中不可或缺的一环。目前，国家已经颁布了《民用建筑热工设计规范》(GB/T50176-1993)，《绿色建筑评价标准》(CB/T 50375-2006)，《建筑节能工程施工质量验收规范》(GB/T 50411-2007)，《公共建筑节能设计标准》(GB/T 50189-2005)，《建筑节能工程施工质量验收规范》(GB/T 50411-2014)等。日前，在建建筑全都满足上述建筑标准与规范的各项条款，但是实际意义上的绿色建筑数量却很少。即在建筑市场中，"绿色建筑"和"生态建筑"等都只是噱头，实际的建筑并没有达到建筑节能标准。

## （二）建筑节能时代意义

　　建筑节能是对资源、经济与环境做出的适应性调整，建筑节能的开展对改善大气环境，提高建筑室内舒适度，促进经济发展，提高经济效益具有重要的意义，

　　开展建筑节能是改善空间环境的重要途径，如表2-1和2-2可以看出，我国每年的采暖耗能适量巨大，并以煤炭为主。但是，在煤炭燃烧过程中，会释放出大量的有害气体，其中每燃烧1吨煤，温室气体和酸雨气体的释放量为24kg和19.8kg，此外还会产生CO，NO和粉尘。通过建筑节能设计，室内的热湿舒适度水平会得到大幅度提升。良好的室内环境，有助于人体保持各项生理、心理与身体机能的平衡，从而会使居住者产生舒适感、在我国大部分地区的建筑内，普遍存在着冬季寒冷或者夏季湿热的现象，但是通过有效地建筑节能策略，可以改善室内环境，做到建筑冬暖夏凉，并获得良好的室内空气质量。

　　研究表明，北方采暖居住建筑，如果能够符合建筑节能标准的要求，屋顶保温能力能够达到普通建筑的1.5 ~ 1.6倍；外墙保温能力达到2 ~ 3倍。最为重要的是，在保持室内温度舒适的前提下，符合节能标准的建筑冬季采暖用能能够降低到普通建筑的一半。此外，建筑围护结构能够保持温度恒定，也能够避免建筑表面结露或者霉变等现象，从而能

够提高居民的居住环境。夏季建筑室外的温度普遍较高，而使用机械设备降低室内温度，如果建筑围护结构的保温性能良好，便能够有效地阻断热量和冷量的传递，提高室内舒适度，降低建筑能耗。

建筑节能能够促进能源结构转型，促进国家经济增长。虽然我国能源资源比较丰富，但是我国人口众多，人均能源产量位于世界下游水平。能源，作为国家经济发展的基础，如果在未来几十年内枯竭，那么我国的国民经济发展将会停滞，国民生活质量与水平将会降低。可再生能源作为建筑节能设计的一个重要方面，如果其他能源能够得以利用，将会促进我国能源结构与产业结构调整。我国具有丰富的煤炭、太阳能、风能和水能资源，但是居民耗能主要以煤炭为主，采暖用煤占到全社会用煤量的75%。由表2-2可以看出，其他能源，如水能、核能以及其他类型的可再生能源的消费量却很低，仅占到10%左右，这与发达国家的能源消费模式还有很大的差距。例如，在建筑采暖中，法国和荷兰以天然气为主，使用量均在50%左右，而这两个国家的煤炭使用量均不足10%。

截至2010年，我国建筑面积为469亿 m²，目前仍以每年20亿 m² 的速度增加，这些建筑的巨大的耗能量增加了国家能源生产的压力，遏制了其他产业如工业和交通运输业的能耗。目前，我国建筑能耗浪费较为严重，因此开展节能工作是保证国家可持续发展的重要工作。此外，建筑节能也能够提高国民的经济效益。虽然建筑节能材料设计的价格偏高，导致很少人问津绿色建筑，但是需要指出的是建筑节能具有"投入少、产出多"的特点。研究成果显示，如果采用合理的建筑节能技术，建造成本会提高4% ~ 7%，但是可以达到30%的节能指标。建筑节能的回收期为3 ~ 10年。在建筑的全生命周期内，其经济效益非常突出。

## 三、影响我国建筑节能与绿色建筑发展的因素

影响我国建筑节能与绿色建筑发展的因素有以下几点：①国家政策不完善；②民用建筑监管力度不够；③各项管理制度和管理能力有待提高；④新建建筑对节能标准执行的力度不够；⑤相对南方地区而言北方地区已有建筑节能改造情况有待加强；⑥农村建筑节能还未得到高度重视。

针对建筑节能发展滞后问题，住房和城乡建设部副部长仇保兴结合我国绿色建筑与建筑节能的实际情况，提出以下建议：①以绿色建筑节能专项检查为媒介，深度强化各级政府对绿色建筑的监管职能；②通过出台相关标识，使建筑节能和绿色建筑供求关系更合理；③通过建立 China GBC（绿色建筑与建筑节能专业委员会），从而完善各级服务组织，走出一条符合我国国情的中国特色绿色建筑之路，这条路的特点是特色性、低能耗和精细化，并且以创新和平衡为主要策略创新主要体现在绿色建筑设计的观点、方法，同时通过平衡资源环境、供求关系和经济因素之间的关系实现建筑节能。

通过对我国住宅的调研，总结出针对绿色建筑的四大误区：

（1）绿色建筑设计中过度依赖评价标准，导致技术冷拼现象。例如，太阳能设施与建筑物一体化效果不明显；人工湿地未进行水量平衡。

（2）违背了绿色建筑设计初衷的戴"绿帽子"建筑例如，在绿荫下安装太阳能路灯。

（3）技术与管理在设计和施工过程中的关注度分配不合理，重技术，轻管理。例如，照明管理不当，出现光污染；空调室外机摆放位置不当，出现热岛效应。

（4）应用的绿色技术"张冠李戴"，利用率较低，例如，不考虑地区差异，为应用技术而应用技术；为达到要求的技术效果，不计成本。

根据我国的基本国情，绿色建筑是实现可持续发展战略的必经之路。中国特色的绿色发展道路就是在发展绿色技术的同时，必须结合我国各地区的生态特征，通过合理的规划和科学的管理制度，使绿色技术成为利用率高适应性强的高新技术，继而完善绿色建筑体系，促进绿色建筑高速发展。

# 第二节　新时期绿色建筑经济发展特点

## 一、中国传统建筑生态观与节能特点

1869 年，德国人海格尔（Heigl）首次提出了生态学（Ecology）的概念，这一概念描述了有机体与环境之间的相互关系人类生态学则将狭义的生态学（即简单的动植物与环境的关系）衍生到了人与自然环境的相互关系的领域内，自 20 世纪 60 年代，随着人们对自然、人与社会的认识不断加深，生态学这一概念已经渗透到了其他学科内，并形成了一门综合性的科学。在城市规划和建筑设计领域内，生态建筑便是生态学的具体体现。对于人们的居住、活动与工作环境而言，和谐共生与和谐再生的原则强调了人与自然环境的协作与结合；因地制宜、因势利导则是采用一切可以利用的原则，实现自然资源的高效利用；减少能源的消耗创造出舒适健康的生活环境成为现代建筑设计的目的与核心。

中国传统建筑便采用了上述原则：尊重自然法则，结合自然环境、基于气候地形，因地制宜、因势利导，使用当地自然材料，合理分布室内外环境，增加建筑环境、提高审美意境，创造适宜的人居环境。虽然从一定程度上来说，中国传统民居采用的生态技术只是低技术水平，但是也反映了人们顺应自然、改造自然的生态观。

（一）中国传统建筑的生态观

"天人合一"是中国传统建筑生态观的体现，包括了崇尚天地、中庸和经验的生态思想。中国古代社会得益于农耕文化，因此对天地具有浓厚的情结因此中国古代建筑在竖直方向上，建设高台祈求与天相接，但是与水平方向的扩张相比，竖向建筑并没有成为主流，人们更愿意与地相接，向四周延伸，也体现了普通百姓以地为母的情致。普通的古代人民以土地为根本，以与土相接为生，更接近与地气。同样古代器宇轩昂的亭台楼阁只作为登高望远、观景之用，在建筑四周则辅助于水平檐和高台基，以展示人们亲近土地的情结。

## （二）中国传统建筑中的哲学思想

中国传统建筑注重实用性。这表现在如何为居住者提供一个健康舒适的环境，而且能够与周围环境和谐共生，尊重自然、顺应自然，是使人与环境达到最佳的居住状态。这其中的人与自然的联系形成了中国最初的传统建筑设计哲学思想。道家的天人合一的思想对中国建筑设计的影响最为深远。在人与自然的基础上，有着十分深刻的阐述。道家思想在建筑伦理观念、思维方式、精神物化等方面深深地影响着中国传统建筑的生态观。下面将从建筑自然观分析中国传统建筑的哲学思想。

因借自然，营造建筑。传统建筑一般设置有庭院或者天井。因此在民居内引入自然环境，即使院内没有花草树木，院内的风霜雨雪、四季变化等自然现象也能够自然地进入院内，向人们传达自然信息。

引入自然，相融共生。除了天人合一之外，道家还比较注重无为而治、崇尚自然的原则。天地之美的思想表明了古代独特的自然观和审美观。中国古代的园林式建筑保留了自然的原貌，从而产生了错落有致的效果，达到了建筑与艺术的结合。

师法自然，同构建筑。中国传统建筑以间为基本单位，形成单体建筑，比如堂、庭、室与轩，又包含了一些组合的中介空间.比如廊、墙、檐口以及门楼等，这样就形成了庭院建筑。

在此基础上，中原建筑相互组合形成一个小型的建筑群，通常称为庭园。由于中国的单体建筑展示出不同的姿态，因此建筑群错落有致，展现出多变的中国传统民居形态，从而展现出与自然和谐统一、丰富多样的特点。

在中国传统建筑中，风水学理论以及天人合一的思想应用较为普遍，与现代建筑中的生态学理论相吻合。风水理论指导的建筑规划布局。几乎所有的地图都包含了风水学的基本要素，从全国性的地图，气象图、天文学图以及地形图等都会展示地形、道路、河流、树木等基本信息，用于观察建筑环境、季节变化、日月星辰的运行等这些均可以用于考察自然界的地貌、性质以及景观特征（包括风雪云雨、春夏秋冬、水气环境等），为建筑的设计规划做铺垫。这种方法可以用在现代节能建筑设计中，宏观地把握建筑设计思路与方法。

仿生形的规划。仿生学规划设计方法是当今建筑生态学研究的一个重要课题，这种方法是基于自然环境并模拟自然生态环境的建筑设计手法。在建筑空间中，人们采用该手法，能够将在集中或者散布于田园中的民居营造出宇宙的感觉通常具有自然象征意义的事物包括方向，节令、星宿和风向等。在中国传统建筑中，仿生学规划设计的方法并不少见，包括皖南黟县宏村如牛形、西递村如船形、浙江兰溪市诸葛村如八卦形等。在一定程度上，这些表达了人们对自然的尊敬与崇尚之意，也将居所与环境整合为一个有机的整体。

风水选址因素。在中国风水学中，水源对选址影响较大，主要表现于土壤、生物和人文等多个方面。风水学中的环境理论是一种理想的生态环境，人、居所与自然环境能够相融相生。如果自然环境的土壤、岩性、水文、植被等多种自然因素能够合理组合、和谐共生，那么生态环境质量将会相应提高。根据风水学的理论，传统建筑一般根据当地的气候、地形以及其他条件，充分和合理利用光照，合理利用季风气候，夏季迎风，冬季避风，做到室内的自然通风与保温。现代建筑的自然通风理论便采用了这一措施，从原则上讲，风水不但能够保证居所周围的生物生长，保证自然精力旺盛，又能够重视社会与人文发展，达到心境的宁静。

生态的技术观。中国风水理论强调人与自然环境的和谐共生，同样这也是西方现代建筑所追求的目标，这主要体现在怡人的自然风、开阔通透的视角以及舒适的自然光线。遵循于中国传统的风水理论，传统建筑从设计、建造以及使用过程中，每个细部都进行了技术处理，体现了节能节地的生态观在传统民居中，人们为减少风寒.采用了引进自然光和引导季风的策略。同样，为了减少建筑中的热量散失，减少建筑能耗，人们才用了围合式的建筑手法，比如天井。庭院与庭园等。建筑平面大多为矩形，进深较大而开间相对较小，采用了天井连接的方式。同样也采用了就地取材的理念，一方面减少了运输成本，另一方面降低了运输用能源。中国皖南地区的天井建筑，按照中国风水学理论称作"四水归堂"利用自身构造，天井能够加强室内通风、采用自然采光，同时还能够调节井内的气候。一般在天井内铺设缝隙较大的青石板，下垫层为尺寸较大的砂石，这样能够有效地保持水分，在炎热夏天降低井内的温度。

## （三）中国传统建筑的生态因子和技术表现

中国的地域与气候差异造就了丰富多彩的中国传统建筑形式。为了适应这些气候特征，中华古代人民因地制宜地发明了多种生态处理手段与方法。因此，从传统民居中探索和发掘生态因子，对现在的建筑节能设计具有实际意义。

### 1.传统建筑的建造依据

无论是中国传统建筑还是西方现代建筑技术，都十分重视建筑的保温隔热、采暖防寒、通风遮阳。

在中国的北方地区以及西部山区，冬季持续时间较长，因此比较注重建筑防寒、保温与采暖，这些也是人们居住的基本功能要求为了充分利用太阳光，吸收太阳能，建筑多采用坐北朝南的方式。同样在三合院或者四合院中，大都扩大庭院的横向间距，避免主要建筑受到周边建筑的遮挡，为了使得整个建筑能够获得自然光，人们尽量地扩大了南墙上的门窗面积，缩小建筑的进深。同样，在靠近山地的建筑，大多选择定居于南山坡，这样便能够抵御冬季的寒风，也能够尽可能多地接受光照，在北墙和西墙上，人们选择少开窗或者不开窗的方式来减少能量散失和增加建筑的密闭性。在围护结构方面，墙体一般比较厚实，减少热量散失。

在我国南方地区，比较注重建筑遮阳、隔热和通风，这也是保证人们居住的最基本的要求。

一般来说，南方地区居室的进深较大，而室内又分为多间，同时采用大出檐来保证前廊较为宽阔，而在建筑房屋之间保留较小的露天空间形成天井，与北方宽阔的庭院建筑空间相比，南方则注重相互连接的室内空间环境。通过天井力图营造出宽敞、高大、明亮的环境，而在前后留有可开合的门扇，连接天井，形成穿堂风南方的屋面多采用薄瓦，并且不像北方建筑一样设置保温层，此外，还要采用双层薄瓦来实现建筑的透风隔热，还可以通过屋面开窗，屋檐下设置通风口、屋脊上设置通风屋脊的方式，实现自然通风在天井内也可以设置天井盖，室内设置楼井，达到通风畅的目的。

在城市或者城镇规划中，特别要注意季风风向，留出通风巷道，从而保证各民居之间，庭院之内能够形成自然风流动此外，在具有高大院墙阴影下，也可以形成凉风道，从而改善周围的气候。在较为湿热的地区，一般采用干栏式建筑，基本做法是将建筑底部架空。在坡地民居上采用出挑、吊脚形式，基于建筑或者地势将建筑分层。在我国新疆地区，为了防止热空气进入室内，便采用人行道架和骑楼，增加居室和绿化的面积，以有利于建筑通风和降温。依山傍水，充分利用地形优势借助于复杂的地形地貌，营造出在平原地区不具有的建筑气势，是我国优秀的民居建筑传统能够形成这种气势在于能否利用不同的地势打造这种氛围，例如山涧、溪水、山坡以及丘陵等等。四川地区多为盆地或者丘陵，人们将造就宏伟气势的方法归纳为：台、挑、吊、拖、坡、梭。台指的是利用坡高，分层筑坡，建造建造建筑的基础，挑指的是出挑的楼层或者檐廊，通常是悬挑式结构，能够向外延伸，达到别致的观景平台。吊则是通过添加支撑柱来做吊脚楼，充分利用建筑平面面积。拖指的是房屋垂直于等高线，屋顶自上而下不断降低，建筑室内也存在着不同的地坪。与拖相反，如果建筑屋顶顺坡下降而不分层，则称为坡，在室内设置踏步来克服不同的地坪。梭则采用了拖长后坡顶，前面屋檐较高而后面屋檐较低，扩大了内部储藏空间。

总而言之，中国传统建筑能够巧妙地借助地形，实现复杂多样的建筑体型，而又不失生态建筑理念，这些理念需要我们在以后的研究过程中加以探索。

中国传统建筑在注重保温隔热、采暖防寒、通风遮阳的前提下，适应地域与气候差异，形成丰富多彩的建筑形式，实现了与自然环境相融相生的目的。中国传统建筑在设计建造过程中采用的建筑生态因子与技术手段，与现代建筑的生态设计原则相吻合，值得我们进行学习和研究。

2. 适应气候的多样形式

中国幅员辽阔，南北与东西方向的跨度较大，因此自然条件与气候特征也大不相同。在气候方面，中国从南海海岸到中国最北部边境，跨越三个气候带，即亚热带、温带和亚寒带。同时，自西向东各地区的气候特征也截然不同，因此人们为了适应各地的气候环境，人们创造多种不同形式、形态迥异的民居。下面将主要分析两广地区的行人廊、北京的四合院、江南水乡住宅以及草原上的毛毡房。

两广地区的行人廊。该地区的建筑相聚较近，形成了行人廊的特色。在两广地区的春季多雨，因此人们为了适应这种气候特征，匠心独运地设计了这种建筑形式。在这种建筑形式之中，人们在平时出行，便不用发愁没有带雨具或者遮阳伞，便可以自行地躲避大雨和阳光暴晒。

北京的四合院是中国传统建筑中较为著名的一种。冬季的北京，气候寒冷，最低气候能够达到20℃同时在春季，因春风导致北京的风沙较为严重。为了适应上述气候特点，人们便设计了四合院这种较为特别的形式。通常情况下，四合院在南北方向上较长，左右对称，主要建筑位居正北面，其他三面由建筑环绕，从而形成了庭院开阔的封闭院落。中央的庭园主要用于采光和通风，同样为人们提供了一个健康舒适的活动空间，四周墙体起到了挡风的作用。

江南渔乡住宅。在江南地区，河网密布，住宅一般依山傍水，别具风格，这主要的目的还是充分适应当地的气候与地形特点。与北方地区不同，江南地区多为河流，空气湿度大；夏季气温较高，一般高于这也形成了闷热的气候特点。虽然春秋季节的温度适宜，但是春雨、梅雨以及秋雨天气较多江南地区传统住宅不但要考虑通风隔热，还需要防潮避雨。一般而言，建筑朝向以东南为宜，在北面相对开窗，加强通风；而在南面上，则采用落地窗，增大通风面积，同时采用较深檐口，来遮蔽太阳光，从总体上实现遮阳避雨隔热的目的。在居住房间中一般要设置较高的防潮层，屋面上设置斜坡瓦顶，都可以用来适应多雨的江南气候。

在我国的西北地区，气候冬冷夏凉，建筑师便采用圆形或者圆锥形的蒙古包或者毛毡房来适应这种气候特点。在毛毡房的顶部以及四周的墙体采用了厚厚的羊毛毡，这样便可以抵御风寒。在冬季阳光较好的天气状态下，可以将蒙古包打开，让阳光进入室内，提高室内温度，通风排出室内污浊空气，营造健康舒适节能的内部空间环境。

3. 传统民居的能量消耗

中国传统建筑具有耗能低的特点，因此在现代建筑中借鉴传统建筑的节能经验，需要清楚传统建筑耗能方式及其特点。下面将从以下三个方面分析：

（1）低水平的要求

在建筑的运行过程中，室内舒适度是建筑空间环境的前提条件之一．为了满足人们对各种舒适度的要求，建筑师和设计师往往在建筑中按照多种机械装置。这些装置的运转会相应地增加建筑能耗。在传统建筑中，很少采用这些设备，而是采用被动式或自然的方法提高室内舒适度。

（2）能耗方式

传统建筑主要采用被动式节能方式，主要依赖于自然能源，而不需要机械设备的运行。

传统建筑的主要采暖方式，除了人们普遍采用的太阳能辐射热之外，还有火炕采暖。在中国寒冷地区，火炕采暖较为常见的火炕采暖是以柴草为燃料，具有构造简单、经济适用的特点，目前这也是我国北方农村地区的主要采暖方式。如果将火炕的面积扩大，那么整个室内面积均可供热。即是人们所说的火地，这在中国朝鲜族中使用较为广泛。此外还有火墙采暖方式，这种采暖方式是通过墙体向外散热的，具有热量大、辐射热均匀的特点。如果将火炕与灶台相连接，那么可以利用余热，提高燃料使用效率。

同样，传统建筑中也采用了自然通风降温的方法。风压通风与热压通风是自然通风的两种基本方式。烟囱效应是传统民居中较为常见的通风降温方式，而且设计较为精巧。在风压通风中，人们通常利用门、窗的开合，引导风流进入室内，形成穿堂风。

此外，还可以基于季风、主导风和地形风，进行合理地构造设计，实现建筑通风降温。在我国风水理论中，提及地形风的概念。与北方地区不同，南方地区较为湿热，因此需要重点考虑隔热迎风，形成了房屋高敞、墙身薄、出檐深的建筑特点。此外，还可以通过配置天井、乔木来减少日照、并形成阴凉环境。

（3）围护结构

在围护结构方面，传统建筑具有很强的灵活性，特别是，中国的木质结构建筑尤为明显。自中国南方的干栏式建筑到江南民居，华北民居到东北民居，围护结构也实现了从竹编式建筑到落地窗、木板墙，厚砖墙到很厚的土墙或砖墙的转变。中国传统民居围护结构从南向北，由东向西的改变，体现了我国气候变化情况也表明在过去几千年的建筑史中，中华民族的生态型建筑特点基于环境、气候和地域进行了适应地的变化。

## （四）传统建筑的太阳能利用

中国传统民居一般采用坐北朝南的布局，这样能够保证建筑能够尽可能地接受光照，典型的建筑包括北京四合院与三合院一般情况下，建筑南立面为受热面，表现为南墙上的窗户多而且面积较大：在我国华北地区，民居立面上除了一米高的窗台以及必要的窗间墙之外，其他的部分便是隔扇门以及窗户，这就能更大限度地获得阳光。特别是，在冬季太阳入射角较低，窗户面积较大，阳光能够大面积地照进室内，从而提高室内温度与亮度。

中国传统民居中其他重要的采光方式便是天井和庭园。在天井中，自然光经过反复地反射与扩散，形成了一个较为明亮的院内环境。在实际中，人们可以通过改变建筑立面材料，调整吸光系数，获得一个较为合适的采光环境。对比一字形平面、点式平面以及井字形平面的建筑发现：在井字形平面的建筑结构中，光线可以从多面进入室内，自然采光效果最佳。

中国传统民居，一直采用传统的"庭院"模式。带有庭院的多个单体建筑围合形成院落，这种模式反映了中国传统上的群体性生活方式，也展现了一种和谐舒展的空间形式庭园可以根据不同的地域、地形以及气候特点，做出适应性地调整。在北方，庭园围合较为紧密，可以围合地域寒风，同样庭园较大，能够消除建筑的相互遮挡，接受更多的阳光。在南方，庭园较窄，能够相互遮蔽，从而带来更多的阴凉。同样在西北地区常见的窑洞，也通过围合形成庭园，即为特色鲜明的地坑院。

## （五）传统民居中的自然通风

通过室内外风力不同造成的风压和室内外温度不同造成的热压，促进室内的空气流动，从而达到室内外空气交换的方法．称为自然通风一方面，自然通风能够为室内带来充足的新鲜空气，带走室内的多余的热量；另一方面，自然通风不依赖于机械设备，能够降低设备购买和运行的费用因此这在建筑空间节能设计中，已成为一种经济有效的通风方式在中国古代建筑中，人们基于烟囱效应将室内的空气排出，并引入新鲜空气，从而实现了住宅的自然通风。

例如，云南西北民居中的具体的自然通风方法。首先通过风管吸收空气，产生风压，促进空气在风管、地下室和绿化庭院中的流动，创造舒适的微气候．同样，天井和庭园中种植草木，能够最大限度地遮蔽阳光的直接辐射此外，根据空气热动力学原理，通过热压将植物蒸腾作用产生的凉空气带入室内，形成自然对流，同时将热空气带入封闭的庭园，略过树荫或者庭园的水池，从而达到降温、加湿和净化的作用，提高庭园和室内的环境状况。

总之，中国传统建筑中华民族经过几千年的不断努力的成果，其中包含了大量的经验与创意，需要我们进行深入的发掘与探索本节仅涉及建筑节能方法的一部分，仍有大量的生态学的设计方法指导我们去研究与学习在下面的章节中，我们将进行深入的调查研究，深刻地理解生态设计的内涵。

# 二、新乡土绿色建筑特点

## （一）新乡土建筑概念

乡土建筑时经过几千年或几百年的时间，在一个地区或者地域上形成的具有鲜明风格的建筑，建筑风格的形成不依赖于建筑师设计，而是由自然与社会环境决定，包括当地的风俗习惯、物质水平、文化传统以及气候特点等多个因素在封建社会中，我国不同地区的民间的传统建筑也就是乡土建筑。

随着房屋建筑设计技术的发展，以及建筑研究的不断深入，建筑师会效仿乡土建筑的建筑形态、构造手法以及节能手法，成为经过改进的乡土建筑，通常称为新乡土建筑。伴随着乡土建筑概念的不断加深，建筑师提出了乡土主义建筑设计手法，主要包括保守式和意译式。保守式的乡土主义重视继承民俗文化、建筑材料与技术，这在现代建筑设计的不断推广中逐渐消失。意译式的乡土主义则是重视发扬乡土建筑特色，灵活运用乡土建筑构造、材料与技术手段，从而赋予乡土建筑以新的功能特点

意译式乡土主义风格在现代建筑设计中得到了广泛应用。人们为了得到建筑节能、提高室内舒适度的目的，借鉴乡土建筑中的构造手法，而减少耗能装置，如采暖系统、空调技术的使用。在这种情况下，意译式建筑重点突出节能手法，而传统式乡土主义则重点表

达对传统建筑美观的回忆与传说。

综合考虑一种建筑风格背后的自然环境、风俗文化、物质经济水平与社会形态等因素，形成的建筑设计形态，称为建筑地域主义。与乡土建筑相比，地域主义已经超越了单纯的形式与风格，而是挖掘到一种建筑风格背后的成因，也就是指的是建筑与居住形式的在当地社会、经济与自然环境下的相互作用，目前我国已经形成了多种地域主义建筑风格。

1.技术延续与创新

与乡土建筑相比，新乡土建筑不仅继承了传统乡土建筑的建造风格，而且吸收了建筑新技术与新材料一方面，在继承传统乡土建造技术的过程中，新乡土建筑能够采用低水平技术手段降低建筑成本，而且能够在现代建筑中基于民俗文化，表达地方建筑形态；同时，新乡土建筑能够沿用传统技术手段，结合新的建筑手法与手段，能够产生新的乡土技术和适宜技术，也就是一直发展变化的乡土技术理念另一方面，建筑师重视在技术层面上对建筑的更新发展，防止新乡土建筑设计变成"狭隘封闭的、怀旧感伤的挖掘民俗"活动，丧失乡土精神的本色。

（1）适宜技术

在现代建筑设计中，因地制宜是节能设计的主要原则之一，而建筑适宜性设计不是对乡土建筑继承的折中方法，而是辩证地选择节能方法，是一种建筑智慧的体现采用适宜技术进行建筑设计，是现代化的先进技术与地域性建筑技术的统一，应该在实际中进行提倡鼓励，从而充分挖掘建筑技术潜力

乡土建筑的技术水平较低，建造操作性较强，而且成本较低，值得现代建筑设计手法借鉴采用。传统乡土建筑通过自然通风技术，如在建筑并没有采用复杂的设计手段以及辅助机械设备，简单地在建筑屋顶布置高窗，从而能够通过低造价和技术手段营造高品质的建筑环境。

（2）建造工艺的创新

材料在建筑设计中具有三个属性首先是其自身的特性，如密度、硬度、色泽以及可塑性等；其次，是其在建筑构造中的意义，即人们寄托的情感和含义；最后是建筑工艺艺术，这与建筑材料的制作过程有密切关系根据德国建筑师和理论家对建筑材料与制作工艺的描述，得到如表2-3的对应关系。

表2-3　历史传统材料与传统工艺

| 制作过程 | 纺织 | 制陶术 | 建构石 | 切术 |
|---|---|---|---|---|
| 织物 | 地毯、旗帜、帘幕 | 动物皮肤瓶 | — | 拼缀物 |
| 黏土 | 马赛克、瓷砖砖砌的面层 | 花瓶状陶器 | — | 砖砌体 |
| 木 | 装饰木板 | 桶 | 家居、木工 | 嵌木细工 |
| 石 | 大理石及其他石材面层 | 圆屋顶 | 横梁体系 | 大量的石造物 |

从表中看出，每一种原材料由多种制作工艺，在不同的制作工程中，就会形成相对应的建筑材料。这些制作工艺是由工匠经过长时间的尝试得到，因此可以说乡土技术源于工匠的经验积累，总的来说是低于社会平均技术水平的。乡土技术的改进这种探索方向是在当代新乡土建筑创作过程中，建筑师提炼乡土技术中至今仍然适用的因素，与建筑的设计方法和技术手段相结合，对乡土建造工艺进行转换和提升，使中国乡土建筑中古老的建造工艺获得了新生

传统的技术手段、就地取材以及自然地理、气候条件赋予乡土建筑特有的外部形象特征和室内空间形态，其中蕴涵了许多原生的朴素的绿色思想随着社会的进步，乡民的生活方式和生活水平有了很大的改变和提高。新的价值取向、现代科技和外来文化的冲击，促使乡土建筑向现代化方向转变。

2. 新乡土建筑设计策略

建筑师对现代乡土建筑可以有着不同的理解和不同的创作方法，建筑师可以以乡土建筑作为创作的出发点，去完成向现代化的转换，也可以以现代建筑作为创作的出发点，去寻求乡土建筑的某种神韵，甚至还可以运用传统建筑、乡土建筑所隐含的哲学思想，将其有机地融入现代建筑的创构之中。

（1）重视乡土性

在当代条件下，乡土环境为建筑师提供了创作的源泉和方法。在新乡土建筑创作过程中比其他类型或者风格的建筑更多地受到乡土环境的深刻影响。主要体现在以下几个方面：

①自然环境因素。气候、地貌、物产，为人类提供了丰富的物质资源和精神资源，物质资源主要是指当地所能取得的建筑材料木材、石材、矿产等此外，还有当地的地理人文条件，长期形成的特有的技术传统。精神资源主要是指自然具有其隐喻性，也就是人置身于自然环境中在生理和心理上产生的某种共鸣和联想。建筑师在新乡土建筑创作中，在建筑布局、材料使用、建造技术等诸方面认真研究和充分利用了当地的自然条件，具有强烈的本土性。

②建成环境因素。建成环境尤其是历史上遗留至今的乡土建筑，虽然源于人们对自然和社会的认识、理解和适应，然而建成环境形成之后，便具有了传统的场所精神，具有了最朴素的繁衍能力，并持续作用于后来的建筑形式和格局。通常人们具有保护私密性的特点，在我国传统民居中，院落大都通过四周的围护结构围合，形成封闭空间。因此，在建筑设计中，建筑师需要考虑建筑口的场所精神。

③民俗习惯因素。中国居住文化是在长期的发展过程中形成的，受到经济水平、物质条件、气候特征以及宗教习俗等因素的影响。建筑民俗习惯主要体现在物质和精神两个层面，其中物质方面主要体现在建筑形态、建造方式、构件运用、工艺技术等方面；而精神方面体现在文化习惯、建筑风貌、宗教利益和审美等。建筑师在建筑设计过程中需要重视乡土建筑的民俗环境，能够在建筑中采用符号、图案以及色彩达到民居的精神风貌，既能

够继承和发扬乡土建筑的特色，又能够尊重居民感情。

总的来说，在新乡土建筑设计中，除了继承和发扬民居的乡土特点之外，还需要灵活合理地吸收其他建筑元素与现代创作手法，从而保证建筑作品的时代性和创新性。

（2）追求现代性

新乡土建筑虽然源自乡土建筑，但最终形成的作品首先应当是属于现代的。因为现代乡土建筑的创作必须满足现代人的生活、工作、活动等各方面的要求，即使是由老建筑改建的也不例外。

①引入现代观念。新乡土建筑建立在高度发达的现代科技之上，建筑师在设计上摆脱了对自然的被动适应，追求与自然共生的境界在思维观念上，尊重历史与地域性，并在此基础上把环境保护、可持续发展作为重要的课题在逻辑观念上，颠覆传统逻辑，采用对立元素的并置，力求达到冲突中的和谐，对比中的统一例如传统材料与现代材料的并置，传统构造做法与现代施工工艺的结合等。

②运用现代设计方法。建筑师从综合分析的方法入手，建立由物质、人文、生态等多元功能组成的综合优化体系，表现出可持续性的价值观。新乡土建筑更加注重单体的差异性和地区建筑的统一性，注重场所精神与空间效果的延续继承，并合理灵活地使用建筑材料与建造方法。此外，还需要追求人文、自然和环境的辩证统一，促进统一地域上建筑工艺技术的融合，表现出建筑与文化的适应性和创新性。

（3）新材料与新技术的应用建筑师在新乡土建筑创作过程中，保留了乡土建筑建造简单、成本低廉的特点的同时，需要大量运用建筑新材料和新技术，提高建造的可操作性，从而改善原有材料的性能，提高建筑结构的整体节能性和舒适性。古代建筑在构造上一定的优越性，但是建筑材料，如砖石、木材等的隔热、防火、隔音性能较差，因此，需要从整体上，结合传统工艺、现代技术与材料以及现代创作手法，实现建筑性能优化。

## （二）岭南特色的绿色建筑分析

### 1.岭南建筑体系形式

按照语言界定，通常可以把岭南建筑分为广府建筑（使用粤语）、客家建筑（使用客家话）、潮汕建筑（使用潮汕话）、闽南建筑（使用闽南话）和租界建筑（使用外语）。按照历史界定，通常把岭南建筑分为：岭南古建筑，即清代以前的建筑；近代建筑，即清末民国初至中华人民共和国成立前的岭南建筑；现代建筑，即中华人民共和国成立后至今的岭南建筑。其具体的空间环境、空间组织、表达方式、界面处理、通风方式和采光方式对比。按照其功能属性，可以分为岭南古刹名观、岭南书院学宫、岭南古塔、岭南名楼、岭南民居、岭南古巷古村落和岭南古典园林。

整体来看，岭南建筑的发展是痛苦而又漫长的，它夹杂了本土文化、中原文化、西方文化、贬谪文化、侨商文化等多方面的因素，在外扰内患中逐渐成长着。

表 2-4　岭南建筑不同时期空间比较

| 分类 | 现代岭南建筑 | 近代岭南建筑 | 传统岭南建筑 |
|------|------------|------------|------------|
| 空间环境 | 建筑与城市组合，补充少许景观元素 | 建筑和自然景观相结合，独立形成西方风格 | 空间与环境的融合，建筑穿插在自然景观中间 |
| 空间组织 | 流动空间，全面空间，内部空间有机渗透 | 有机排列，次序井然，分区清晰，建筑耸立 | 空间有机辅排，相互连接配合，成为空间网络 |
| 表达方式 | 建筑和景观为主要表现空间 | 建筑为主题表现空间 | 以景观为主题表现空间 |
| 界面处理 | 空间界面多义性和多元化倾向 | 序列空间参与空间意义的表达 | 围合空间参与空间意义的表达 |
| 通风方式 | 门窗，空调和其他许能设施等综合通风方式 | 门窗自然通风，结合空调机械通风方式 | 门窗、廊道、天井等合通风方式 |
| 采光方式 | 门窗、点灯和其他节能设施等综合采光方式 | 门窗向然通风，结合点灯等人工采光方式 | 门窗、廊迫、天井等综合采光方式 |

2.岭南建筑的基本元素

"岭南建筑"的概念不是一种形式、风格或符号，它是一种根植于地域气候环境和文化的设计思想岭南建筑具有四个方面特征：开敞通透的平面与空间布局（室内外空间过渡和结合的敞廊、敞窗、敞门以及室内的敞厅、敞梯、支柱层、敞厅大空间等）；轻巧的外观造型（建筑不对称的体型体量、线条虚实的对比，多用轻质通透的材料及选用通透的细部构件等）；明朗淡雅的色彩（比较明朗的浅色淡色，青、蓝、绿等纯色基调）；建筑结合自然的环境布置（建筑与大自然的结合，建筑与庭园的结合）。

"岭南建筑"的概念是基于地域气候特征的创新设计思想。"岭南建筑"鼓励设计创新，通过与环境的和谐共生，使建筑具有地域性表现并融于地域文化之中。塑造岭南特色的关键在于适应岭南气候、岭南文化，形成生态自然的生活环境。岭南的现代建筑师们结合工程实践对岭南建筑的创作进行摸索，如广州白云山上的白云山庄旅舍、双溪别墅，市内的矿泉别墅、友谊剧院以及白云宾馆、东方宾馆、广州出口商品交易会陈列馆等。这批建筑物都带有明显的岭南色彩，如开敞通透的平面和空间处理、轻巧自由的建筑造型、淡雅明朗的色彩格调、富有南国特色的细部处理，以及建筑与大自然、庭园的结合等。

3.岭南建筑的绿色空间体系

岭南建筑比较注重空间的组织与层次，传统岭南建筑通过"冷巷、天井、庭院以及敞厅"空间布局建立起了一套完整的绿色空间体系，同时也展示出岭南居民的适应性建筑技术。从建筑节能方面看，岭南建筑的绿色空间体系主要包括自然通风、理水布局和建筑构件运用，这些适应性建筑策略为现在的建筑节能设计提供了宝贵的经验。

（1）自然通风系统

在传统建筑中，自然通风主要依赖于风压和热压两个方面，提高室内空气质量和降低室内温度。岭南建筑普遍采用开敞的空间布局，不同开敞相互组合，形成自然风道。传统岭南建筑在空间处理上，通过"冷巷、天井、庭院以及敞厅"等建筑技巧与手法，形成自然通风体系。

在该空间体系中，既有效地利用了"冷巷、庭院以及敞厅"在水平方向上的风压形成通风系统，又利用了"冷巷和天井"的竖向通风风道。从总体上说，岭南建筑适应性地利用了岭南气候特点，灵活组合建筑元素，实现了民居自然通风。

此外，岭南民居还创造性地设计了分层体系，以有效利用竖向空间形成自然通风，如下沉式庭院、建筑底层架空措施和敞厅分层等建筑底层架空，可以与天井一道，形成竖向通风系统，从而把建筑底层湿热的空气带走；此外，架空层还能够起到遮阳挡雨的作用，也可以作为公共空间。敞厅分层，可以结合中庭结构，有效地提高敞厅内的采光效果，同时也可以基于热压通风原理实现天窗通风。在敞厅的每一层上，可开启的窗户和架空层均可以作为进风口，而中庭天窗作为出风口，形成连通系统，实现空气流通。

高层建筑中的空中花园可视为岭南传统庭院的立体化，高层建筑分组设置通风网络，同时设置空中花园，为高层建筑的使用者提供了半私密的交通和过渡空间．这些的空间元素，与原有的空间元素组成了新的空间序列，同时也形成了应对环境气候的通风系统。原有的依附于这套系统的人们的生活方式、义化习俗随着空间系统的建立而重新构建，并得以延续与发展。

（2）岭南建筑的理水

岭南大部分地区处在珠江流域上，珠江三角洲河流众多，水网密集．纵横交错，产生了众多地域特色浓厚的水乡民居聚落传统岭南村落的选址遵循着"背山面水"的原则，这是古人考虑了通风与理水共同作用下对村落热环境产生的积极效果。在水乡村落中，河道在村内纵横交错，成为具备降温作用的巷道，空气经过水体的降温后渗透到河道两岸的建筑群内。

在建筑水体布局中，岭南建筑注重建筑采光通风、节水蓄水、微气候调节等技术手段，从而形成了"渗、滞、蓄、用、排"的岭南建筑理水体系这与现代节能建筑设计中的自然通风、自然采光、水循环与再利用、水体降温的理念是一致的，从而体现了岭南建筑美观与技术的统一岭南地区夏季炎热多雨，因此建筑周围水系规划、水体布局以及庭院理水，会让水体成为微气候调节主体同时，也可以结合建筑的开敞空间体系，利用水中方向上的温度，实现热压通风，达到调节建筑内部环境的目的。建筑水环境已经成为改善建筑周围环境的手段之一，为了实现建筑节能，可以采用理水手法，营造建筑自然通风体系在实际的设计过程中，可以结合建筑单体开敞空间与群体布局，通过布局和组织形成空间层次，调节室内外环境，

（3）岭南建筑的构件运用

在现代建筑设计中，很多建筑单体刻意地模仿岭南建筑，模仿、堆砌、组合岭南建筑的建筑元素与构建；但是这种做法并不能起到建筑节能的效果，甚至与绿色建筑的理念大

相径庭，造成了为了追求美观而浪费资源与能源的境地。因此，在效仿岭南建筑节能设计中，要尽量减少建筑中只起到装饰作用构件的应用

针对岭南湿热的气候特点，岭南建筑在建筑形态、构件元素做出了适应性的调整。岭南建筑中构件能够与建筑中的通风系统一起形成通风系统、遮阳系统和采光系统，这与现代建筑节能技术中"节材"的理念相一致同样，为了适应一年中的气候变化，岭南建筑在通风系统中设计了可开合的围护构件，从而能够灵活地形成风压和热压系统. 起到遮阳隔热、通风降温的作用。

### （三）华南地区建筑的绿色技术方向

绿色建筑应该以满足人们工作、生活需求为基本前提，以全寿命期节约自然资源、保护环境为目标，以因地制宜的原则为基本思路，充分挖掘传统建筑技术和应用业已积累的绿色建筑技术，形成可以大量推广、复制的绿色建筑技术体系针对国家对绿色建筑的要求，应在以下几个方面走出地区独特的技术方向

1. 节地与室外环境方面

要能够充分适应高容积率的现实需要. 优化总平面布局，做好区域自然通风优化（通道、间距、架空），避免大厦高速风；合理应用岭南传统园林，通过水而、水景、乔木、灌木、喜阴植物、草地、透水地面，推广屋顶绿化. 垂直绿化，营造舒适室外热环境和绿色景观；在场地充分设置雨水收集利用设施，有条件的项目根据地形利用池塘、人工湿地控制雨洪等；利用架空地面、地下组织交通，接驳公共交通，方便行人，并合理设置停车；利用围合空间优化室内外声环境等。

2. 节能与能源利用方面

充分利用自然通风降温，利用天井和开敞、半开敞空间，减少空调空间，并合理设置空调分区；采取多种适合气候的围护结构隔热降温技术，包括遮阳构件、遮阳产品、保温隔热材料、反射隔热、绿化隔热、蒸发降温、通风隔热等；合理设计空调系统，寻求更适合的空调节能方式。

3. 节水与水资源利用方面

采用风冷系统空调、无蒸发耗水置的冷却技术，减少空调补水；结合景观的屋面雨水收集系统，利用雨水进行景观用水补水、灌溉、清洗、道路浇洒等；种植岭南园林植物，节约绿化灌溉用水，使用必要的滴灌等灌溉节水技术；合理设计排水、排污系统，确保雨污分流；

4. 节材与材料资源利用方面

积极采用钢结构等轻质、耐久的结构体系；采取功能性构件设计，避免过多装饰构件；积极使用高性能混凝土等高性能材料，以及高耐久性材料；室内房间隔断优先使用绿色轻质内隔墙或灵活隔断；积极探索工业化构件，减少建筑垃圾；充分利用信息化技术指导施工，从而缩短工期，减少浪费；根据条件，尽可能利用可循环材料并再利用建筑废弃物。

### 5. 室内环境质量方面

空调系统对新风进行除湿，控制湿度；通过屋顶隔热，东西墙隔热，采光顶遮阳和通风等措施改善室内的热环境和舒适性；采取有利于自然通风的通透、开敞设计，并对装修材料的污染物释放进行控制；考虑结合声学的围合设计，在进行自然通风的同时采取措施隔绝室外噪声，并减少设备噪声；重视办公室的自然采光设计，以及地下空间的采光、通风改善；充分利用天井、中庭进行室内的自然采光；积极考虑设置结合立面和景观的可调节外遮阳装置。

## （四）窑洞民居的绿色节能启示

窑洞是我国西北黄土高原地区的主要民居形式，是由原始社会的洞穴演变而来，至今已有 4000 多年的历史。黄土高原人民借助高原地形，凿穴而居，创造了具有绿色建筑特点的窑洞建筑，成为我国历史上的建筑瑰宝。通过综合分析，可以发现窑洞具有"因地制宜、就地取材""保温隔热，冬暖夏凉"和"节地环保，生态和谐"的特点。

### 1. 因地制宜，就地取材

从建筑材料上讲，窑洞建筑属于典型的生土建筑，是以土体为主要建筑材料建造的建筑。与现代建筑相比，窑洞建筑不但在建造、施工和拆除过程中不会产生建筑垃圾，造成环境污染，而且充分利用了当地土层水位较深的特点，就地开挖，靠崖开挖，有效地提高了土地资源利用率。在窑洞的修建过程中，除了开洞预留门窗以满足交通、通风和采光的要求，其他部位不需要修建墙体，因此较厚的土层能够减少热量的传递，保温隔热效果较为明显。同时，在门窗上为了满足装饰和结构要求，需要采用木材、钢材以及水泥材料等，其他部位不需要其他建筑材料在拆除之后，建造窑洞过程中的土体，经过一段时间的自然风化，再进行简单处理，即可以成为可循环利用的土体回归大自然，进而就实现了建筑材料的循环利用。因此，窑洞建筑符合节能建筑设计中的"因地制宜、就地取材"的理念。

### 2. 保温隔热，冬暖夏凉

由于土层厚度较大，一年中的温度较为恒定。窑洞适应性地建于地表以下，也具有冬暖夏凉的特点。地表温度与地下温度变化相差很大，也就是说窑洞内的温度变化滞后于地表温度，其中土壤的性能，包括密度、导热系数、比热容和地表温度变化圆频率有关，是土壤的固有属性因此，相位差实质上是地表深度的单一函数，即土壤层越深，窑洞温度变化滞后时间越长

在黄土高原地区，窑洞顶部的覆土厚度一般在 7 ~ 10m，经过计算窑洞建筑室内外的温差可以达到 10℃人们基于土壤的这一特性，创造了传统的窑洞绿色建筑。为了验证窑洞室内外的温度，对临汾市的窑洞建筑进行了调查分析，如表 2-5 所示。室内居住的最佳温湿度为 16℃ ~ 22℃和 30% ~ 75%，可以看出夏季窑内温度为 16℃和 35% ~ 50%，完全处于人类最佳居住环境中，而此时室外温度为 26℃高于室内温度 10℃。在冬季，室外寒冷干燥，不适合人类居住，而室内的湿度满足居住要求，而温度略低，需要通过采暖补充。

除了采用了土壤层导热慢的特点之外，人们还采用了建筑细部构造与节能手段，来创造出良好的室内居住环境。通常在窑洞的门洞上方砌筑圆拱，配备高窗，从而在冬季使得阳光射入室内，提高室内温度。

3. 节地环保，生态和谐

与华北平原地区相比，我国西北地区的耕地资源较少，因此减少建筑对耕地面积的占用，提高农田利用率是一个重要问题。西北人们通过在地下建造窑洞，能够减少对耕地的占用，与现代建筑设计中节约土地、生态和谐的理念相一致。在现代城市中，为了满足人们日常交通、生活的需求，不断向上和向下索取空间，而当地人们在几千年前就意识到向地下争取空间，对现代城市的发展具有借鉴意义。由于山坡不易耕种，人们借以山坡地势，开挖窑洞，就可以减少耕地资源的占用。

4. "城市窑洞"式绿色建筑

"城市窑洞"式绿色建筑定义是：利用新型绿色材料、科学合理的结构构造方法，对城镇建筑进行设计或改造而形成的形状上不似窑洞。中国是传统土窑洞发祥地，传统土窑洞凝聚着中华民族的智慧和悠久的建筑经验，并凝聚着中国悠久的历史和文化，传统土窑洞属于绿色建筑和生态建筑。对传统土窑洞居住环境长达50年研究的大量文献充分表明：长期居住在窑洞中可以使人类健康长寿，或者说窑居生活是人类长寿的生活方式之一，也可以从居住在窑洞和居住在城市楼房居民的气色对比结果上明显看出这一结论。传统土窑洞有冬暖夏凉，恒温恒湿、节能、隔音、洁净、安静、健康长寿、环保生活、生态平衡、保护自然风景、适应气候、满足人类居住要求等特征，这是现代建筑所无法比拟的，但传统土窑洞难于克服的缺点是通风不好、光照度差、易于霉变等。

"城市窑洞"式绿色建筑正是将传统土窑洞热湿环境的优势引入现代建筑的设计理念中，从而提出的一种新型建筑体系，是对传统土窑洞的继承和创新，是中国追求建筑节能事业的必然发明。在理念上传统土窑洞与窑居的自然生活方式也给现代建筑的建造和现代人的居住方式以启迪，"城市窑洞"式绿色建筑正是有机结合传统土窑洞和现代建筑各自优点的产物，它在保持现代建筑原有风格和使用功能不变的前提下，达到传统土窑洞的效果，同时很好地解决传统土窑洞难以解决的问题。

并且"城市窑洞"式绿色建筑具有很好地吸收装潢与装饰带来的有害气体等诸多优点。"城市窑洞"式绿色建筑是一种全新的返璞归真和回归自然的建筑理念，是现代人追求健康生活的必然归宿。"城市窑洞"式绿色建筑这种节能省地型、轻质高强、抗震性能好的建筑体系具有强大的生命力。

城市窑洞式绿色建筑具有多种优点：舒适度高；健康长寿；大幅度节能（可达未来的70%节能标准，超过目前国家现行节能标准）；冬暖夏凉；恒温恒湿；隔音吸音；防火等级最高；防辐射；防虫蚁噬蚀；吸收有害气体；环保、绿色、生态；可严格地分户计量和分室控制能耗；全面阻断热桥；减少热工设备的数量（暖气片、空调数量等）；明显提高结构抗震性能、结构耐久性能，属于节地型、轻质高强、抗震性能好的建筑体系；大大减轻楼房自重、明显降低地基承载力、减少结构配筋率、减少混凝土用量、减少地板辐射采暖隔热层的材料费与施工费等。

### （五）黔东南苗族吊脚楼绿色建筑元素初探

吊脚楼，也叫"吊楼"，为苗族（重庆、贵州等）、壮族、布依族、侗族、水族、土家族等族传统民居，在渝东南及桂北、湘西、鄂西、黔东南地区的吊脚楼特别多。吊脚楼多依山靠河就势而建，或坐西向东，或坐东向西。干栏应该全部都悬空的，吊脚楼与一般所指干栏有所不同，背部一般依靠山体，所以称吊脚楼为半干栏式建筑。

吊脚楼的主要构造，主要包括瓜、吊檐柱、亭柱、中柱、榫子、边柱和美人靠等。吊脚楼的种类繁多，但是按照其吊头的特点划分，可以将其分为四类，包括单调式、双吊式、四合水式和二屋吊式，各种形式的特点，如表 2-5 所示。

表 2-5　吊脚楼的分类及其特点

| 分类 | 特点 |
|---|---|
| 单吊式（一头吊、钥匙头） | 只在正屋一边的厢房伸出悬空在，下面用木柱相撑 |
| 双吊式（双头吊、撮箕口） | 是单吊式的发展，在正房的两头皆有吊出的厢房 |
| 四合水式 | 在双吊式的基础上发展起来的，将正屋两头厢房吊脚楼部分的上部连成一体，形成一个四合院 |
| 二屋吊式 | 在单吊和双吊的基础上发展起来的，在一般吊脚楼上再加一层；建在平坝中，按地形本不需要吊脚，却偏偏将厢房抬起，用木柱支撑；支撑用木柱所落地而和正屋地面平齐，使厢房高于正屋 |

#### 1. 绿色建筑元素

（1）节地与土地资源

吊脚楼一般面朝水体，依山而建，这样能够及时地排除建筑周围的水体聚集，减少了泥石流和洪灾的危险。吊脚楼建筑能够与大自然融为一体，人们除了能够享受大自然的阳光，还能够呼吸大自然新鲜的空气在吊脚楼的顶部，通常是开合的，这样就可以通过闭合来达到建筑遮阳的目的；也可以打开，形成天井系统，用于建筑室内采光。从总体上看，吊脚楼形成了一个灵活采光通风系统，能够满足《城市居住区规划设计规范》（GBSOISO-1993）的要求。

（2）能源利用和建筑节能

吊脚楼建筑的间距与开洞大小均满足民用居住建筑的要求，从而能够满足建筑采光的要求。在吊脚楼中，通常会设置有美人靠，这除了能够起到装饰作用，美人靠上面的偏伞结构还能够起到遮风挡雨的作用，由于美人靠是可以敞开的，因此在夏季可以利用自然采光和自然通风，达到建筑节能的效果。在建筑规划方面，吊脚楼建筑的绿化率能够达到 30%，人均绿化率达到 $5 \sim 6m^2$，室外的热岛强度地域 1.5℃。

（3）节水与水资源利用

在人们的日常生活中，生活用水一般经过多级利用，从而实现了降低水资源利用的目的。从水资源的利用方式来讲可以分为以下几类：

①多级利用：一般可以将洗脸水用于洗衣服、冲厕所的二次利用；而洗菜的水可以用于家畜喂养或者排入池塘，喂食鱼类等

②水收集：在屋面上安装集水装置，将屋面雨水收集进入雨水管，既可以引导入鱼塘、也可以导入农田用于灌溉，从而降低地表渗水量、提高雨水利用率。

③水循环：通过水收集过程收集的水源，也可以通过污水处理系统进行净化处理，用于日常饮用水，或者饲养家禽以及供鱼塘的作用。

（4）节材与材料资源利用

吊脚楼的主要原材料为石材和木材，很少采用人工材料，满足就地取材的节能原则。吊脚楼的基台通常材料石材，通常采用当地的轻质砂岩或者是变质岩。而在房屋中的木材，一般取自当地的杉树和枫树，而很少使用人造木板，从而避免了挥发性气体的适用，能够满足国家或者行业质量标准。随着现代施工技术的运用，在建造过程中会使用到一些胶合剂，在居民入住以前，室内环境质量需要满足《室内装饰装修材料有害物质限量》（GB18580-2001）和《建筑材料放射性核素限量》（GB6566-2010）的要求。

从吊脚楼的全生命周期分析，建筑在拆除时，原来用于建造屋基的泥土经过一段时间的生物降解，能够还原到耕地中由于吊脚楼的主要建造材料为木材，因此在进行场地清理时，废弃物能够循环利用经过计算，吊脚楼在不造成环境污染和保证居住环境安全的前提下，可以循环利用的建筑材料占到10%，可以进行回收利用的材料占到5%。吊脚楼建筑可以进行就地取材，据统计约有20%的建筑材料产生于施工距离500km以内，吊脚楼建筑的建造过程较为简单，而且能够充分利用当地建筑材料，不但能够满足绿色建筑的要求，而且需要当作绿色建筑典范进行研究分析。

（5）室内环境质量

节能建筑除了要保证降低能源消耗以外，更需要提供给居民一个健康舒适的环境。首先吊脚楼建筑需要满足室内采光的要求，通常情况下，吊脚楼会采用坐北朝南的布局，并在固定位置安装采光窗。此外，采光窗还能够满足建筑自然通风，提高室内舒适度的作用，从而满足《城市居住区规划设计规范》（GB50180-1993）的要求。在吊脚楼的上层，人们已经按照现代建筑的形式配置厨房、卧室、客厅以及卫生间等。通常建筑的窗地比高于1/7，从而能够保证建筑采光，同时打开窗户，也能够实现建筑风压通风，而下层与上层也可以形成热压通风，有助于通风除湿，提高室内的健康和舒适水平。

从总体来说，吊脚楼建筑能够利用当地的自然条件与气候特征，做出了适应性的设计。从形体上，在现代建筑技术的指导下，吊脚楼的形体、朝向、间距以及窗墙比通过合理设计，能够满足建筑夏季遮阳、自然通风和自然采光的要求；也能够满足我国《城市居住区规划设计规范》（GB50180-1993）中对住宅建筑日照标准的要求。此外，吊脚楼建筑的挥

发有毒性气体，如甲醛、苯与氨的使用量，也需要满足《民用建筑工程室内环境污染控制规范》（GB50325-2014）的要求。

2. 吊脚楼的可持续性

（1）社会性

吊脚楼建筑是我国传统建筑的一种，是由干栏式民居演变发展而来，是我国南方地区最古老的建筑形式之一。通常情况下，干栏式建筑面向水流、背靠山地，逐次沿山坡上升；同样，吊脚楼建筑底层架空、上层住人的形式，被称为最具生态性的特点。吊脚楼与自然环境融为一体，恰巧契合大自然之美。

（2）经济性与生态性

首先，吊脚楼能适应高低起伏的地势，通过长短不同的柱子获得平整的居住面；吊脚楼依山而建，拾级而上，能够减少平坦土地资源的占用，从而达到节约土地资源的目的。从吊脚楼的形式来看，分为两层，除了上层可以住人，下层可以作为杂物间也可以作为饲养室；同时也可以达到室内通风，提高室内热湿舒适度。

（3）运营管理

现在吊脚楼引入了沼气处理装置，可以将生活用水以及生活垃圾进行分解处理，用于农田施肥和灌溉，不但能够起到解决家庭卫生问题，还能够形成沼气用于日常生活，从而降低了建筑全生命周期内的成本据统计，在建筑的全生命周期内，材料与资源的回收利用率能够达到30%以上。通过沼气处理装置，在建筑运营过程中，垃圾经过处理产生的废料成为农田施肥最佳肥料，这些废料没有异味无毒，不会造成环境污染．

## 三、中国不同地域绿色建筑特点

### （一）建筑气候分区与热工设计要求

我国国土面积广阔，地形地势差异较大；受到纬度、地势以及地理因素的影响，全国的气候差异也较大。但从陆地面积上说，从我国最北部的漠河地区到最南端的三亚地区，一月份的气温差异就可高达50℃。根据气候资料，全国各地区的相对湿度的差异性也较大，沿着东南到西北一线，相对湿度依次降低，例如1月份的海南地区为87%，而拉萨地区与29%；7月份的上海地区为83%，新疆地区为31%。

不同地区的气候特征对建筑采暖制冷有不同的要求。为了从技术上满足建筑的通风采光、保温隔热、采暖制冷要求，我国《民用建筑热工设计规范》（GB50176-1993）从建筑热工设计角度出发，明确提出了建筑与气候的关系，将我国民用建筑设计划分为五个分区，即严寒、寒冷、夏热冬冷、夏热冬暖和温和地区，其分区指标、辅助指标和技术要求如表2-6所示。

表2-6　建筑气候分区与热工设计要求

| 分区名称 | 分区指标 | 辅助指标 | 设计要求 |
|---|---|---|---|
| 严寒地区 | 最冷月平均温度 < -10℃ | 日平均温度 < 5℃的天数 > 145 天 | 必须充分满足冬季保温要求，一般可不考虑夏季防热 |
| 寒冷地区 | 最冷月平均温度 < -10℃ ~ 0℃ | 日平均温度 < 5℃的天数为 90 ~ 145 天 | 应满足冬季保温要求，部分地区兼顾夏季防热 |
| 夏热冬冷地区 | 最冷月平均温度 > 10℃，最热月平均温度 25℃ ~ 30℃ | 日平均温度 < 5℃的天数为 0 ~ 90 天，日平均温度大于 25℃的天数为 40 ~ 110 天 | 必须满足夏季防热要求，适当兼顾冬季保温 |
| 夏热冬暖地区 | 最冷月平均温度 > 10℃，最热月平均温度 25℃ ~ 29℃ | 日平均温度 > 25℃的天数，100 ~ 200 天 | 必须充分满足夏季防热，一般可不考虑冬季保温 |
| 温和地区 | 最冷月平均温度 0℃ ~ 13℃，最热月平均温度 18℃ ~ 25℃ | 平均温度 < 5℃的天数 0 ~ 90 天 | 部分地区应考虑冬季保温，一般可不考虑夏季防热 |

## （二）夏热冬冷地区建筑耗能水平分析

### 1. 城市建筑能耗水平统计

本小节统计分析了夏热冬冷地区五个一线城市的建筑面积和用电量，从而得到了不同城市的平均用电量和能耗水平，这五个一线城市为武汉、南京、上海、长沙和杭州。图 2-1 所示了这五个城市 2010 年单位面积建筑的平均用电量。由图可以看出，这五个城市的居住建筑能耗水平相当，基本在 30 ~ 32kWh/（m²·a）的范围内，并没有较大差异。

自 2000 年开始，中国的经济高速发展，人们的生活水平得到显著提高，因此人们对居住环境的要求随即提高。这首先表现在建筑面积的增大，人均居住面积由 15m² 增加到了 25m²，这在一定程度上提升了家庭用电量。其次，夏热冬冷地区基本分布于长三角地区，经济发展最为迅速，多种大型家用电器得到普及。截至 2010 年，户均空调数量可以到 1.3 ~ 2.0 台之间，这不但提高了单位面积建筑的用电量，也极大地增大了建筑耗能总量。除了上海市的用电强度稳定提升之外，其他城市基本上呈线性增长。

上海市（31° 02′ N）与日本大阪市（34° 38′ N）和美国小石城市（34° 44′ N）的纬度相近，并均属于冬冷夏热地区。大阪市为日本主要城市之一，人口数量与人口密度处于日本第二位，空调度日数为 128℃·d，采暖度日数为 1773℃·d；小石城为美国阿肯色州首府和最大城市，空调度日数为 154℃·d，采暖度日数为 1683℃·d，而上海市的空调度日数 135℃·d，采暖度日数为 1585℃·d。

从上述可以看出，这三个城市的气候特征较为类似。因此本文将日本大阪市和美国小石城市的户均年用电量与上述五大一线城市进行了对比分析，我国的城市户均年用点量远低于其他两个城市，这可能是由于不同地区的用能模式造成的。

美国的能源价格较低、室内舒适度高使得空调设备基本时刻处于运行状态，同时人均建筑面积较大造成了美国能耗水平远高于中国。日本的资源匮乏，因此国家较为重视传统建筑的自然通风和采光策略，并在卧室里安装间歇式空调系统。对比这两个国家，可以发现，日本的间歇式用能模式和经验适应我国国情，在以后的生活中，要加以学习和采用。

从 20 世纪 90 年代开始，中国已经陆续展开建筑节能工作，并进行了一系列的建筑能耗调研，因此本小节对一些地区的建筑能耗以及建筑节能措施进行了分析。表 2-7 提供了夏热冬冷地区部分年份的夏季采暖制冷以及耗电量情况。由表可以看出，这些城市夏季的采暖制冷能耗相对较低，其中上述五个一线城市的空调设备能耗基本处于 6 ~ 7kWh/m²。同时，表 2-8 统计了南京市和武汉市两栋节能建筑的集中式空调系统效果，虽然这两栋建筑采用了其他的节能措施，但是集中式空调系统的能耗约为其平均值的 3 倍以上，因此在建筑节能设计中，空调系统将会很大程度上影响建筑耗能情况。

表 2-7　居住建筑夏季暖通空调设备消耗能源统计

| 编号 | 主要城市 | 年份 | 样本数量/户 | 采暖制冷能耗/（kWh/m²） | 户均耗电量/（kWh/a） | 年总耗电量/kWh（m²·a） |
|---|---|---|---|---|---|---|
| 1 | 武汉 | 1998 | 12 | 3.8 | — | 17.9 |
| 2 | 上海 | 2001 | 780 | 4.3 | — | 19.5 |
| 3 | 杭州 | 2003 | 283 | 7.14 | 2737 | 34.7 |
| 4 | 上海 | 2004 | 10000 | 8.7 | 2081 | 28.2 |
| 5 | 邵阳 | 2005 | 60 | 2.3 | — | 14.2 |
| 6 | 西安 | 2005 | 140 | 4.1 | 1700 | 20 |
| 7 | 重庆 | 2006 | 312 | 6.6 | 1800 | 24.1 |
| 8 | 商丘 | 2006 | 143 | — | 1133 | 8.8 |
| 9 | 上海 | 2009 | 260 | 6.7 | — | 30.2 |

表 2-8　南京市和武汉市建筑集中式空调系统效果

| 城市 | 时间 | 面积/m2 | 空调系统 | 建筑热工性能 | 空调系统能耗/（kWh/m²） |
|---|---|---|---|---|---|
| 南京 | 2007 | 68000 | 温湿度独立控制系统土壤源热泵，顶棚辐射空调系统，置换通风，排风热回收装置 | 外墙：K=0.3W/（m²·K），屋顶：K=0.14W/（m²·K），外窗 Low-E 中空玻璃，外遮阳卷帘 | 22.5 |

续　表

| 武汉 | 2003 | 40856 | 地下水地源热泵，风机盘管，无新风系统 | — | 16.9 |
|------|------|-------|------------------------------------|----|------|

2.上海市建筑能耗特点

首先，本小节基于上海电力公司的数据，统计分析了上海地区居住节能的能耗情况。选取了上海市 44981 户，分析了 2010 年逐月能耗用电量，如图 2-1 所示。从图上可以看出，8 月和 12 月的居住建筑用电量达到高峰，这与上海市夏季 8 月湿热高温，冬季 12 月湿冷的特点相对应分析其能耗水平可知，这两个月份比其他月份的平均值高出 160% 和 100%，可以推测，能耗需求波动会对电力系统造成很大压力。

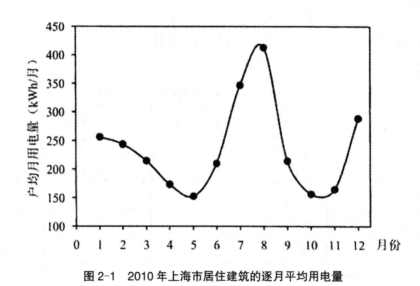

图 2-1　2010 年上海市居住建筑的逐月平均用电量

上海市 5 月和 11 月的气候较好，居住建筑的能耗基本不受季节影响。从图上可以看出这两个月的用电量较小，因此选取这两个月的耗电量为基准值推算其他月份的空调耗电量，可以看出空调耗电量在家庭中占有很大的比例此外，按照能耗的主要用途比例统计，得到居住建筑的用能模式为：照明用能 66%，采暖 14%，制冷 20%，这说明家用电器的使用比例较大此外，本小节选取上海市七栋政府办公建筑，进行了建筑能耗统计分析。表 2-9 从分项用能方面统计了各建筑的用能比例，其中用能分项包括空调、插座、照明、电梯、给排水以及其他部分。由表 2-10 可以看出，这些建筑的空调系统的耗能量最大，基本占到 30% 以上；其次是插座和照明系统，能耗比例在 10% ~ 30% 之间；而电梯和给排水能耗的比例较小，基本在 5% 和 2% 以下；其他部分的能耗来源于计算机房和厨房等区域，特别地，部分建筑的计算机系统陈旧，耗能量较大，可以占到 30.9%。

表 2-9　上海市政府办公建筑耗能统计

| 建筑编号 | 建筑用能类别 | | | | | |
|---|---|---|---|---|---|---|
| | 空调 | 插座 | 照明 | 电梯 | 给排水 | 其他 |
| 1 | 51.7% | 1.5.3% | 12.7% | 4.7% | 1.8% | 13.8% |
| 2 | 29.5% | 29.0% | 34.0% | 2.8% | 2.8% | 1.9% |
| 3 | 36.3% | 21.1% | 17.1% | 2.0% | 1.2% | 22.3% |
| 4 | 29.7% | 31.0% | 30.7% | 1.6% | 2.1% | 4.9% |
| 5 | 42.1% | 10.2% | 14.1% | 2.1% | 0.6% | 30.9% |
| 6 | 31.3% | 34.0% | 33.6% | — | — | 1.1% |
| 7 | 40.5% | 23.5% | 17.9 | % | 1.9% | |

在统计分析过程中，本小节总结分析了上海市政府办公建筑的能耗特点，主要包括：

（1）建造时间较早，未采取保温隔热措施

本次调研中，部分建筑的建造时间较早这些建筑中有 3 栋建筑建于 20 世纪 80 年代以前，部分建筑区域被列为优秀历史保护建筑；有 3 栋建造于 20 世纪八九十年代之间；有 1 栋建于 21 世纪，但是也有 10 多年的历史。这些建筑的围护结构均没有采用节能措施，外墙普遍采用黏土砖和混凝土多孔砖材料，而且厚度较薄；屋面则普遍采用了钢筋混凝土材料；外窗普遍采用单层玻璃。这些建筑全部建于 2005 年之前，当时并没有公共建筑节能设计标准的指导，成为这些未能采取保温隔热措施的原因之一。

（2）机械设备陈旧，运行效率低

自建筑建造之时，建筑就配备与之并行的机械设备，如给排水系统、空调设备等、这些设备不能符合 2005 年颁布的《公共建筑节能设计标准》的要求，设备效率低下，造成大量的能耗损失。

（3）计算机房能耗量较大

计算机房是政府办公部门不可缺少的部分，但是这些设备的能耗量巨大。首先，计算机系统需要时刻维持在运行状态，而这些设备的单位面积散热量基本在 200 ~ 500W 之间，造成室内温度升高。为了维持正常的设备运行状态，安装了空调系统进行制冷，将热量排出室外。在机械设备运行散热，空调设备制冷的过程中，造成计算机房的能耗量远远高于其他建筑区域。

3.南京市办公建筑能耗分析

本小节调查分析了南京市的既有办公建筑能耗，并从建筑围护结构、暖通空调和照明系统三个方面进行了分析。

（1）围护结构

建筑围护结构的性能受到建筑年代的影响，按照《公共建筑节能设计标准》的实施为界限，可以将围护结构性能分为两个阶段在 2005 年以前，围护结构的热工性能较差，传热系数一般在 2.0W/( m²·K )，建筑材料基本为黏土砖、加气混凝土砌块等。在 2005 年之后，建筑围护结构的热工性得到很大程度上的提升，传热系数降低到 1.0W/( m²·K )。

建筑外窗结构与自然通风、采光、保温隔热以及噪声控制等密切相关。本节对南京市既有办公建筑的外窗类型进行了整理，如表 2-10 所示。

表 2-10 南京市窗户主要类型与构造

| 窗框 | | 玻璃形式 | 适用性 |
|---|---|---|---|
| 铝合金 | 非隔热 | 单层玻璃窗 | 较为普遍 |
| | | 中空双层普通玻璃窗 | 普遍 |
| | 隔热 | 中空双层普通玻璃窗 | 少量 |
| PVC 塑料窗 中空双层普通玻璃窗 | | 单层玻璃窗 | 较为普遍 |
| | | 少量 | |

由表 2-10 可知，既有办公建筑的玻璃很少采用节能玻璃，尤其是单层玻璃窗的应用较为普遍，传热系数会达到 4.7 ~ 6.4W/( m²·K )。

建筑遮阳是夏热冬冷地区的又一节能策略，如果在建筑中能够合理地采用外遮阳技术，能够减少室内 70% ~ 85% 的太阳辐射，即可降低空调设备的使用但是目前南京普遍采用的遮阳形式为内遮阳，很少采用外遮阳技术。

总的来说，建筑围护结构对建筑能耗油很大的影响，如果围护结构具有较好的热工性能，那么建筑能耗将能够得到降低在以后的建筑节能设计中，要着重考虑这一策略。

（2）暖通空调系统。

办公建筑暖通空调设备的运行时间比较固定，一般为 8：00 ~ 18：00；同时建筑的使用功能比较单一，采用的空调系统的工作区域也比较固定，如办公室、会议室以及计算机房等。

由于办公建筑内空调系统多为独立运行，而不需要其他形式的功能本小节对暖通空调系统冷热源进行了整理，如表 2-11 所示。由表可以看出，冷热源形式的能耗水平差距较大，在建筑节能设计和评价应该加以考虑。

表 2-11 冷热源特点

| 冷热源形式 | 建筑特点 | 空调特点 | 能耗水平 |
|---|---|---|---|
| 分体式空调 | 建筑面积小，公共区域少且功能较单一 | 分散安装，灵活性强 | 50 ~ 80kWh/m2 |
| 风冷热泵机组（水） | 能耗需求大，功能复杂 | 采暖制冷采用同一冷热源 | 50 ~ 100 kWh/m2 |

| 风冷热泵机组（VRV） | 能耗需求大，功能复杂 | 集成度高，便于控制管理；采暖制冷采用同一冷热源 | 80 ~ 100kWh/m2 |
| 冷冷水机组加锅炉 | 热水需求量大 | 制冷采用水冷机组，供热设置锅炉 | — |
| 冷水机组加集中供热 | 热水需求量大 | 制冷采用水冷机组，供热设置锅炉 | 70kWh/m$^2$ |
| 溴化锂吸收式 | — | 低位热能空调和供热 | 50kWh/m$^2$ |

（3）照明系统

在 2005 年之前的建筑，一般采用普通荧光灯，很少采用节能灯具。2005 年之后，随着对公共建筑节能意识的提高，严格按照《公共建筑节能设计标准》进行照明系统节能设计和改造，使得照明效率得到提高。

## （三）寒冷地区建筑耗能与节能措施

### 1.寒冷地区气候特征

寒冷地区冬夏两季较为漫长其中，冬季的持续时间会在 150 天左右，平均气温在 -10℃ ~ 0℃，最低气温一般在 -10℃ ~ 20℃之间与夏热冬暖地区相比，寒冷地区的气温普遍低 15℃以上。夏季的持续时间会在 110 天左右，平均气温会在 24℃ ~ 28℃，这与夏热冬暖地区的气温相差不大，甚至月最高气温要比夏热冬暖地区的气温高出 5℃左右。例如济南、天津、西安、石家庄等地夏季气温都达到过 40℃。寒冷地区春秋两季持续时间较短，一般在 60 天左右：从全年来看，寒冷地区一年中大部分时间的舒适性较差，因此对采暖制冷的要求较高

寒冷地区的年降水量介于 300 ~ 1000mm，单日最大降水量为 200 ~ 300mm，全面的平均相对湿度为 50% ~ 70%。降雪日数一般在 15 天以下，年积雪日数为 10 ~ 4d，最大积雪深度为 10 ~ 30mm。寒冷地区较为干旱，湿度较低寒冷地区受到季风影响较大，冬季受到西伯利亚寒流带来的西北季风的影响，夏季受到东南沿海地区和低纬度气流造成的东南季风的影响寒冷地区的全年光照时长在 2000 ~ 2800 小时，太阳能资源较为丰富，年太阳辐射总量为 3340 ~ 8400mJ/m$^2$。总的来说，寒冷地区日照资源丰富，如果能够加以利用，可以有效地降低建筑能耗。

### 2.建筑能耗特点

寒冷地区的冬季持续时间较长，一般在 4 个月以上，该地区的冬季供暖期一般在当年 11 月份到次年 3 月份在冬季，建筑的热量基本上是通过建筑围护结构和门窗上的狭缝散失的其中，围护结构热量散失量达到 70% ~ 80%，门窗狭缝热量散失量达到具体的热量散失形式如表 2-12 所示

表 2-12  建筑结构热量散失比例

| 形式 | 围护结构 | | | | | | 门窗狭缝 |
|---|---|---|---|---|---|---|---|
| | 外墙 | 外窗 | 楼梯间隔墙 | 屋面 | 阳台、户门 | 地面 | 20% ~ 30% |
| 比例 | 25% ~ 30% | 23% ~ 25% | 8% ~ 11% | 8% ~ 9% | 3% ~ 5% | 3% | |

由表 2-13 可以看出，外墙上的热量损耗最为严重，因此在建筑节能重要加以重视；其次是门窗部位，其通过门窗散热和门窗缝散失的热量和可以达到 50%，因此这成为建筑保温体系最为薄弱的区域，同样需要加以重视但是目前已经生产出质量合格的门窗材料，而且门窗的密闭性有了很大程度的提高但是门窗结构的价格较高，因此人们需要在经济性和适用性取得平衡另外，其他区域也需要进行改进，从而提高整个建筑的热工性能。

寒冷地区的夏季同样较为漫长，主要在 6 ~ 8 月，而且气候较为炎热，太阳辐射较强，人们通常通过风扇和空调设备制冷这需要通过合理的建筑遮阳技术，减少太阳辐射，降低室内温度；还需要合理的室内设计，保障空气的流通，提高空调设备的能效，提高建筑能源效率。

3. 建筑节能规划设计

（1）选址

基地选址是一切建筑活动的基础，同样基地选址又会制约着随后进行的场地规划、设计施工以及建筑运行等一系列的活动相应地，在这些过程中的节能设计和节能行为也会受到影响。在基地选址时，引入建筑节能理念，便能够利用自然地形地貌，合理构造建筑区、交通区以及功能区，减少对原有环境系统的破坏和干扰在基地选址时，需要注重尊重周围环境与气候条件，分配规划环境资源。

寒冷地区的基地选址需要注重两个因素：日照和风。对于前者，会影响一个地区的光照时长和光照强度，进而会影响该地区的室内热工环境质量：在寒冷地区，建筑室内应该在冬季尽可能多地获取太阳辐射，而夏季应该尽可能地减少辐射。因此，应该将基地选在平地上；如果受到环境限制，那么可以将建筑选在南山坡上，这样在冬季可以接受阳光照射，并阻挡北方寒风；在夏季受到高度角的影响，太阳辐射很难进入室内由于寒冷地区冬季下午光照较弱且较短，因此应该避免建筑西向采光风环境是建筑运行中较为重要的因素。在建筑的使用过程中，如果风速过大且较为寒冷，会加剧室内外的热量交换，造成热量损失。而在夏季，风速过小，又不利于建筑自然通风，难以加以利用。因此在建筑选址时，应该尽量适应冬夏两季的季风条件。

（2）场地设计

一旦建筑选址完成，就要进行建筑场地设计。建筑场地设计会对周围环境造成一定的影响，进而会影响建筑能耗在进行建筑场地设计时，需要基于以下几个原则进行：

首先，需要尊重当地的地形地貌，进行综合分析研究，考虑如何基于现有环境条件，创造出美观的立体景观。这样便可以保留当地稍被与土地资源，减少土地改造，降低工程其次，应该尽可能地保护现有的植被，以及当地的植被特征，进行绿化设计。合理的绿化设计会营造出良好的气候，降低夏季气温又能够组织、引导和阻挡建筑周围的冬季寒风、因此，这可以起到保护原有植被、美观环境与节约资源的作用。

同时，还需要结合场地周围的水文地质条件，合理地规划建筑，既要便于利用周围的水资源，又要减少对自然水系的干扰，从而做到水系与场地共生为了保护周围水系，需要从这三方面进行：①尽量保护场地内成者周围的水源．保持其原有的蓄水能力，避免填水造陆的行为；②收集并利用雨水，做到水资源的回收利用；③应该保护场地内的可渗透性土地资源。

4.可再生能源利用技术

（1）太阳能技术

我国北方地区一年内的光照时间较长且辐射强度较高，从总体上说，寒冷地区有丰富太阳能资源，可以在建筑中加以开发利用在太阳能利用过程中，按能源利用形式可以将其分为太阳能光热技术和太阳能光电技术；按照是否需要辅助能源，又可以用光热技术将其分为主动式太阳能利用和被动式太阳能利用。具体的分类形式：

被动式太阳能技术是指通过建筑自身构造来收集、储存并利用太阳能的技术形式这种方法比较利用简单方便，没有复杂的太阳能转化设备，使用成本较低被动式太阳能技术可以分为直接加热式、蓄热墙式和太阳房等三种利用形式。

直接加热式的一般做法是在建筑南立面上设置玻璃窗，室内墙面、地面等均为良好的储热蓄热材料在天气晴朗的条件下，太阳辐射就可以进入室内，墙面和地面等就可以储存热量，这就构成了一个简单的太阳能利用系统，由于太阳能辐射波长的不同，一天中内天该系统吸收的热量高于晚上散失的热量。此外由于冬夏两季太阳高度角的不同，会使冬季室内吸收的热量高于夏季，图中高低窗对太阳能吸收状况，因此直接加热式太阳能利用系统比较适用于北方寒冷地区。

蓄热墙式太阳能系统是指在距离南向窗一定距离处设置墙体，并在墙体上涂刷黑色或者黑色面层，以期提高墙体吸收红外辐射的能力，进而墙体起到储存热量的作用在夜里墙体的温度较高，而是为相对较低。此时墙体向室内空间辐射热量，提高室内温度。在实际的工程应用中，采用蓄热墙体与直接加热相结合的方法，在白天收集太阳辐射和热量，在夜间就可以利用蓄热墙体进行取暖。

只有在需要太阳热量而不需要太阳光照的情况下，才采用蓄热墙式太阳能利用方式。在直接受热式和蓄热墙式结合使用时，介于玻璃窗和蓄热墙之间的部分可以直接获取热量，在建筑设计中这一部分可以用作采光与观景平台之用，此时蓄热强可以作为夜间的辐射源采用这种方式可以防止过强的光线引起室内的眩光，因此合理地选用蓄热墙式太阳能技术能够经济有效、美观地实现建筑节能。

目前，被动式太阳能利用技术中应用最为普遍的是太阳房，从原理上说，这是一个半户外的透明房间在冬季，太阳房能吸收太阳热量，并为室内的空间加热，形成一个舒适的温室。根据统计，对于效果较好的温室，在清凉的冬日里，一天中吸收的热量比温室本身采暖所需的热量多，一般是采暖用能的 1 ~ 2 倍，太阳房的概念起源于 18 ~ 19 世纪的"暖房"设计，因此太阳房设计方法被称为"迷人的温室"但是，这种说法是不全面的，太阳房的作用不仅仅局限于种植绿色植被，而且适合人们居住生活在太阳房内的人们，发现冬日的温度与阳光特别舒适由于在房间中存在热舒适范围，因此在房间内必须设置独立的保温区，是保温与人们休息分开。

太阳房在白天收集太阳热能的方式，大多数的热量通过围护结构的通道（门、窗以及其他各种通道）进入到室内，其余部分的热量则被围护结构（墙、板）吸收。在夜晚，维护结构的通道关闭，以保证建筑内的温度；同时建筑围护结构向外释放热量，保持室内的热环境的舒适性。

在现代建筑中，由于人们对居住办公环境的要求提升，以及对环境控制的要求越来越精确，单纯地采用被动式太阳能技术已经不能完全满足节能需求。因此，太阳能利用技术与太阳能利用系统的应用越来越多，因此主动式太阳能利用技术逐渐兴起主动式太阳能技术是指通过外部的技术手段对太阳能能源进行收集、存储、利用的过程。目前可以利用的主动式太阳能技术包括太阳能热水系统、太阳能空调技术、太阳能通风技术；此外随着对建筑美学的要求不断提高，人们也提出了太阳能建筑一体化的概念，此时太阳能构件与集热器一并成为建筑的一部分，起到装饰作用。

在建筑上普遍采用的主动式太阳能利用系统主要包括太阳能热水系统和太阳能空调技术。按照热水的主要利用形式，又可以将太阳能热水技术分为太阳能热水技术、太阳能热水系统保温技术和太阳能热水系统防冻技术，下面将进行简要分析。

太阳能热水技术是通过太阳能集热器直接聚集太阳辐射对冷水进行加热的技术，也是太阳能利用的最基本形式，目前在全国范围内得到了普遍使用太阳能热水技术能够为家庭采暖、提供生活热水等。太阳能热水系统保温技术需要在寒冷地区加以重视由于寒冷地区温度冬季温度较低，因此需要在水箱表面覆盖较厚的保温层，从而降低热传导系数，减少热量的散失。此外，还需要提高保温系统的气密性，以及水箱表面金属构件应该避免直接与空气接触，防止出现热桥。

由于寒冷地区冬季室外温度较低，太阳能集热器会向外部散热。如果集热器的温度达到冰点，就会造成内部结冰，造成系统冻胀或者堵塞，因此需要进行防冻措施按照其工作原理可以将太阳能热水防冻技术分为同排式系统和不冻液式系统。太阳能光电技术是将太阳能通过光伏电池转化为电能的技术，按照应用模式，可以将其分为太阳能独立发电技术和太阳能光伏并网发电。前者是通过光伏电池将太阳能转化为直流电，然后通过转变为交流电，然后供用户使用，多余电力用于蓄电池组储存。而太阳能光伏并网发电技术，将直流电力转化为交流电之后，不经过蓄电池组直接上网，效率更高、稳定性更好，便于城市进行推广使用。

（2）地热能技术

地热能是从地壳中抽取出来的天然热能，虽然在古代人们就开始利用地热能，但是直到 20 世纪中叶，人类才真正认识到地热能的本质并开始较大规模的开发利用，因此可以认为地热能是一种新兴的可再生能源。经过几十年的发展，在地址环境允许的条件下，人们已经拥有技术经济条件，进行科学合理的地热能开发。在建筑中，覆土建筑就是直接利用了地热资源，例如传统的澳大利亚岩居、中国陕北窑洞等。基于地热资源，建造覆土建筑，不但能够利用土壤恒温恒湿的热工性能，营造舒适的室内环境，同时也能够减少常规能源的使用。由于覆土建筑常位于地下，因此又可以节约土地资源。

地热能的现代应用方式为热泵以及建筑冷热源，其中，热泵技术已经成为当前新能源技术的热点，受到广泛关注热泵可以借助机械能将低温物体的能量传递到高温物体中，因此就可以将自然界的低位能作为热源，用于实际的生产生活中。从原理上讲，热泵与制冷机相当，是一种能量传递介质，即吸收周围环境的热量，并传递给需要加热的物体。在工作过程中，其自身会消耗一部分能量，即前面提到的机械能，这部分能量的比例较小，然后将环境能量储存起来.并释放出来用以提高物体温度，从整个循环系统来说，热泵技术可以提高能源品位。

地源热泵技术是热泵技术的一种，能够利用地表浅层的热能对空间进行空调制冷或者建筑采暖，一般而言，地源热泵技术能够基于季节做出适应性调整。在冬季，地源热泵可以将热量从地下提取出来用于建筑物加热升温，而在夏季，就可以将地下的冷量转移到建筑物中，进行建筑制冷降温地源热泵每年的供冷加热循环是基于土壤蓄热蓄冷能力实现的，地源热泵技术在建筑中的应用已经受到广泛重视。

地源热泵技术可以对建筑空间进行采暖制冷，在制冷模式下，热泵系统对冷源做功，提取土壤中的冷源，使其完成由气态到液态的转变。然后通过系统的冷媒蒸发吸收热量，通过水路循环将冷量传至地表，再按照室内需求进行不同制冷形式，加以利用。供暖模式则相反，系统压缩机对冷媒做功，使其吸收地表水或者土壤中的热量，并通过循环系统传递到地表，进行建筑室内供暖加热。

（3）风能技术

风能指的是地球表面气体流动产生的动能，具有清洁无污染、储量大的特点风能适用于较为偏远，技术设施或者电力并网不便的地域，例如我国沿海岛屿、边远山区、草原牧场以及农村或者边疆地区。我国具有丰富的风力资源，其中可以开发利用的达到 10 亿千瓦，因此开发和应用风能技术，对满足我国偏远地区居民正常生活用能，具有重要的实践意义。在建筑的实际应用中，风能技术主要包括两个方面，即自然通风和风电技术。

首先，自然通风是一种古老的节能策略在夏季，可以通过自然通风对室内空气进行被动式降温，可以减少空调设备的使用；同时，能够提高室内的新风量，改善室内环境，防止建筑综合征的产生。而在冬季，又可以采用自然通风策略，排出室内湿气，改善室内环境，减少建筑能耗。从作用机理上分析，自然通风有两种途径实现室内环境降温，首先是提高人体舒适度，主要是外部空气进入室内，略过人体表面，加速水分蒸发，产生凉爽感觉.其次是蓄热材料能在一定程度上储存室内的热量或者冷量,从而达到保持室内温度相对稳定的效果。

风力发电起源于丹麦,并得到了欧洲多个国家的普遍使用。一般而言,大型风力发电厂处于偏远的山区、草原和农地中.具有很高的发电量。如果在城市中要进行使用风电技术,可以安装小型风力发电机,此外,现在人们为了建筑与风力发电装置的美观与协调,因此开始关注于风电建筑一体化的问题。我国的小型发电机发电技术已经较为成熟,主要满足远离电网的农村和边疆地区人们的用电需求,而在城市中,由于小区容积率较大,建筑较为密集,加上技术水平和人们观念的不同,目前很少能在城市中见到风力发电机。

### (四)严寒地区建筑耗能与节能措施

#### 1.建筑能耗的构成

严寒地区的能耗主要石油采暖、热水、炊事、空调、照明以及家电等几个方面构成的,其中,采暖占建筑能耗的大部分;热水作为生活必要部分,也消耗了一部分能量;炊事、空调以及照明也消耗了很多的能源根据严寒地区建筑能耗统计方法.可以将能源统计分为两种:一是建筑采暖能耗,而是建筑电耗。

#### 2.建筑能耗统计方法

按照前面介绍的建筑能耗的构成,可以将建筑能耗统计方法分为建筑采暖电耗和建筑叫电两种方法进行统计

(1)建筑采暖能耗统计

由于严寒地区的建筑采暖能耗占建筑总能耗的大部分,因此有必要对该地区的建筑采暖能耗进行统计分析,该地区的采暖能耗主要包括:锅炉房供热、热电厂供热、电热等等,其中集中式锅炉房供热形式的效率最高。为了全面地统计建筑采暖能耗,可以从电力公司、锅炉房单位进行调研,从而得到必要的供热数据生活热水和炊事照明等方面的用能,可以从燃气公司和燃煤公司获取通过汇总上述全部数据,即可得到完整的建筑采暖能耗结果。

(2)建筑用电统计

目前,严寒地区没有成熟的电力统计年鉴,因此要获取完整的建筑电耗数据,需要对不同领域的用电量进行分项统计,如表2-13所示

**表2-13 严寒地区电力消费构成及处理办法**

| 农、林、牧、渔、水利业 | 工业生产、不能算入建筑能耗 |
|---|---|
| 工业 | |
| 建筑业 | 建造过程的能耗,不成属于建筑运行使用能耗 |
| (1)交通运输、仓储和邮政业 | 电耗主要在建筑中发生的,工业生产的比例不大,可全部算建筑能耗 |
| (2)批发零售业和住宿、餐饮业 | 发生在建筑中的耗电,可全部算建筑能耗 |

| （3）其他 | 此项包括房管公共居民业务和咨询业，卫生体育社会福利、教育文艺、广播电视、科研和综合技术服务，国家党政机关和社会团体等行业，绝大部分耗电属于建筑运行使用能耗 |
| --- | --- |
| （4）生活用电 | 城镇居民用电 |
| （1）～（4）总和 | 与实际的民用建筑运行总能耗相比，少了工业企业所属的公共建筑、住宅小区等能耗，多了小部分第三产业中的生产电耗 |

### 3. 能耗统计与节能潜力分析

本节选取严寒地区的典型城市哈尔滨为例，进行了公共建筑调研。从空间布局上将，哈尔滨市大部分的公共建筑属于内廊式、核心筒式和中庭式等形式。外廊式建筑较少的原因是该地区的气候寒冷，与室外连通空间相应减少。内廊式建筑多为建造时间稍长的多层建筑，随着房地产行业的发展，现在公共建筑已经趋向于高层化，多属于核心筒式。为了满足建筑室内采光和取暖的要求，一般采用中庭构造，从而调节建筑室内热环境和建筑空间内部气流。

哈尔滨地区已建成建筑的围护结构多为复合保温墙，建筑材料包括黏土实心砖、页岩陶粒、普通混凝土小型空心砌块、烧结多孔砖、空心砖与聚苯板等等。大多数建筑采用集中式供热方式．大约占该地区的52%，采暖期燃煤强度在50～60kg之间；也有部分建筑采用分散式小型锅炉供热该地区的经济发展水平较高，空调系统的普及率较高，但是使用水平较低。

### 4. 能耗与上位结构关系

建筑能耗受到多个参数的影响，例如气候条件、建筑体形系数、建筑朝向、周围风环境、建筑结构体系等。本节将主要分析这些因素对建筑能耗的影响。

当建筑体形较为规则时，相同体积的建筑，其体形系数受到两个因素的影响，即建筑平面形状与建筑高度。其中，建筑平面形状与场地形状、平面布局、交通、空间布局等因素有关。如果要计算不规则建筑平面形状与建筑体形系数的关系，可以通过折减系数计算严寒地区为了减少建筑能耗，建筑体形较为规则，形状怪异的构造较少，其平而形状与体形系数的相关性较强。

建筑朝向与其获得的太阳辐射量有直接关系。考虑到严寒地区冬季较为寒冷，夏季比较短暂，需要选择合理的建筑朝向，获得较多的太阳辐射热，通常采用增大建筑南向得热面积的策略。根据研究表明，当建筑方位为正南，长宽比为5∶1时，其获得的太阳辐射量要高于相同方位正方形布局的1.87倍。如果改变建筑方位，建筑得热会随之降低如果建筑方位角为45°时，正方形建筑得热要高于长方形对于平面布局不规则的建筑，要获得建筑朝向对其能耗的影响，可以进行必要的计算，也可以查阅已有建筑的相关文献资料并进行修正得到。

在严寒地区，应该注重建筑抗风，做出适应性的设计策略，降低建筑能耗。在冬季，如果寒风直接吹入建筑物，那么容易造成温度下降，降低室内的热舒适度，因此通常在规划设计阶段，通过合理的建筑外轮廓设计，组织和引导风向，避开居住建筑，减少其对建筑内气温的影响。由于建筑周围环境较为复杂，一些建筑无法避免地受到寒风直接作用因此可以采取措施，使得这些建筑处于封闭状态地域寒风，因此在建筑设计时，可以在建筑入口处引导寒风改道，降低寒风对室内温度的影响。

以哈尔滨市为例，研究严寒地区建筑照明设备对建筑能耗的影响哈尔滨市的采暖热源效率为 0.55，照明参数为 25W/m² 按照《建筑照明设计标准》（GB 54034-2004）规定，建筑照明设备的节能目标为 400Lux。从建筑全生命周期考虑，建筑照明是运行阶段的照耀耗能形式之一。除了采用节能灯具之外，还应该提高人们的节能意识和节能的使用习惯。在目前节能减排的大环境的促使下，人们的用能习惯也在发生变化，逐渐地提高照明节能效率，缩小与其他国家的建筑节能差距。

建筑气密性与冬季冷风渗透有直接的关系，因此保证建筑门窗的气密性有助于建筑保温。特别地，在严寒地区，冬季外部气候寒冷且大风天气常见。如果门窗系统的气密性不佳，将会造成室内冷风量增加，降低室内温度，造成采暖能耗升高，同时室内的热舒适性将会大大降低。

需要采用气密性好的门窗结构，例如新型塑钢门窗或带断热桥的铝合金门窗。同样在建筑构造上，也需要进行建筑气密性设计。例如，冬季通常在建筑门口处设置挡风门斗或者窗帘，从而减低建筑传热系数和速率，能够有效地减少建筑风压，防止冷风渗透现象。此外，尽量地减少人员反复出入门口，也能够降低冷风渗透量。按照我国《建筑外窗气密性能分级及检测方法》（GB/T7107-2002）规定，建筑外窗气密性如表 2-14 所示。

表 2-14　建筑外窗气密性等级

| 等级 | 1 | 2 | 3 | 4 | 5 |
|---|---|---|---|---|---|
| 单位缝长分级指标值 $q_1/(m^3(m \cdot h))$ | $4.0 < q_1 \leq 6.0$ | $2.5 < q_1 \leq 4.0$ | $1.5 < q_1 \leq 2.5$ | $0.5 < q_1 \leq 1.5$ | $q_1 \leq 0.5$ |
| 单位面积分级指标值 $q_2/(m^3(m^2 \cdot h))$ | $12 < q_2 \leq 18$ | $7.5 < q_2 \leq 12$ | $4.5 < q_2 \leq 7.5$ | $1.5 < q_2 \leq 4.5$ | $q_2 \leq 1.5$ |

通过计算表明，室内换气频率由 0.7 次降低到 0.4 次，建筑保温性能将会提高 10% 因此提高建筑门窗的气密性，减少冷风渗透，将会大幅度降低采暖用能。

表 2-15 对比分析了我国严寒地区典型城市哈尔滨与发达国家瑞典、加拿大、英国以及日本在围护结构传热系数的差异比较同纬度上的国家可以看出，哈尔滨市的围护结构传热系数要明显高于其他地区，例如，墙体约为 4 ~ 5 倍，外窗约为 1.5 ~ 2.2 倍。这主要是由于我国经济发展水平和生活水平较低造成的分析哈尔滨市的建筑传热系数可以看出，随着人们生活水平提高，建筑的保温隔热性能也大幅度提高，例如传统建筑围护结构传热系数为第二阶段传热系数的 1.5 ~ 2.4 倍从上述分析可以看出，我国建筑的保温隔热性能还有待提高，建筑节能也有很大的发展潜力。

表 2-15　建筑围护结构传热系数单位：W/m²·K

| 类别 | | 墙体 | 窗户 |
|---|---|---|---|
| 中国哈尔滨 | 传统建筑 | 1.24 | 3.68 |
| | 第一阶段标准 | 0.73 | 3.26 |
| | 第二阶段标准 | 0.52 | 2.5 |
| 瑞典 | | 0.17 | 2.0 |
| 加拿大 | | 0.27 | 2.22 |
| 英国 | | 0.45 | — |
| 日本 | 北海道 | 0.42 | 2.33 |
| | 青森、岩首县 | 0.77 | 3.49 |
| | 宫城、山形县 | 0.77 | 4.65 |
| | 东京都 | 0.87 | 6.51 |
| 德国 | | 0.5 | 1.50 |

5. 传热系数与能耗关系

为了提高围护结构保温性能，减少严寒地区热量散失，该地区普遍选择外墙外保温体系，其次可以选择夹心保温体系。对于部分历史建筑或者是不能改变建筑原貌的建筑，可以采用内保温体系，以免破坏建筑外形，影响其原有功能。根据我国《外墙外保温工程技术规程》（JGJ 144-2004）规定：严寒地区城市办公建筑，需要采取的保温系统如表 2-16 所示。

表 2-16　严寒地区墙体保温结构适用范围

| 名称 | 传热系数（W/m²·K） |
|---|---|
| EPS 板外墙外保温系统 | |
| EPS 板现浇混凝土外墙外保温系统 | 0.041 |
| 机械固定 EPS 钢丝网架板外保温系统 | |
| XPS 板外墙外保温系统 | 0.03 |
| 硬泡聚氨酯外墙外保温系统 | 0.0216 |
| 岩棉板外墙外保温系统 | — |

建筑开洞会对建筑围护结构的通风、采光、保温、美观有一定的影响。在严寒地区，建筑开窗以及窗墙比会随着该地区不同区域的气候差异而产生不同的结果。为了提高窗户的保温性能，可以采用双层中空 Low-E 玻璃取代单层玻璃，从而减少室内的热量散失，并提高内部空间获得阳光辐射量。玻璃材料的热绝缘系数会影响热量传递的速率。为了减缓室内热量向外传递的速度，要尽可能地降低外窗材料的传热系数。在实际工程中，一般

采用热反射玻璃或者吸热玻璃根据严寒地区的建筑节能设计标准，考虑当地的经济发展水平，要求建筑外墙传热系数为 0.15 ~ 0.45W/（$m^2 \cdot K$），外窗传热系数则为 1.5 ~ 2.2W/（$m^2 \cdot K$）。另外，本小节给出了建筑的窗墙比（WWK）与外窗传热系数的对应值，如表 2-17 所示。

表 2-17　窗墙比与外窗传热系数限值

| 类别 | $S \leq 0.3$ | $0.3 < S \leq 0.4$ | $S > 0.4$ |
| --- | --- | --- | --- |
| WWR≤0.3 | 2.5 | 2.5 | 2.5 |
| 0.3 < WWR≤0.4 | 2.5 | 2.2 | 2.0 |
| 0.4 < WWR≤0.5 | 2.0 | 1.7 | 1.7 |
| 0.5 < WWR≤0.7 | 1.7 | 1.5 | 1.5 |

窗墙比与建筑的保温隔热有着密切的联系。在过去，建筑采用玻璃一般为单层普通玻璃，其保温隔热性能较差，因此普遍认为开窗面积越大，建筑热量散失越多。近年来，为了保证建筑立面的美观和艺术效果，建筑开窗面积越来越大。在此前提下，为了保证室内温度和舒适性，具有良好保温隔热性能的玻璃营运而生。通过改善太阳辐射热，冬季吸收热量，夏季反射太阳辐射，达到室内吸热和得热平衡。此外，窗墙比对建筑能耗的影响还受到建筑朝向的影响。通过研究不同朝向墙体上的窗墙比与建筑能耗的关系，得出以下结论：北向窗户与建筑耗能影响最大，东向次之，南向其次，最后西向。

## （五）夏热冬暖地区的建筑节能设计研究

### 1. 热工性能和能耗

传统建筑比较注重自然通风和建筑遮阳，因此建筑的层高一般较高，屋面和外墙的厚度较大，用于减少外部热量向室内传递传统建筑普遍采用 240mm 厚的实心砖墙和黏土砖，而屋面采用大阶砖通风屋面为了节约建筑材料，降低工程造价，外墙厚度由 240mm 减小到 180mm，但是其保温隔热性能不能满足节能标准的要求。随着人们经济水平和节能意识的提高，现在的外墙和屋面等围护结构，普遍采用轻质的保温隔热材料

随着人们对建筑美观要求的提升，女儿墙构造的高度提高，造成了原有的通风屋面起不到原有的效果；同时，人们为了提高建筑空间利用率，建筑建造比较密集，隔断了自然通风通道，外窗结构只起到了通风采光的作用，而没有考虑到建筑遮阳，部分地区普遍采用飘窗，导致太阳辐射直接进入室内，室内热环境降低。从总体上看，这一地区建筑热工性能较差，围护结构的气密性和保温隔热性能较差，室内的热舒适度较低。

通过调查发现：该地区的夏季电负荷较大，一般为冬季建筑用电量的一倍，这与该地区夏季炎热，冬季温暖的气候特点相一致。进入 21 世纪之后，人们对居住环境的要求提升，家庭住宅面积和家用电器数量大幅度增加，导致用电量增加了 20% 以上。对部分高档建筑而言，其单位面积的年用电量达到 38 ~ 90kWh，平均为 60kWh；夏季空调器的用电强

度更高。

### 2. 节能规划

我国建筑节能工作起步较晚，因此建筑节能设计方法和手段仍需要进一步探讨。但从总体来说，夏热冬暖地区的建筑节能设计需要从节能规划、单体设计和空调设计这三个方面展开。

建筑节能规划是指：基于"建筑气候结合"的设计思想，分析建筑节能设计中的气候性影响因素，包括太阳辐射、季风、地理因素等，通过合理的建筑规划布局，营造适合建筑节能的微环境。对建筑空间的相对关系而言，在建筑规划中，需要综合考虑建筑选址，建筑单体与道路布局、建筑朝向、体型间距等因素，这些都是可以通过建筑设计手法来实现的。

首先，在建筑体型搭配方面，可以通过不同的建筑进行高低组合排列，使得建筑群体采光最优化。只要室内能够充分地利用自然光，便可以减少人工照明的使用量，从而达到建筑节能的目的。此外建筑体量的布置，还要考虑小区内的自然通风的要求，合理地调节周围的小气候在我国夏热冬暖地区，夏季盛行东南风和南风，因此在规划设计中需要充分利用季风气候，合理地设计建筑朝向、建筑间距等，不但能够提高小区内的空气质量，还能够通过通风实现降温的目的在我国东南沿海一带，还可以利用海风，改变建筑通道，形成自然通风体系。

除了注重室外通风之外，还需要分析建筑室内风环境可以基于"风玫瑰图"，进行室内建筑通风与节能设计由于受到周围绿化植被、建筑构造的影响，室内外建筑风环境的构造措施并不相同，这需要考虑地形地貌、周围建筑以及地理环境，充分结合场地环境与当地风环境，进而找出室内风环境的特点，从而采取有效的节能措施，提高室内舒适度，减少能源消耗。

此外，合理的建筑体形系数，以及合理的建筑平、立、剖面也能够降低建筑能耗。体型系数越大，对应的建筑表面积也大，散热面也就越大。因此，降低建筑体形系数，可以减少围护结构的热损失。

### 3. 单体节能设计

从建筑自身的构造出发，进行合理的单体设计也能够降低建筑能耗单体设计一般包括建筑平面布局、体形设计、内部空间设计、窗墙比设计和建筑墙体设计等。

在建筑布局和内部空间设计方面，建筑内部自然通风设计尤为重要夏热东南地区夏季较为湿热，且昼夜温差小，因此可以利用自然通风的方式提高内部舒适度。同样地，建筑朝向、间距以及墙体开洞方式会对自然通风造成影响，需要选择合理的布局方式，营造穿堂风实现室内降温的目的冬季为了保持室内温度稳定，需要合理地调节建筑开口并提高围护结构气密性，以免造成冷风渗透。

夏热东南地区的夏季太阳辐射较为强烈，因此需要探究如何降低太阳辐射；然而冬季太阳辐射并不强烈，如果能够合理利用，将会提高室内温度，降低空调设备的使用量。建筑朝向和建筑体形对捕获的太阳辐射量有较大影响。在夏热冬暖的北部地区，南向建筑的长宽比越大，得到的辐射热越多。在冬季天气晴朗的情况下，南向房间的室内气温要比北向建筑高此外，采用南北向布局的建筑的内部通风效果良好，也能够提高室内舒适度。

同样在北部地区采用内墙保温的方式，这主要是因为保温材料的蓄热系数较小，在内部可以减少围护结构吸收的能耗，即调温过程比较快捷此外，在夏季降雨量较大时，又可以采用内部保温材料吸收内部湿气，提高建筑内部舒适度。另一方面，内保温的应用较为方便，而且成本较低施工较为简单，因此可以用于旧建筑的节能改造。南区主要进行建筑隔热设计，控制建筑内表面的温度，从而防止人体和室内的辐射热量，这些可以从降低建筑传热系数、增大建筑热情性指标等方面实现

为了达到屋面隔热和美化环境的目的，通常要进行屋顶通风、蓄水、植被等构造措施。这种屋顶能够起到城市绿化、调节气候、降低城市噪声的作用。同样冬季可也以利用植被来疏导和阻挡气流，从而建筑减少建筑周围的冷风量，减少热量散失。

建筑遮阳是夏热冬冷地区建筑节能的必要措施。采用窗口遮阳的方式，可以避免辐射热进入室内，减少空调设备的使用，进而实现节能效果。在进行建筑遮阳设计中，不但要考虑建筑南面的遮阳，还需要同时考虑建筑东立面和屋顶的遮阳措施。根据遮阳位置，可以将建筑遮阳分为外部遮阳、内部遮阳和中间遮阳等；遮阳形式与构造的选择，要根据建筑朝向，层高、室内热量需求量来确定。此外，还可以在阳台、挑檐等位置采用绿化遮阳，也能够起到美化环境的作用。

4. 空调设计

随着人们经济水平的提高，空调设备已经成为提高室内热舒适度的主要手段之一。因此在建筑节能设计中，可以合理地布置空调设备，提高其能效比，提高建筑节能效率。通常情况下，在空调设备安装时需要注意以下两点：

首先，空调设备安装位置会影响建筑的能耗。在平面上，要保证相邻空调设备的作用区域相互独立，以免空调的气流作用范围相互干扰，降低了设备的效率。

其次，人们为了提高空调设备的美观．会在空调室外机上进行遮阳和防护措施。但是要避免将室外机封闭起来，或者阻挡了其正常的换气水平，否则将不利于其散发热量，降低空调设备的效率。同时，被封闭的空调机的换气受到阻挡，也会影响室内的空气质量。

总的来说，我国的城市化进程正在加速，虽然建筑节能能够提高能源效率，保护环境，何是大部分地区还没有给以高度重视。一般地，地方节能设计缺少相关的标准和政策引导；其次现在的技术人员缺乏节能意识，忽视了建筑节能的重要性，在无形中造成巨大的经济效益损失针对目前我国夏热冬冷地区存在的节能耗能问题，应提出科学合理的建筑节能程序：首先，在建筑设计过程中，要按照节能规划、单体设计和空调设计的步骤进行建筑节能设计，增强建筑围护结构的保温隔热性能，并提高空调系统的能效；其次，地方政府或者研究人员，应该建立具有地方特色的建筑节能标准，从而形成地方法律法规，为建筑节能提供法律保障和技术支撑。此外，还需要建立建筑节能试点和国际合作项目，从而从技

术应用方面取得进步和推广。最后，还需要进行建筑节能技术宣传，从而能够形成城市、乡镇和农村的立体建筑节能推广体系，切实推进建筑节能工作。

### （六）温和地区的建筑节能设计

#### 1.气候区的划分与特征

按照我国《民用建筑热工设计规范》（GB50176-1993）规定：我国建筑气候按照热工设计可以分为五个分区，温和地区主要包括云南省以及贵州、四川、西藏与重庆的部分区域。这些区域均属于经济欠发达地区的范畴这一区域位于我国西南地区，自然自理条件具有纬度低、地势高和地形复杂的特点在气候条件上，温和地区属于高原型季风气候，同时受到维度和地形高差的影响，区域内的气候复杂多样。一般地，当海拔高于2400m时，气候多为高寒气候，冬季寒冷漫长，几乎没有夏季，而春秋两季时间较短；当海拔低于800m时，多为河谷地区，夏季较为漫长。温和地区大部分地区的海拔处于800～2400m，这样春季较为漫长，但是温度较低；同样年温差在10℃～12℃，日温差可以在12℃～20℃。总的来说，温和地区的光照时间较长，降雨量较大，也具有明显的干湿两季，因此该地区的建筑遮阳和防雨较为重要。

#### 2.建筑热工的设计特点

与其他建筑气候区相比，温和地区气候条件较为优越. 全面温度较高且比较稳定，因此该地区的建筑设计具有较高的灵活性。同样，这也是温和地区建筑普遍重视建筑造型，忽视建筑节能设计的一个重要原因根据调研研究，假定温和地区建筑采用砖混结构，当墙体为240mm 的厚黏土实心砖墙时，就能满足建筑保温隔热的要求；如果采用框架结构，当墙体为190mm 厚的空心砖时，同样也可以满足建筑节能标准对室内热舒适度的要求。

长期以来，温和地区已经形成了既定的建筑设计模式，即在任何情况下，不考虑建筑围护结构的保温隔热问题，只要按照习惯做法，在建筑屋面上加设保护结构即可，一般情况下，建设材料为60mm 厚的膨胀岩石保温层。随着现代建筑节能技术的推广，这种传统的建筑设计方法已经受到了挑战。

#### 3.建筑节能潜力与挑战

伴随着经济与社会的发展，建筑水平越来越高，居住者对室内空间环境舒适度的要求也随之增加。现在，很多大型公共建筑以及居住建筑，安装暖通空调系统，因此设备的耗电量或者耗热量正在迅速增加，在这样的大背景下，建筑节能形势对于全国的每一个气候区都是比较严峻的，并要求建筑节能措施和水平到达新的台阶。

基于当地的经济发展水平和气候特征，云南省近年来开始着手于建筑节能的发展，建立了新建建筑节能试点项目和既有建筑节能改造项目，并颁布了相应的法律法规。从建筑技术上来说，建筑遮阳（经济可取）能够充分利用温和地区大气透明度高、位置纬度低和海拔高度的特点，阻挡强烈的太阳能辐射，提高室内的热舒适度。

随着人们建筑节能意识的提升和建筑节能工作的开展，建筑师们已经认识到建筑节能设计的重要性同时，温和地区建筑遮阳的研究和应用工作也取得了丰富的成果，但是仍然面临着很大的挑战。这主要表现在经济实力、气候特征与技术水平等诸多方面：

与其他地区相比，温和地区主要是位于我国西南偏远山区，经济较为落后，因此很少有资金投入进行建筑节能技术的激励、推广与应用；与其他的建筑热工分区相比，温和地区的建筑节能标准与规范比较少见，而针对夏热冬冷地区、夏热冬暖地区、寒冷地区或者严寒地区都已经颁布了对应的节能规范此外，在技术水平方面，在长三角、珠三角、黄三角甚至东北地区，人们已经研发出了对应的节能产品，而在温和地区建筑节能产品或者设计方法的研究较少。因此在以后的研究中，亟须建筑研究人员对温和地区建筑节能设计进行研究。

温和地区的热工性能研究主要表现在建筑遮阳方面，尤其是门窗结构的建筑遮阳性能。在未来一段时间内，要从建筑遮阳设计入手，建立从建筑规划设计、施工建造到建筑运营维护的遮阳系统，从而保证降低建筑能耗，提高室内热湿舒适度；另一方面，需要注重建筑节能研究人才的培养。目前，该地区面临着人们节能意识薄弱，节能设计能力差的难题。这主要是由于人们的遮阳知识缺失，无法合理地利用已有的资源与条件进行节能设计。同时，目前采用的遮阳设计手段大都是建筑主体完成后的附属性工作，导致建筑节能不能与其他建筑功能同步完成，即建筑遮阳、通风、采光、视线以及造型严重脱节。

### 4.温和地区传统建筑遮阳智慧

温和地区受到传统文化、民族特色和气候类型的影响，产生了多种不同的建筑形式，，从总体上，这些建筑形式能够适应当地的自然条件，为人们提供一个较为舒适的环境。特别地，在应对太阳辐射方面，具有适应性的建筑遮阳包括云南两北地区的藏族民居"土库房""土墙板屋"，如云南西双版纳和红河流域的"竹楼"以及云南其他地区的"合院式"建筑，下面将进行详细分析。

### （1）藏族民居"土库房""土墙板屋"

在云南省西北地区，主要包括香格里拉地区，该区域地势较高，夏季温和，冬季较为干冷，一月温度一般在 -10℃ ~ 0℃。但是该地区的纬度较低，因此具有充沛的光照资源，年年日照时数为 2000 ~ 2800 小时 / 年, 年总辐射量 90 ~ 150kcal/cm³ 人们在长期的生活中，适应性地建造了藏式"土库房"，这样阳光在清晨便可以照入室内，提高室内温度；一般到了午后，照射温度达到最高，其辐射强度大幅度增加，因此此时需要采用遮阳策略，防止紫外线灼伤。

无论是藏式"土库房"还是"土墙板屋"，都能够适应性地利用建筑遮阳，来调节室内的空间环境，其主要优点为：

①这两种建筑重视了建筑保温隔热.能够应对该地区冬季寒冷，夏季炎热，昼夜温差大的气候条件首先，采用厚土墙作围护结构，提高了建筑的热工性能。其次，厚土墙上的开窗面积较少，有效地减少了室内外的热量交换，减少了室内的热量散失此外，房间的进深较大，这样就可以减少表面积，并减少热量散失面积。

②建筑开窗要满足通风换气的功能，因此一般窗口与土墙相结合，做成凹窗的形式。一方面可以满足室内采光的要求，同时可以避免阳光中午直射入室内；另一方面，可以采用窗檐逐层挑出的形式，能够与太阳角相适应，达到室内采暖的目的。

③在土墙板房中，会在居室设置通透的走廊，遮阳就可以通过出檐构造达到夏季乘凉，冬季采光取暖的目的。

（2）西双版纳"竹楼"

西双版纳地区，冬季气候为较温和，平均温度高于10℃，夏季炎热漫长，平均温度在25℃以上，同时该地区也伴随着潮湿多雨的特点。因此在处理建筑与环境的关系时，很少考虑建筑保温的因素，而重视建筑隔热除湿性能。竹楼是该地区气候适应性的典型代表建筑，有屋顶坡度大的特点，这样具有如下优点：

①为了应对该地区湿热的气候特点，竹楼采用底部架空的方式，能够促进自然通风和防潮；同时，上层走廊和阳台也能够起到导风的作用

②屋顶的坡度特别大，能够应对该地区夏季降水多的特点，从而排出雨水；同时也可以起到建筑遮阳的作用。

③墙面采用拼合板，留有小缝，从而弥补了墙体不开洞的缺陷；通过这些小缝可以将阳光引入到室内，满足室内采光的要求；同时还能够避免室内温度过高。

④由于该地区的地形较为复杂，通过竹楼吊脚的形式可以适应当地地形，从而合理地利用了空间。

（3）合院式民居

云南地区的传统建筑众多，合院式建筑是该地区分布最为广泛的建筑形式，如表2-23所示合院式建筑在适应强烈的太阳辐射方面具有诸多优势：

①与其他庭院建筑相同，利用自身的形式形成自遮阳系统。一般地，建筑布局为坐西朝东，从而利用清晨阳光，提高庭院和室内温度；中午太阳辐射强度大，自身的墙体可以形成遮挡，保证院落处于阴影区，避开了太阳辐射热量。

②如果在庭园内种植植物，在进行绿化的同时，可以起到植物遮阳的作用。

由于庭院内的建筑通常为坡屋顶，建筑室内外通过走廊连接，因此可以形成自然通风系统，带走室内热量，降低室内和庭院温度庭院内的出檐能起到调节光线的作用。

5.遮阳设计适应性原则

（1）统筹兼顾建筑遮阳与建筑加热

温和地区具有纬度低，夏季炎热漫长，太阳光照较强，因此要注意夏季进行遮阳设计。但是总的来说，温和地区过热或极热的天气较少，温度较高的时段一般为夏季正午或者午后两点左右为了减少建筑室内的得热，降低室内温度，减少空调制冷设备的适用。在这几个时间段里，要通过遮阳设计阻挡过于强烈的太阳辐射此外，温和地区全年的温度较为舒适，适合人类居住；但是温和地区全年的太阳辐射较强，相对比于温度，给人体的不舒适感觉更为强烈，因此在建筑遮阳设计中，要着重分析建筑遮阳对太阳辐射的影响。温和地

区在冬季气温较低，受到其丰富太阳辐射作用的影响，建筑室外温度可以达到15℃，因此，可以利用太阳辐射带来的热量，调节建筑室内外温度，从而达到居民舒适度的要求。

（2）统筹经济水平，以低技术遮阳为主，高科技节能手段为辅

我国的温和地区的经济发展水平略低于全国平均水平，因此在推广过程中，不但要兼顾气候、自然条件和地理特征，而且要考虑经济发展因素。从人们的遮阳意识和遮阳技术水平来看，云南地区的遮阳技术水平和制造业水平都比较落后；同时由于遮阳行业各参与方的信息不平衡，导致建筑遮阳产品，尤其是高科技遮阳产品的推广度较小。因此，在温和地区推广低技术水平的遮阳产品，需要从低技术水平的产品人首先，低技术水平的遮阳措施，能够借鉴和发扬当地的传统技术特点和人们生活习惯，从而来保证建筑防热和降温的目的。这种方法既统筹发展了我国节能、自然和经济，实现了我国的地域性和文化传统性，又实现了人、建筑、自然的和谐统一。随着经济的发展以及人们节能意识的提高，高性能的节能产品也会受到重视。其中高技术水平遮阳手段指的是依靠现代高性能产品，例如数控技术、太阳能转换技术，调节和控制自然环境，使其满足人们的遮阳要求在经济、气候、环境条件允许的情况下，建筑师有意识地采用高技术水平的遮阳措施，对于引导和促进该地区遮阳行业健康有序的发展。

（3）统筹兼顾地域传统文化与现代节能技术

我国的温和地区是少数民族的聚居区，具有较为悠久的历史，继承和发扬了丰富的民族特色和传统文化。因此该地区的地域性传统文化需要在建筑节能技术构造中加以保护。首先，遮阳产品能够适应我国建筑偏好，如选材、形制和色彩，尊重和继承传统建筑特色。随着现代建筑技术的发展，在对现代建筑材料和技术的适用过程中，会对人们的传统建筑审美情趣和传统文化特色造成冲击，因此，统筹兼顾传统建筑文化和现代节能技术对一个地区的建筑行业发展具有重要的意义总之，对于温和地区建筑遮阳设计，既要创新，又要发扬传统文化特色，推崇本土建筑特色发展。

# 第三节　新时期绿色建筑经济发展规模

近年来我国绿色建筑发展迅猛，在国家政策大力推动下，绿色建筑迎来了规模化发展阶段。截至2015年6月30日，全国已评出3194项绿色建筑评价标识项目，总建筑面积达到3.59亿m²，其中设计标识项目3009项，占总数的94.2%，建筑面积为3.37亿m²；运行标识项目185项，占总数的5.8%，建筑面积为0.22亿万m²。

截至2015年6月底，各星级的组成比例为，一星级1293项，占40.5%，面积1.60亿m²；二星级1308项，占41.0%，面积1.48亿m²；三星级593项，占18.6%，面积0.52万m²。一星级和二星级的比例相当，三星级的比例最少，这主要是跟星级的成本有关，

绿色建筑的星级越高，成本也越高。

绿色建筑各种类型的组成比例为：居住建筑 1569 项，占 49.1%，面积 2.31 亿 m²；公共建筑 1602 项，占 50.2%，面积 1.23 亿 m²；工业建筑 23 项，占 0.7%，面积 480.3 万 m²。

另外，公共建筑和居住建筑中，一星级和二星级的比例旗鼓相当，但就三星级而言，公共建筑的比例相对较高，主要是很多总部办公建筑、展馆建筑、示范工程都是公共建筑，这些项目往往因为其定位高端、示范效应而申请三星级。

从全国范围看，目前江苏、广东、山东、上海、浙江、湖北、天津、河北、陕西、北京十个沿海地区的绿色建筑数量均超过 100 个，遥遥领先，这些省市的绿色建筑数量占总数的 31.3%；标识项目数量在 30 ~ 100 个的地区占 37.5%；标识项目数量在 10 ~ 30 个的地区占 28.1%；标识项目数量不足 10 个的地区只有一个澳门，占 3.1%。

我国绿色建筑地域分布的不均衡主要是跟当地的经济发展水平、气候条件等因素有关，经济发展条件好的省市如江苏、广东、上海、山东、北京等省地绿色建筑标识项目数量和项目面积也相对较多，反之则较少。

总体而言，2008 年以来，我国的绿色建筑发展迅速，数量和面积上均取得了可喜的成绩，但相对我国近 500 亿 m² 的总建筑面积而言，绿色建筑的比例不到 1%，而且我国的绿色建筑推进过程中还存在各种各样的问题，因此，我国的绿色建筑发展之路仍任重而道远。

# 第三章　新时期绿色建筑经济成本和效益研究

　　绿色建筑可能需要投入额外成本，但也会带来效益，成本和收益的差就是经济利益。然而，在绿色建筑发展过程中，不同阶段、不同建筑类型的绿色建筑经济利益是有差异的。通过调研中国已获得绿色建筑评价标识的项目应用绿色建筑技术的情况，研究分析绿色建筑技术的经济成本效益，给出中国绿色建筑技术经济性较为全面的评价和分析，提出基于经济分析的中国绿色建筑发展政策建议，从而促进政府和社会对绿色建筑的全面认识和理解，进一步推进中国绿色建筑的发展。在推动我国低碳生态城市发展模式的进程中，绿色建筑是最重要的政策手段之一。从最基本的区域气候条件来看，不同气候区域内的绿色建筑项目数目可能会随自然资源、气候特点、采暖空调要求等条件而不同。不过除了自然气候要素外，市场经济活动也是主要决定绿色建筑建设集聚的因素。我国目前绿色建筑项目在不同城市的分布位置有集聚的趋向，而这趋向是由经济市场因素的差异驱动的。申请绿色建筑标识是建设单位/开发商的自愿行为，但这类自愿行为的最后依托还是市场经济的供求原则。从城市经济角度来看，开发商发展绿色建筑需要额外成本投入，也会带来一定的收益，成本效益的差就是净利益（开发建设绿色建筑对经济主体产生的"回报"）。回报可以是直接（有形）经济回报（绿色建筑在市场上有一定的市场吸引力，开发商获得合理投资绿色建筑项目的财务回报），也可以是间接（无形）经济回报（绿色建筑开发商建立品牌，加强了产品的市场形象，产品价值全面提升）。

## 第一节　绿色建筑经济成本

　　这里对住房和城乡建设部科技发展促进中心绿色建筑评价标识管理办公室评价项目中的 55 个绿色建筑项目做分析。这 55 个项目的类型如表 3-1 所示。表 3-2 和表 3-3 列出 55 个项目的城市位置，由于要对资料保密，项目的具体名称和详细资料不在本报告公开。其中包括 30 个住宅项目和 25 个公建项目，涵盖一、二、三星绿色建筑评价等标识。住宅项目分别位于 18 个城市，而公建项目分别位于 19 个城市。

表 3-1　分析的 55 个绿色建筑项目

| 建筑类型 | 分析项目数目 | |
|---|---|---|
| 住宅建筑（30） | 一星 | 8 |
| | 二星 | 6 |
| | 三星 | 16 |
| 公共建筑（25） | 一星 | 10 |
| | 二星 | 9 |
| | 三星 | 6 |
| 合计 | | 55 |

表 3-2　30 个绿色建筑住宅项目位置

| 现序号 | 星级 | 项目类型 | 标识类别 | 所在地区 | 现序号 | 星级 | 项目类型 | 标识类别 | 所在地区 |
|---|---|---|---|---|---|---|---|---|---|
| 1 | ★★★ | 住宅建筑 | 设计标识 | 天津 | 16 | ★★★ | 住宅建筑 | 设计标识 | 深圳 |
| 2 | ★★★ | 住宅建筑 | 设计标识 | 天津 | 17 | ★★ | 住宅建筑 | 设计标识 | 北京 |
| 3 | ★★★ | 住宅建筑 | 设计标识 | 天津 | 18 | ★★ | 住宅建筑 | 设计标识 | 苏州 |
| 4 | ★★★ | 住宅建筑 | 设计标识 | 北京 | 19 | ★★ | 住宅建筑 | 设计标识 | 天津 |
| 5 | ★★★ | 住宅建筑 | 设计标识 | 武汉 | 20 | ★★ | 住宅建筑 | 设计标识 | 北京 |
| 6 | ★★★ | 住宅建筑 | 设计标识 | 厦门 | 21 | ★★ | 住宅建筑 | 设计标识 | 南京 |
| 7 | ★★★ | 住宅建筑 | 设计标识 | 天津 | 22 | ★★ | 住宅建筑 | 设计标识 | 北京 |
| 8 | ★★★ | 住宅建筑 | 设计标识 | 北京 | 23 | ★ | 住宅建筑 | 设计标识 | 上海 |
| 9 | ★★★ | 住宅建筑 | 设计标识 | 珠海 | 24 | ★ | 住宅建筑 | 设计标识 | 杭州 |
| 10 | ★★★ | 住宅建筑 | 设计标识 | 昆明 | 25 | ★ | 住宅建筑 | 设计标识 | 广州 |
| 11 | ★★★ | 住宅建筑 | 设计标识 | 苏州 | 26 | ★ | 住宅建筑 | 设计标识 | 成都 |

| 现序号 | 星级 | 项目类型 | 标识类别 | 所在地区 | 现序号 | 星级 | 项目类型 | 标识类别 | 所在地区 |
|---|---|---|---|---|---|---|---|---|---|
| 12 | ★★★ | 住宅建筑 | 设计标识 | 深圳 | 27 | ★ | 住宅建筑 | 设计标识 | 无锡 |
| 13 | ★★★ | 住宅建筑 | 设计标识 | 济南 | 28 | ★ | 住宅建筑 | 设计标识 | 武汉 |
| 14 | ★★★ | 住宅建筑 | 设计标识 | 秦皇岛 | 29 | ★ | 住宅建筑 | 设计标识 | 西安 |
| 15 | ★★★ | 住宅建筑 | 设计标识 | 哈尔滨 | 30 | ★ | 住宅建筑 | 设计标识 | 大连 |

表 3-3 25 个绿色建筑公建项目位置

| 现序号 | 星级 | 项目类型 | 标识类别 | 所在地区 | 现序号 | 星级 | 项目类型 | 标识类别 | 所在地区 |
|---|---|---|---|---|---|---|---|---|---|
| 1 | ★★★ | 公共建筑 | 设计标识 | 北京 | 14 | ★★ | 公共建筑 | 设计标识 | 攀枝花 |
| 2 | ★★★ | 公共建筑 | 设计标识 | 北京 | 15 | ★★ | 公共建筑 | 设计标识 | 天津 |
| 3 | ★★★ | 公共建筑 | 设计标识 | 佛山 | 16 | ★ | 公共建筑 | 设计标识 | 苏州 |
| 4 | ★★★ | 公共建筑 | 设计标识 | 上海 | 17 | ★ | 公共建筑 | 设计标识 | 唐山 |
| 5 | ★★★ | 公共建筑 | 设计标识 | 昆山 | 18 | ★ | 公共建筑 | 设计标识 | 常州 |
| 6 | ★★★ | 公共建筑 | 设计标识 | 上海 | 19 | ★ | 公共建筑 | 设计标识 | 鄂尔多斯 |
| 7 | ★★ | 公共建筑 | 设计标识 | 上海 | 20 | ★ | 公共建筑 | 设计标识 | 合肥 |
| 8 | ★★ | 公共建筑 | 设计标识 | 上海 | 21 | ★ | 公共建筑 | 设计标识 | 廊坊 |
| 9 | ★★ | 公共建筑 | 设计标识 | 广州 | 22 | ★ | 公共建筑 | 设计标识 | 南昌 |
| 10 | ★★ | 公共建筑 | 设计标识 | 成都 | 23 | ★ | 公共建筑 | 设计标识 | 沈阳 |
| 11 | ★★ | 公共建筑 | 设计标识 | 佛山 | 24 | ★ | 公共建筑 | 设计标识 | 镇江 |

续　表

| 现序号 | 星级 | 项目类型 | 标识类别 | 所在地区 | 现序号 | 星级 | 项目类型 | 标识类别 | 所在地区 |
|---|---|---|---|---|---|---|---|---|---|
| 12 | ★★ | 公共建筑 | 设计标识 | 广州 | 25 | ★ | 公共建筑 | 设计标识 | 泰州 |
| 13 | ★★ | 公共建筑 | 设计标识 | 杭州 | | | | | |

## 一、绿色建筑的成本效益问题

近年来，研究绿色建筑在市场上的成本逐渐受到关注。随着各地区和城市近年推动建筑节能减排及建立相关的绿色建筑标识制度，绿色建筑在设计和建造过程中要额外投入的成本多少及带来的效益成为受关注的问题。虽然近年来我国绿色建筑事业得以迅速发展，绿色建筑相关的管理制度、技术体系、评价体系得以不断完善，并且，绿色建筑宣传和推广力度逐渐加大，但从现实情况来看，目前对于绿色建筑的经济成本效益问题有系统的研究比较缺乏，市场上对绿色建筑的具体成本和经济效益概念流于笼统，有关方面的分析研究仍有待深入和展开。本章通过对绿色建筑项目的技术成本调研分析，把目前绿色建筑成本做出解读，使市场对于绿色建筑的经济概念有更加全面和确切的认识。

## 二、我国对绿色建筑的成本效益研究

我国在研究绿色建筑成本和效益方面的展开，主要是由于近年在国家大力推动建筑节能减排政策下，带动了对这一问题的关注。早期对绿色建筑的经济问题关注的研究包括张丽于 2007 年发表的有关中国终端能耗与建筑节能分析，及武涌和刘长滨对中国建筑节能经济激励政策的研究。二者对整个节能建筑和我国节能减排方面的情况与实施问题都有详细整理。他们注重的是对经济激励政策的体系研究和实证分析，但并不是具体落实到微观经济学上的成本利益比较。

我国有关绿色建筑增量成本的研究主流都以《绿色建筑评价标准》（GB/50378）要求为参考。李菊和孙大明提出绿色建筑的"增量成本"是"绿色建筑成本"与"基准建筑成本"间的差价。"基准建筑成本"为在满足国家或地区目前法定强制性节能要求的项目成本；而"绿色建筑成本"是指我国《绿色建筑评价标准》（GB/50378-2006）中各项要求的项目成本。在 2009 年《中国低碳生态城市发展战略》报告内，江亿等对近期建设的绿色建筑示范工程进行了调研，在成本收益中，按其中 17 个案例的分析得到的结果是：居住建筑的增量成本平均为 213 元 /m²，而公共建筑的增量成本平均值为 516 元 /m²。研究成果也指出地域性是重要考虑因素：绿色技术的应用成本影响有地域分别，经济发展程度不同的城市会有不同的增量成本。孙大明等人对 2006 年到 2008 年由中国建筑科学院研究院上海分院参与绿色咨询的 18 个项目做出调研并给出比较全面的报告，研究分析不同技术在不同类型建筑的成本。有关的项目按《绿色建筑评价标准》的星级目标分类，一星级项目有 3 个，二星级项目有 9 个，三星级项目有 6 个；其中公共建筑 9 个，居住建筑 9 个。根据此调查的项目和统计信息，在《绿色建筑评价标准》的一星级建筑成本平均增量在 100 元 $/m^2$ 内，二星级为 207 元 $/m^2$，三星级为 360 元 $/m^2$。

在理论与方法层面上，张元华对生态节能住宅设计的技术经济分析研究指出建筑技术经济分析是实现生态节能住宅的重要保障，对绿色建筑的经济理论进行基本分析，通过以经济外部性的理论去考虑如何引入政府政策去推动市场对绿色建筑的供应，最后以案例分析说明生态节能建筑不一定是高成本、高技术产品。文艺植指出，目前我国对绿色建筑的经济评价指标不完善，未能从绿色建筑不同成本支付和利益接受主体去分析，因此未能有效实现对社会整体资源的再有效分配。叶祖达从碳排放与产权经济理论全面解释绿色建筑的经济效率问题，提供了有关方面经济激励政策制定的理论基础。

叶祖达和梁俊强等根据不同项目的增量成本比较，初步指出绿色建筑在市场上的成本对价值的影响并不大。他们根据 9 个项目的增量成本比较，显示平均的增量成本为 126.1 元 / 平方米，一般来说，公建的绿色建筑增量成本比住宅绿色建筑增量成本要高。一星住宅项目的增量成本基本上接近于零，这数据说明了目前我国绿色建筑一星住宅标准要求并没有带来明显的建造成本影响，因此可以考虑进一步把一星绿色建筑定为法定设计要求。他们建议在国内不同城市获得绿色建筑评价标识项目的调查基础上，建立我国绿色建筑成本效益数据库，分析不同地区应用的不同绿色建筑技术的经济成本效益，使社会对绿色建筑的经济效益有更加全面的认识。

通过近年的研究可以看出，建立绿色建筑的成本效益分析理论和方法有高度必要性，绿色建筑的成本和效益分析是推动建筑节能减排的重要数据，它可以反映绿色建筑无论在政策或者在项目投资层面的效率性，提供给市场重要的经济信息。我们需要在对目前国内不同城市获得绿色建筑评价标识项目的调查基础上，建立我国绿色建筑成本效益数据库，分析不同地区应用的不同绿色建筑技术的经济成本效益。通过研究，把绿色建筑成本效益数据信息阳光化，使社会和市场对于绿色建筑的经济效益有更加全面和确切的认识，激发市场对绿色建筑的成本效益认知，提高效率，才可以快速规模化地推动绿色建筑。

## 三、绿色建筑：增量成本与增量效益

首先要解释绿色建筑"增量成本"的定义。绿色建筑的"增量成本"是为了达到某一水平的绿色建筑标准而可能要在"基准成本"情况下额外增加的成本投入。不同经济主体对"基准"的水平和定义有不一样的理解。但就整个市场来说，建筑的"基准成本"会受不同经济主体的房地产产品商业定位和建造产品水准要求而有异（例如：常规写字楼建筑成本会按市场定位有差异，甲级与乙级的常规造价不同）。一般来说建筑的"基准成本"

可以定义为：在特定市场定位下的建筑要满足当前法定要求（法规、政策、规范）的建筑设计、建造及管理水平的成本。"增量成本"又可以再分类为增量建造成本、增量设计咨询成本及增量维修管理成本。由于相对建筑项目整体的成本投入来说，设计咨询成本占的比例比较少，同时不同设计单位的咨询收费水平差异很大，本研究不包括这一部分。对于维修管理成本，根据市场分析，这一部分的成本和常规成本不会有很大差异，可以假设增量部分不明显。因此，本研究集中分析绿色建筑的建造成本。

绿色建筑亦同时会带来增量效益，而增量效益亦可以经济价值来衡量比较。绿色建筑的增量效益可以包括以下的效应：（1）比常规建筑在运营生命周期中节省的能源费用；（2）业主及开发商可能得到政府在支持绿色建筑的财政激励（如税收减免、财政补贴等）；（3）企业员工在绿色建筑内工作生产力的提升；（4）企业通过使用绿色建筑而建立的企业形象和品牌价值；（5）绿色建筑对宏观经济带来的效益。

在以上的增量效益中，最受到注意的是在能源节省而带来的经济效益，又即企业由于使用绿色建筑而可以节省的能源费用，这是由于节省的能源费用在建筑物生命周期整体带来的效益是明显的。这里也对绿色建筑对宏观经济带来的效益做初步分析。由于目前我国对员工的生产力提升及企业品牌的经济效益研究则十分缺乏，而政府在支持绿色建筑提供的财政激励会按不同年度调整。

## 四、我国绿色建筑成本效益：研究路线

对绿色建筑成本效益的整体研究技术路线包括三部分：

（1）对已获得绿色建筑评价标识的项目，收集分析绿色建筑项目应用设计数据和技术效果及相关资源能源节约目标/效应；

（2）按应用技术对建造/设备成本进行当地市场调研和询价，对常规和绿色建造成本估价，测算增量成本和带来的效益；

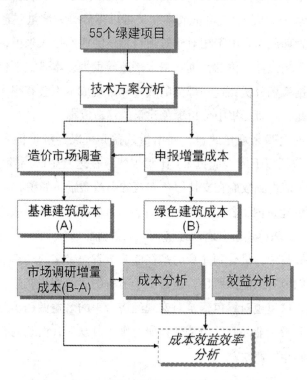

图 3-1　绿色建筑技术经济成本效益分析方法框架

（3）对收集与调研得到的成本效益数据进行全面的经济效率分析。绿色建筑技术成本效益分析研究内容包括绿色建筑项目的成本和效益问题。

图 3-1 展示了研究流程中的主要工作阶段：首先分析每个申报项目的设计应用技术方案，有关的技术方案都包含在绿色建筑六个主要指标：节地与室外环境、节能与能源利用、节水与水资源利用、节材与材料资源利用、室内环境质量、运营管理范围内。然后对方案的绿色技术进行三步分析：

（1）根据每个项目的技术方案，通过与 2012 年 3 月到 8 月的市场调研询价，直接获取该技术方案的市场建造成本，并由工程造价专业人员审核；

（2）按"增量成本"的基本概念，计算应用的技术所需的总成本与基准建筑成本之间的差值（增量成本＝绿色建筑成本－基准建筑成本）；

（3）按不同项目的应用技术，核算每个项目的效益（主要包括节电和节水两部分）。

## 五、绿色建筑目的成本分析

### （一）市场调研成本与申报成本比较

申报《绿色建筑评价标准》（GB/T 50378-2006）的项目需要在申报资料中提交项目的成本数据。然而由于提交的成本数据通常只是总单位面积平均成本（元／平方米建筑面积），由于目前申报资料没有要求申报单位提供详细的分解成本数据，或提供统一标准的成本数据计算方法，建设单位在申报时可能对"增量成本"概念有不同理解和演绎。

表 3-1 列出 55 个项目的平均市场调研成本与平均申报成本，按不同星级和建筑类别做比较（市场调研成本会在本章下面再详细解读）。申报成本数据与调研数据都会有个别极端数据，研究小组在分析平均值时是按历史经验值（上面文献其他专家调研成果参考）为依据，把极端数据排除，保证平均值的合理代表性。从表中可以看到平均申报成本一般都比通过市场询价的成本高，尤其是一星和二星住宅项目的差异比较大（市场调研成本只约为申报成本的 29% 和 57%），而二星与三星公建项目的差距比较小（市场调研成本分别约为申报成本的 80% 和基本一致的 100%）。本研究的成本价格是根据市场调研得到的，调研方法与一般工程采购相一致：研究小组通过市场调研，按照技术方案确定的设备和施工要求，在当地市场进行不少于 3 家供应商的询价，再取平均价作为技术方案成本数据。然后再取"基准成本"与"绿色成本"两者的差为"增量成本"，确保使用增量成本概念的客观性。研究小组通过对个别建设单位的访谈和调研，总结出申报成本和调研成本出现差异的可能原因可以包括几方面：

（1）建设单位对于增量成本的概念不统一，在调研期间与部分开发商的访谈中了解到有部分建设单位人员把"增量成本"解析为绿色建筑技术应用的总成本；

（2）建设单位内部不同部门（设计部、成本控制部、市场部）对增量成本理解有差异，缺乏统一的增量成本概念；

（3）部分项目的成本较高，是由于使用特选的进口设备，并非按一般市场的常规采购行为，根据技术要求先作价格比较；

（4）部分项目的成本较低，是由于项目作为示范作用，设备由供应商特别提供，希望达到宣传目的。

这分析明确说明了目前很多绿色建筑项目的建设单位与设计单位对"增量成本"的计算可能有不同理解和演绎，缺乏统一测算方法与准则，使市场信息不完整，市场上项目之间的成本数据不具备可比性，成为绿色建筑成本信息阳光化与科学化的障碍。

**表 3-4　市场调研成本与申报成本比较**

| 建筑类型 | 评价等级 | 市场调研的平均增量成本（按项目平均）（元／平方米） | 申报的平均增量成本（按项目平均）（元／平方米） |
|---|---|---|---|
| 住宅项目 | 一星 | 15.98 | 54.23 |
| | 二星 | 35.18 | 60.85 |
| | 三星 | 67.98 | 120.82 |

| 建筑类型 | 评价等级 | 市场调研的平均增量成本（按项目平均）（元／平方米） | 申报的平均增量成本（按项目平均）（元／平方米） |
|---|---|---|---|
| 公建项目 | 一星 | 28.82 | 64.9 |
| | 二星 | 136.42 | 165.71 |
| | 三星 | 163.23 | 159.97 |

## （二）住宅绿色建筑项目的成本分析

研究工作首先按项目资料和市场数据，推算每个项目的单位面积增量成本，总结出30个住宅项目的增量成本有一定的差异幅度的结论。成本分析可以从三个不同角度来看：

1. 按评价等级划分的增量成本

把这30个项目按星级和增量成本排列比较。按评价等级分类的平均增量成本为：

一星：0.43 ～ 168.9 元／平方米（平均 15.98 元／平方米）

二星：20.24 ～ 58.9 元／平方米（平均 35.18 元／平方米）

三星：11.01 ～ 157.41 元／平方米（平均 67.98 元／平方米）

值得留意的是一星级的住宅绿色建筑，该级别项目的单位面积增量成本可以接近零，但在所研究的一星级项目中，有4个项目的增量比较高（达到100元／平方米以上），个别比其他二、三星级住宅项目的增量成本还要高，因此本研究对这些项目的成本结构做深入了解。

对这4个项目的成本结构分析表明其成本比较高是由于技术选择（例如采用水冷风冷机组、成本比较高的外墙和玻璃保温建材）所致。主要原因可以归纳如下（本报告不公布具体项目名称）：

• 某项目采用高效能的水冷机组，该技术不普遍应用，增量成本较高，为 84.05 元 /$m^2$；

• 某项目采用了风冷机组，该技术不普遍应用，成本较高，为 133.75 元 /$m^2$；

• 某项目采用了中空玻璃（4 ＋ 9A ＋ 4 ＋ 9A ＋ 4），该门窗材料的成本较高，为 114.28 元 /$m^2$；

• 某项目的外墙保温的增量成本加上门窗的增量成本超过 83 元 /$m^2$，两者占总成本的比例较大。

从分析这4个成本比较高的一星级住宅项目可以知道：虽然项目的设计目标只是要达到一星级水平，设计单位与建设单位对技术的具体选择不一定有高经济效率性，反映了目前市场对技术应用的成本影响没有足够的科学数据参考。

为了使分析能比较客观和接近实际，在总结平均成本值时，本研究不考虑这4个项目。一星级的住宅绿色建筑平均增量成本是 15.98 元／平方米。

根据对 30 个不同星级的住宅项目分析，要点归纳如下：

（1）总的来说，星级越高，增量成本水平越高，从一星到三星级别的项目增量成本幅度从 0.43 元 / 平方米到 157.41 元 / 平方米。这幅度比早年的调研成本幅度下降明显。增量成本幅度的下降说明了绿色建筑在过去几年发展快速，从设计水平、市场供应、施工技术、成本控制等方面都有日渐成熟的趋势。

（2）项目的增量成本各有变化幅度，显示并不是高评价等级一定有高增量成本，例如三星级住宅项目的增量成本可以减低到 11.01 元 / 平方米，比部分二星项目的增量成本可以还低。这现象反映了一个重要的原因：绿色建筑的增量成本由项目的设计技术路线及整体设计要求而定，不同的设计路线存在增量成本的差异，要同样达到某水平星级的评价，可以通过不同增量成本水平的设计来达到。

（3）目前我国绿色建筑一星住宅标准要求并不一定带来明显的增量建造成本影响，同时，住宅绿色建筑的整体成本亦持续下降。这现象提供了一个更进一步提升我国建筑节能水平的条件，因此建议考虑：（a）进一步把一星住宅绿色建筑标准定为法定设计要求；（b）通过协助业界对技术和成本的认知与经验交流，提高绿色建筑评价标准的技术要求，特别是在应用个别建筑节能与可再生能源技术的成本考虑。

2. 按指标类的增量成本

表 3-2 把上面分析得到的住宅绿色建筑增量成本，再按 6 类评价指标类分解，把平均的增量成本分配到不同指标类上。然后，对各指标类型增量成本进行比较，了解增量成本的成本结构，再分析成本结构内哪些指标技术应用的成本占该项目总增量成本比例高于 50%，便可以得知在 6 类指标中哪些是成本的主要源头：

• 节能与能源利用（建筑节能技术和可再生能源利用技术）是带动增量成本的最主要原因；

• 节地与室外环境（室外铺装）在部分项目中的增量成本可以为负值；

• 部分项目的室内环境质量的增量成本可以比较高；

• 在节材与材料资源利用和运营管理方面，住宅绿色建筑项目没有产生明显的增量成本。

由于住宅项目采用的设计技术已是目前在市场上相对普遍的设计标准 / 要求，虽然它们满足了绿色建筑指标的要求（如采用预拌混凝土、使用智能化系统、设备管道的设置便于维修和更换等），但增量成本可以是零，或者是不明显的。

3. 按技术类别划分的增量成本

最主要的节能与能源利用技术增量成本源于"建筑节能"和"可再生能源利用"两方面。相对来说，节水和中水利用等其他技术对增量成本的贡献力度不大。室外铺装的增量成本在有些项目中是负成本，主要是由于要满足室外雨水渗透要求，使用部分透水铺装材料比常规不透水铺装材料成本低。由此推论，建筑节能和可再生能源利用的技术应用（代表了绿色建筑的主要增量成本含量）是决定绿色建筑的市场经济效率的最重要因素。

如果再把"节能与能源利用"指标项分开，进一步分析建筑节能技术和可再生能源利用技术的增量成本，不同星级的住宅项目的单位面积成本幅度为：

（1）建筑节能技术：

一星：单位建筑面积增量成本为 0 ~ 158.90 元 / 平方米

二星：单位建筑面积增量成本从 0.93 ~ 57.65 元 / 平方米

三星：单位建筑面积增量成本从 11.01 ~ 135.25 元 / 平方米

（2）再生能源利用技术：

一星：单位建筑面积增量成本为 12 元 / 平方米

二星：单位建筑面积增量成本从 9.54 ~ 11.88 元 / 平方米

三星：单位建筑面积增量成本从 0 ~ 27.52 元 / 平方米

表 3-5　住宅建筑项目增量成本：指标技术类（元 / 平方米）

| 评价等级 | 项目 | 节地与室外环境 | 节能与能源利用 | 节水与水资源利用 | 节材与材料资源利用 | 室内环境质量 | 运营管理 | 合计 |
|---|---|---|---|---|---|---|---|---|
| ★ | 1 | （0.27） | 0.00 | 0.70 | 0.00 | — | 0.00 | 0.43 |
| ★ | 2 | — | 0.82 | 2.93 | — | | 0.00 | 3.75 |
| ★ | 3 | 0.00 | 4.94 | 3.14 | 0.00 | | 0.00 | 8.08 |
| ★ | 4 | 0.00 | 51.66 | 0.00 | — | | 0.00 | 51.66 |
| ★ | 5 | 0.00 | 94.06 | 3.71 | — | 4.45 | 0.00 | 102.22 |
| ★ | 6 | — | 115.01 | 11.99 | — | 0.00 | 0.00 | 127.00 |
| ★ | 7 | — | 138.84 | 3.25 | 0.00 | — | 0.00 | 142.09 |
| ★ | 8 | 0.00 | 158.90 | 10.00 | | 0.00 | 0.00 | 168.90 |
| ★★ | 9 | 1.75 | 18.49 | 0.00 | — | | 0.00 | 20.24 |
| ★★ | 10 | 0.00 | 31.88 | 0.47 | 0.00 | | 0.00 | 32.35 |
| ★★ | 11 | 3.42 | 22.27 | 0.00 | — | — | — | 25.69 |
| ★★ | 12 | — | 0.93 | 7.74 | — | 26.83 | 0.00 | 35.50 |
| ★★ | 13 | 0.00 | 30.52 | 7.89 | 0.00 | 0.00 | 0.00 | 38.41 |
| ★★ | 14 | 0.00 | 57.65 | 1.25 | 0.00 | 0.00 | 0.00 | 58.90 |
| ★★★ | 15 | 0.00 | 11.01 | 0.00 | 0.00 | — | 0.00 | 11.01 |
| ★★★ | 16 | 0.00 | 14.49 | 3 36 | 0.00 | — | 0.00 | 17.85 |
| ★★★ | 17 | 0.00 | 11.33 | 0.25 | 0.00 | 16.00 | 0.00 | 27.58 |
| ★★★ | 18 | — | 33.36 | 2.80 | — | — | 0.00 | 36.16 |
| ★★★ | 19 | — | 30.61 | 5.85 | 0.00 | — | 0.00 | 36.46 |

续 表

| 评价等级 | 项目 | 节地与室外环境 | 节能与能源利用 | 节水与水资源利用 | 节材与材料资源利用 | 室内环境质量 | 运营管理 | 合计 |
|---|---|---|---|---|---|---|---|---|
| ★★★ | 20 | 0.00 | 37.65 | 0.00 | 0.00 | — | 0.00 | 37.65 |
| ★★★ | 21 | 0.00 | 59.65 | 0.00 | 0.00 | — | 0.00 | 59.65 |
| ★★★ | 22 | — | 57.49 | 10.10 | — | — | 0.00 | 67.59 |
| ★★★ | 23 | — | 67.89 | 0.63 | — | — | 0.00 | 68.52 |
| ★★★ | 24 | 0.00 | 49.37 | 2.21 | — | 17.91 | 0.00 | 69.49 |
| ★★★ | 25 | 0.00 | 70.98 | 5.94 | 0.00 | 0.00 | 0.00 | 76.92 |
| ★★★ | 26 | 0.00 | 72.66 | 10.72 | 0.00 | — | 0.00 | 83.38 |
| ★★★ | 27 | 0.00 | 84.60 | 3.99 | 0.00 | — | 0.00 | 88.59 |
| ★★★ | 28 | (0.19) | 48.78 | 5.38 | 0.00 | 44.03 | 0.00 | 98.00 |
| ★★★ | 29 | — | 135.25 | 16.22 | 0.00 | — | 0.00 | 151.47 |
| ★★★ | 30 | (3.28) | 69.93 | 4.44 | 0.00 | 86.32 | 0.00 | 157.41 |

注：

"0.00"表示应用的绿色技术没有引起增量成本；

"—"表示没有利用该项绿色技术；

"灰色框内容表示"该项技术的单位增量成本超过总单位增量成本的50%

上述分析进一步显示了一个重要的现象：建筑节能技术的成本分布基本上反映了星级越高，投入的成本相对越高的情况（上述有关一星级项目高成本问题已有解释）。这是由于市场上对建筑节能技术的供应和选择已比较成熟，建设单位对这方面的技术控制也开始上轨道，所以成本的幅度是合理地反映不同水平的节能设计要求。

但是，再生能源利用技术的增量成本幅度并没有完全反映星级高低的差异。这是由于在所研究的住宅项目中，并不是每个项目都投资再生能源技术应用，再生能源技术应用普遍性还不高（这情况在前面第3章，有关住宅项目指标选项分析部分已有解释），使得数据未能反映不同星级绿色建筑对不同再生能源使用比例所要求的成本。

### （三）公建绿色建筑项目的成本分析

25个公建绿色建筑项目的成本分析和上面住宅项目分析一样，可以从三个不同角度来看：①按评价等级划分的增量成本；②按指标类的增量成本；③按技术类别划分的增量成本。由于25个项目中有一个是学校项目，在详细分析阶段与其他公建项目没有可比性，故下面的分析是基于24个项目的数据。

1. 按评价等级划分的增量成本

本节按项目资料和市场数据，总结 24 个公建项目的增量成本情况。把这 24 个项目按星级和增量成本排列比较。按评价等级分类的平均增量成本为：

一星：5.72 ~ 58.93 元 / 平方米（平均 28.82 元 / 平方米）

二星：39.28 ~ 306.07 元 / 平方米（平均 136.42 元 / 平方米）

三星：5.06 ~ 264.52 元 / 平方米（平均 163.23 元 / 平方米）

要留意的是二星级的公建绿色建筑。这级别项目的单位面积增量成本可低至 39.28 元 / 平方米，但其中也有 2 个高成本（达到 300 元 / 平方米以上）的项目。根据对 24 个不同星级公建项目分析，要点可归纳如下：

（1）总的来说，公建项目和住宅项目一样，星级越高的绿色建筑，平均增量成本越高，从一星到三星级别的项目增量成本幅度由 5.72 元 / 平方米到 264.52 元 / 平方米不等。增量成本水平比以前同类调研成果低，反映公建绿色建筑成本也一直在下降。

（2）相对一星和三星项目来看，二星级公建绿色建筑的增量成本与变化幅度（最低和最高值差距）都比较高。这可能反映了建设单位对二星级公建绿色建筑的技术要求（相对一星级和三星级是中等要求）不完全有把握，市场信息不完全和设计方法可能相对不够成熟。

（3）项目的增量成本各有变化幅度，亦显示出并不是高评价等级一定有高增量成本。例如，有一个三星级公建项目的增量成本可以减低到 5.06 元 / 平方米，比一星和二星项目的增量成本还低。即便其他三星公建项目成本在 140 元 / 平方米以上到 264.52 元 / 平方米，这还比一部分的二星级项目的成本低。如前面讨论住宅项目时指出的情况相同：公建绿色建筑的增量成本由项目的设计技术路线及整体设计要求而定，虽然项目要达到同星级建筑的标识，但通过不同设计路线带来的增量成本有明显差异。

（4）一星级的公建绿色建筑增量成本基本上已下降到较低水平：最低可达 5.72 元 / 平方米，而整体都可以控制在 60 元 / 平方米之下。这说明目前我国公建绿色建筑一星标准要求的建造成本影响比较低。一星级公建绿色建筑的 28.82 元 / 平方米平均单位建筑面积增量成本，相对建筑整体的总造价是比较低的，市场应该可以接受，因此可以考虑：进一步把一星公建绿色建筑标准再提高，或者把现有标准定为法定设计要求。

2. 按指标类的增量成本

表 3-3 把公建绿色建筑的增量成本按评价指标类分解，把平均的增量成本分配到不同指标技术上，通过各指标技术类型增量成本的比较和分析，包括成本占总平均成本比例高于 50% 的个别项目，可以得出的结论与住宅项目相似：

• 节能与能源利用（建筑节能技术和可再生能源利用技术）是项目增量成本的最主要原因（在 24 个项目中，有 19 个项目的节能与能利用增量成本占了总增量成本的 50% 或以上）；

• 节地与室外环境（室外铺装）在部分项目中的增量成本可以为负值；

• 部分项目的节水与水资源利用、室内环境质量的增量成本可以比较高；

• 分析也指出在节材与材料资源利用和运营管理方面，项目没有产生增量成本。

在节材与材料资源利用方面，由于采用的设计技术已是目前市场上相对普遍的设计标准/要求，虽然它们同时满足了这两方面的绿色建筑指标要求（如采用预拌混凝土、使用可循环再用的材料、设备管道的设置便于维修和更换等），但增量成本可以是零，或者是不明显的。

公建项目最主要的增量成本源于"节能与能源利用"指标要求。相对来说，节水和中水利用等其他技术，对增量成本的贡献力度不大。室外铺装的增量成本在有些项目中是负成本，主要是由于要满足室外雨水渗透要求，使用部分透水铺装材料比常规不透水铺装材料成本低。在节能与能源利用指标中，可再生能源利用和建筑节能的技术应用（也代表了绿色建筑的主要经济成本含量）是决定绿色建筑的市场经济效率的最重要因素。

3. 按技术类别划分的增量成本

如果再把"节能与能源利用"指标项内的具体技术分解，进一步分析建筑节能技术和可再生能源利用技术的增量成本，不同星级的公建项目的单位面积成本幅度为：

建筑节能技术：

一星：单位建筑面积增量成本为 1.68 ～ 50.67 元/平方米

二星：单位建筑面积增量成本从 14.20 ～ 224.31 元/平方米 三星：单位建筑面积增量成本从 0 ～ 171 元/平方米 再生能源利用技术 一星:单位建筑面积增量成本为 1.55 ～ 16.58 元/平方米 二星：单位建筑面积增量成本从 1.46 ～ 34.38 元/平方米

三星：单位建筑面积增量成本从 0 ～ 108.41 元/平方米 公建绿色建筑的"建筑节能"技术增量成本调研数据显示了一个现象:建筑节能技术的成本分布不完全反映星级的高低，而二星级的公建项目投入在建筑节能的增量成本（14.20 ～ 224.31 元/平方米）都明显比一星级与二星级项目要高。这可能反映了目前建设单位对二星级公建绿色建筑的建筑节能技术选择和成本控制没有一定准则。

公建绿色建筑的"再生能源利用"技术的增量成本幅度一般偏低，这是由于在研究的公建项目中，并不是每个项目都投资再生能源技术应用，再生能源技术应用普遍性还不高（这情况在前面第三章已有解释，如 24 个公建项目中有 19 个项目未利用可再生能源），相关技术需要进一步大力推广。

表 3-6　公建建筑项目增量成本：指标技术类（元/平方米）

| 评价等级 | 项目 | 节地与室外环境 | 节能与能源利用 | 节水与水资源利用 | 节材与材料资源利用 | 室内环境质量 | 运营管理 | 合计 |
|---|---|---|---|---|---|---|---|---|
| ★ | 1 | — | 3.32 | 2.37 | 0.00 | 0.06 | 0.06 | 5.72 |
| ★ | 2 | — | 8.31 | 2.18 | — | 0.00 | 0.00 | 10.49 |

续　表

| 评价等级 | 项目 | 节地与室外环境 | 节能与能源利用 | 节水与水资源利用 | 节材与材料资源利用 | 室内环境质量 | 运营管理 | 合计 |
|---|---|---|---|---|---|---|---|---|
| ★ | 3 | — | 10.20 | 4.76 | | | | 14.96 |
| ★ | 4 | — | 14.71 | 7.15 | — | — | 0.00 | 21.86 |
| ★ | 5 | — | 19.49 | 4.25 | 0.00 | 0.00 | 0.31 | 24.05 |
| ★ | 6 | — | 19.56 | 4.66 | | | | 24.22 |
| ★ | 7 | — | 31.20 | 10.17 | 0.00 | 0.00 | 0.04 | 41.41 |
| ★ | 8 | — | 39.13 | 18.58 | — | — | 0.00 | 57.71 |
| ★ | 9 | 0.00 | 58.12 | 0.00 | 0.00 | 0.81 | 0.00 | 58.93 |
| ★★ | 10 | 0.00 | 35.92 | 0.00 | 0.00 | 0.08 | 3.28 | 39.28 |
| ★★ | 11 | 0.00 | 14.20 | 51.20 | 0.00 | 4.08 | 0.00 | 69.48 |
| ★★ | 12 | — | 18.83 | 4.59 | 0.00 | 53.42 | 0.00 | 76.84 |
| ★★ | 13 | — | 80.25 | 12.08 | 0.00 | 1.85 | 0.00 | 94.18 |
| ★★ | 14 | 0.00 | 41.82 | 2.88 | 0.00 | 53.59 | 0.00 | 98.69 |
| ★★ | 15 | — | 59.69 | 20.83 | 0.00 | 31.25 | 1.74 | 113.51 |
| ★★ | 16 | 0.00 | 87.63 | 35.97 | — | 4.26 | 0.00 | 127.86 |
| ★★ | 17 | — | 212.98 | 88.30 | 0.00 | 0.57 | 0.00 | 301.85 |
| ★★ | 18 | 0.00 | 246.22 | 10.42 | — | 49.43 | 0.00 | 306.07 |
| ★★★ | 19 | （3.37） | 1.35 | 10.00 | 0.00 | 7.08 | 0.00 | 15.06 |
| ★★★ | 20 | — | 136.11 | 4.40 | 0.00 | 3.73 | 0.00 | 144.24 |
| ★★★ | 21 | — | 44.94 | 36.09 | 0.00 | 63.47 | 0.00 | 144.50 |
| ★★★ | 22 | — | 162.05 | 24.81 | — | 0.12 | 0.00 | 186.98 |
| ★★★ | 23 | — | 171.00 | 18.61 | 0.00 | 44.48 | 0.00 | 234.09 |
| ★★★ | 24 | （0.63） | 216.20 | 39.52 | 0.00 | 9.43 | 0.00 | 264.52 |

注：

"0.00"表示应用的绿色技术没有引起增量成本；

"—"表示没有利用该项绿色技术；

"灰色框内容表示"该项技术的单位增量成本超过总单位增量成本的50%

这里解释绿色建筑"增量成本"的定义，指出绿色建筑的"增量成本"是为了达到某一水平的绿色建筑标准，可能要在"基准成本"情况下额外增加的成本投入。通过对项目作详细成本分析（其中包括30个住宅项目和24个公建项目，涵盖一、二、三星绿色建筑评价等标识），解释目前住宅与公建绿色建筑目的增量成本情况。总结分析要点如下：

（1）总的来说，星级级别越高，增量成本水平相对越高，但个别项目的增量成本各有变化幅度，显示并不是高评价等级一定有高增量成本。

（2）一星级的住宅和公建绿色建筑增量成本基本上已下降到较低水平或接近零。这说明目前我国绿色建筑一星标准要求的建造成本影响比较低，可以考虑全面强制要求为新建建筑标准。

（3）绿色建筑的增量成本由项目的设计技术路线及整体设计要求而定，而不同设计路线存在增量成本的差异，要同样达到某水平星级的评价，可以通过不同增量成本水平的设计来达到。不少项目可以通过设计方向、评估指标选择、技术应用组合等手段，以较低的增量成本达到较高的绿色建筑星级。

（4）从技术角度来看，在6类指标要求中，绿色建筑项目最主要的增量成本源于要满足"节能与能源利用"的指标要求。在这些指标类中，目前又以建筑节能技术为决定成本的最主要原因。

（5）建筑节能技术的成本幅度反映了不同星级的建筑节能效率水平要求，成本分析说明，建筑节能已是十分普遍的绿色建筑技术，反映了市场在技术、产品供应、设计知识的日趋成熟现象。

（6）但"节能与能源利用"指标中的可再生能源利用技术的增量成本幅度一般偏低。这是由于在所研究的项目中，并不是每个项目都投资可再生能源技术应用，同时，大部分项目只应用成本明显低的技术（如太阳能热水），技术选择比较窄。可再生能源技术应用普遍性还不高，是未来绿色建筑发展的主要挑战。

（7）节水和中水利用等其他技术对增量成本的贡献力度不大。室外铺装的增量成本在有些项目中是负成本，主要是由于要满足室外雨水渗透要求，使用部分透水铺装材料比常规不透水铺装材料成本低。

（8）最后可以看到，目前整体绿色建筑增量成本幅度比早年调研的成本幅度下降明显。这说明了绿色建筑在过去几年发展快速，从设计知识水平、市场供应、技术选择、成本控制等方面都有日渐成熟的趋势。

# 第二节　绿色建筑经济效益

上一节讨论了有关成本的研究成果，本节讨论效益的研究部分。同样，实证研究工作面向55个绿色建筑项目（表3-1），涵盖一、二、三星绿色建筑评价等标识。本章的讨论又可以分为两部分：绿色建筑带来的"效益"（包括节能、节水和减低碳排放量）和绿色建筑的经济"效率"（投入的单位增量成本产生的效益值）。绿色建筑效益研究的讨论范围包括以下 4 部分：（1）效益分析数据来源；（2）住宅 / 公建项目效益分析；（3）绿建项目的成本效率分析；（4）技术措施的成本效率分析有关绿色建筑的效益分析是根据绿色建筑项目申报单位提供的技术数据，对每个项目在节能、节水和减低二氧化碳排放三方面做出测算。有关的基本数据源自项目的能耗模拟信息 / 技术评估报告与节水评估资料。由于并非 55 个项目都提交完整的技术评估信息和数据，最后分析的项目数目少于 55 个。在 30 个住宅项目中，19 个项目包含有能耗模拟信息，30 个项目包含有节水信息。在 25 个公建项目中，16 个项目包含有能耗模拟信息，24 个项目包含有节水信息。

# 一、绿色住宅项目效益分析

## （一）节能效益分析

计算每个住宅绿色建筑节能量，以"单位面积节能量"为评估依据。"单位面积节能量"包括三部分：（1）单位面积每年一次能源节省量（kgce/m² · a）；（2）单位面积每年节电量（kwh/m² · a）；以及（3）单位面积年节热量（kwh/m² · a）。

"单位面积一次能源节省量"部分是对处于寒冷或严寒地区项目，冬季采暖由市政热水供应（主要是燃煤或燃气锅炉供应），有关的节能量以一次能源计量（数据来源：根据申报材料中的"节能计算书"资料）。"单位面积节电量"是建筑用电设备的节省量（数据来源：根据申报材料中的"节能计算书"）。"单位面积节热量"是指太阳能热水的替代量（数据来源根据申报材料中的"可再生能源报告"，《平板型太阳能集热器》GB-T/6424-2007 和《真空管型太阳能集热器》GB-T/17581-2007 ）。为了把不同项目的总节能量做比较，研究工作把一次能源节省量转化为节电量单位（kwh/m² · a）。三个量值的总和是该绿色建筑每年的单位面积总节能量。

据调查，各住宅绿色建筑项目"单位面积年节能量"从每年每平方米 0.71 千瓦时（kWh）至 18.2 千瓦时（kWh）不等，随星级提高而提高，一星级项目平均节能量为 4.95kWh、二星级为 8.1 kWh、三星级为 13.56kWh。

如果再把绿色建筑节能率按国家住宅建筑节能设计标准核算，可以得到不同星级住宅绿色建筑相对的节能率如下（表 3-7）。节能率亦随星级提高而提高，一星级项目平均节能率为 54.7%、二星级为 57.4%、三星级为 61.8%。

从节能效益的分析来看，住宅绿色建筑可以带动建筑在目前强制性标准规范要求的 50% 节能率上再进一步提高。无论是一星、二星、三星级的绿色建筑都会达到比常规建筑节能设计标准更高的节能水平，基本上达到推动绿色建筑标识整体更节能的政策目标。

为了确保绿色建筑的节能水平，我们建议考虑在不同星级的绿色建筑标识评估要求里提出比较高的控制性建筑节能率要求。

表 3-7　不同星级住宅绿色建筑相对的节能率

| | 建筑节能率变化幅度 | 建筑平均节能率 |
|---|---|---|
| 一星 | 51.2% ~ 58.7% | 54.7% |
| 二星 | 52% ~ 63.7% | 57.4% |
| 三星 | 57.7% ~ 66.6% | 61.8% |

## （二）二氧化碳排放减量分析

计算每个住宅绿色建筑二氧化碳排放减量，以"单位面积的二氧化碳（$CO_2$）减排量"为评估依据。单位面积的二氧化碳减排量可以按节省一次能源量与节电量以排放系数折算而得。计算的基本概念为：

$$二氧化碳（CO_2）减排量＝节省一次能源减排量＋节电减排量$$

节省一次能源减排量可以按原煤碳排放系数折算，即 1kg 原煤排放 1.9003kg$CO_2$（来源：《省级温室气体清单编制指南》国家发改委气候司 2011/05），节电减排量根据项目所在地所属电网区域，按该电网的排放因子计算（来源：《2011 中国区域电网基准线排放因子》国家发改委气候司 2011/10/20）。根据每年单位面积的节能量值，推算出住宅项目的"单位面积年二氧化碳排放减量"（kg$CO_2$/m² · a）。据调查，各住宅绿色建筑项目"单位面积年二氧化碳排放减量"从每年每平方米 0.22 kg$CO_2$ 至 11.2 kg$CO_2$ 不等，随星级提高而提高，一星级项目平均单位面积每年每平方米二氧化碳排放减量为 3.2 kg$CO_2$、二星级为 4.6 kg$CO_2$、三星级为 6.1 kg$CO_2$。

## （三）节水量分析

据调查，各住宅绿色建筑项目"单位面积年节水量"从每年每平方米 0.01 立方米（m³/m² · a）至 1.4 立方米（m³/m² · a）不等。从节水量变化幅度和平均节水量来看，均随星级提高而提高，一星级项目平均单位面积年节水量为 0.18m³、二星级为 0.44m³、三星级为 0.63m³。

# 三、公建项目效益分析

## （一）节能效益分析

计算每个公建绿色建筑节能量，以"单位面积节能量"为评估依据。而"单位面积节能量"的概念和上面住宅项目的评估方法相同。

据调查，看出各公建绿色建筑项目"单位面积年节能量"从每年每平方米 2.1 千瓦时（kWh）至 49.8 千瓦时（kWh）不等。无论从节能量幅度和平均节能量来看，均随星级提高而提高，一星级项目平均节能量为 2.6kWh、二星级为 20.2kWh、三星级为 30.1kWh。

如果再把绿色建筑节能率按国家公建建筑节能设计标准核算，可以得到不同星级公建绿色建筑相对的节能率，如表 3-8 所示。节能率亦随星级提高而提高，一星级项目平均节能率为 51.0%、二星级为 59.1%、三星级为 64.8%。

表 3-8  不同星级公建绿色建筑相对的节能率

|  | 建筑节能率变化幅度 | 建筑平均节能率 |
| --- | --- | --- |
| 一星 | 50.5% ~ 51.45% | 51.0%· |
| 二星 | 52.6% ~ 63.1% | 59.1% |
| 三星 | 61.9% ~ 66% | 64.8% |

与住宅项目的情况相似，从节能效益的分析来看，公建绿色建筑可以带动建筑在目前强制性标准规范所要求的建筑节能设计要求上再进一步提高，但一星级公建项目的平均节能率并不比目前强制性标准规范要求的水平有明显的提升。

二星和三星级的绿色建筑平均节能率比较高，都会达到比常规建筑节能设计标准更高的节能水平，基本上达到推动绿色建筑标识整体更节能的政策目标。三星级的公建绿色建筑相对的平均节能率接近 65% 水平。为了确保绿色建筑的节能水平，我们建议考虑在不同星级的绿色建筑标识评估要求里提出比较高的控制性建筑节能率要求。

### （二）二氧化碳排放减量分析

与上面住宅项目的分析方法一样，计算每个公建绿色建筑二氧化碳排放减量，以"单位面积的二氧化碳（$CO_2$）减排量"为评估依据。单位面积的二氧化碳减排量可以按节省一次能源量与节电量以排放系数折算而得。

据调查，各公建绿色建筑项目"单位面积年二氧化碳排放减量"从每年每平方米 1.4 $kgCO_2$ 至 23.4 $kgCO_2$ 不等，随星级提高而提高，一星级项目平均单位面积每年每平方米二氧化碳排放减量为 1.7 $kgCO_2$、二星级为 9.9 $kgCO_2$、三星级为 16.3 $kgCO_2$。

### （三）节水量分析

据调查，各公建绿色建筑项目"单位面积年节水量"从每年每平方米 0.01 立方米（$m^3/m^2 \cdot a$）至 0.84 立方米（$m^3/m^2 \cdot a$）不等，随星级提高而提高，一星级项目平均单位面积年节水量为 0.08$m^3$、二星级为 0.4$m^3$、三星级为 0.43$m^3$。

## 四、绿色建筑节能节水效率分析

前面的分析提供了绿色建筑项目的节能和节水量"效益"。再按单位面积增量成本、单位面积节电和节水量，便可以推算出每个项目的单位增量成本节电和节水"效率"：以千瓦时 / 元 / 年（kWh/ 元·a，每 1 元增量成本带来每年节电量 kWh）及立方米 / 元 / 年（$m^3$/

元·a，每 1 元增量成本带来每年节水量 m³）加以表达。

## （一）住宅项目节能节水效率分析

这里按成本和效益分析得到的数据，分析住宅绿色建筑项目的节能效率。整体来说，每投入 1 元的节能增量成本，带来的年节电量的相对幅度由 0.01 ~ 0.64 kwh/ 元·a 不等。其中一个项目的节能效率特别高，达到 1.9 kwh/ 元·a。按照申报材料分析，这项目采用了成本较低的采暖节能技术，但由于申报材料没有提供技术内容，本研究在计算平均值时不包括该项目。

住宅项目平均的节电效率为：一星级项目平均每 1 元增量成本投入，年节电量为 0.32 kwh、二星级为 0.29 kwh、三星级为 0.25 kwh。分析住宅绿色建筑项目的节水效率时，留意到在 30 个住宅项目中，有 6 个项目的节水增量成本为零，也就是说，部分绿色建筑项目可以不投入额外成本而达到节水效益。由于这 6 个项目的效率相对高，成本为零，会影响平均效率运算，因此，余下项目的节水效率计算不把它们包括在内。

整体来说，每投入 1 元的节水增量成本带来的年节水量的相对幅度由接近零到 1.96 m³/ 元·a 不等。但其中两个项目的节水效率特别高，达到 1.75 m³/ 元和 1.96 m3/ 元·a，两项目均采用市政中水进行回用，水处理成本较低，且项目规模较大，节水量较大，因此其单位节水总效率大大高于其他项目。去除这两个项目后，其余项目在节水与水资源利用效率为：一星级项目平均每 1 元增量成本投入，每年节水量为 0.066m³，二星平均可以节省 0.03m³，三星平均节省 0.147m³。节水的效率分析明显指出市政中水供应对成本效率的重要性：如果城市有提供集中式的中水供应系统作为配套，不要求个别项目直接解决中水供应所需的初始投资，节水的经济效率会大幅度提高。也就是说：发展市政中水供应规划和提供配套设施是绿色建筑节水目标的重要配合政策。

## （二）公建项目节能节水效率分析

这里分析公建绿色建筑项目的节电效率。整体来说，每投入 1 元的节能增量成本，带来的年节电量的相对幅度由 0.08 到 2.47 kwh/ 元·a 不等。其中两个项目的节能效率特别高，达到 1.98 kwh/ 元·a 和 2.47 kwh/ 元·a。按照申报材料分析，它们采用了增量成本很小的高效空调机组、高效照明技术或太阳能热水技术，具有明显节能效果，并且没有额外采用增量成本较高的其他节能技术，因而这两个项目节能总效率较高。公建项目平均的节电效率为：一星级项目平均每 1 元增量成本投入，年节电量为 0.35 kwh、二星级为 0.44 kwh、三星级为 0.66 kwh。

从分析可以再次指出：个别的绿色建筑技术选择和应用，会对项目本身的经济效率带来极大的影响，设计单位对技术的应用和成本效益的了解，是未来决定绿色建筑的经济效率性的最重要因素。

分析公建绿色建筑项目的节水效率时，留意到在 25 个公建项目中，有 3 个项目的节水增量成本为零，也就是说，部分公建绿色建筑项目可以不投入额外成本而达到节水效益。由于这3个项目的效率相对高，成本为零，会影响平均效率运算，因此，余下项目的节水效率计算不把它们包括在内。

整体来说，每投入1元的节水增量成本带来的年节水量的相对幅度由零到0.08 m³/元·a不等。但其中两个项目（一个是三星级，一个是一星级）的节水效率特别高，达到0.08 m³/元·a，它们采用成本较低的雨水处理工艺和污水深度处理工艺，两者皆水量均较大，因而节水效率高，可以看到高效率节水措施的选择与评价等级没有必然联系。整体公建项目在节水与水资源利用效率不算高，分别为：一星级项目平均每1元增量成本投入，年节水量为0.016m³，二星平均可以节省0.034m³，三星平均节省0.024m³。

## 五、绿色建筑节能节水回报期的分析

绿色建筑项目在节能和节水方面的经济效率分析，可以市场电费和水费节省价值表达。按照当地的电费和水费，把节电量和节水量转为当地的合适电费和水费，可以表述为：每1元投资在节能的增量成本带来每年节省的电费价值，及每1元投资在节水的增量成本带来每年节省水费。基于每年可以节省的电费和水费，就可以计算增量成本的静态回收期：

静态回收期＝投资在绿色建筑项目的增量成本／年节省的费用

### （一）住宅项目静态回报回收期

表3-9是住宅项目的增量成本静态回报回收期幅度的分析，回报期的分析可以总结如下：

1. 节能回报期分析

（1）在分析的项目所在城市中，住宅电费差距相对大，可以从0.48元/kwh到0.68元/kwh，相差可达20%。住宅电费差距直接对项目节能的经济效率有比较大的影响；

（2）部分项目的回报期比较高达21.2年，但同时部分项目的回报期可以相对短，3年之内便可以把投资在节能的增量成本收回；

（2）回报期分析的幅度指出，设计采用的节能技术路径会影响项目在节能方面可以带来的直接经济利益。如果采用适合的设计方法与技术，节能产生的经济回报是可以比较高的（回报期最低可降至约1年）。同样地，如果设计单位缺乏对技术应用的成本和经济效率的把握，绿色住宅建筑可以带来的经济回报可能会受到限制。

2. 节水回报期分析

（1）在分析的项目所在城市中，住宅水费可以从1.68元/m³到4.9元/m³，相差极大，可达190%，对项目节能的经济效率有很大的影响；

（2）部分项目的回报期比较极端，高达30年，但同时部分项目的回报期可以十分有效率和相对短，可以低至1年便可以把投资在节水的增量成本收回；

（3）与节能回报期的分析相同，设计采用的节水技术路径会影响到项目可以带来的直接经济利益，如果采用适合的设计方法与技术，节水产生的经济回报是可以比较高的。上面已分析过：在 30 个住宅项目中，有 6 个项目的节水增量成本为零，绿色建筑项目可以不投入额外成本而达到很高的节水经济效率。同样，如果设计单位缺乏对技术应用的成本和经济效率的把握，绿色住宅建筑可以带来的经济回报可能会受到限制。

表 3-9　住宅项目节能节水回报期分析

| | 节能回收期变化幅度（年） | 节水回收期变化幅度（年） |
|---|---|---|
| 一星 | 0.9 ~ 20.5 | 1.0 ~ 18.2 |
| 二星 | 3.4 ~ 21.2 | 0.1 ~ 0.71 |
| 三星 | 3.0 ~ 18.6 | 0.1 ~ 31.1 |
| 注：部分项目的节水增量成本为零，不计算效率值。 | | |

## （二）公建项目静态回报回收期

表 3-10 是公建项目的增量成本静态回报回收期幅度分析，回报期的分析可以总结如下。

1. 节能回报期分析

（1）在分析的项目所在城市中，公建电费可以从 0.71 元 /kwh ~ 1.26 元 /kwh，相差可达 77%。公建电费差距直接对项目节能的经济效率有比较大的影响；

（2）部分项目的回报期比较高达 15 年，但同时部分项目的回报期可以相对短，1 年内便可以把投资在节能的增量成本收回；

（3）与住宅项目分析结果相同，不同公建项目回报期分析的幅度表明，设计采用的节能技术路径会影响项目在节能方面可以带来的直接经济利益，如果采用适合的设计方法与技术，节能产生的经济回报是可以比较高的（回报期可以是 1 年或更短）。同样，如果设计单位缺乏对技术应用的成本和经济效率的把握，绿色住宅建筑可以带来的经济回报可能会受到限制。

2. 节水回报期

（1）在分析的项目所在城市中，公建水费可以从 2.35 元 /m³ ~ 7.85 元 /m³，相差可达 230%，对项目节能的经济效率有很大的影响；

（2）部分项目的回报期比较长，高达 30 年或以上，但同时部分项目的回报期比较短，可以在 3.5 ~ 4 年左右便可以把投资在节水的增量成本收回；

（3）节能的回报期分析相同，设计采用的节水技术路径会影响到项目可以带来的直接经济利益，如果采用适合的设计方法与技术，节水产生的经济回报是可以比较高的。上面已分析过：在 25 个公建项目中，有 3 个项目的节水增量成本为零，绿色建筑项目可以不投入额外成本而达到很高的节水经济效率。同样地，如果设计单位缺乏对技术应用的成本和经济效率的把握，绿色住宅建筑可以带来的经济回报可能会受到限制。

总的来说，从上述分析中可以看出，节能节水的回收期的长短幅度差异十分大，反映了（a）地方的能源和用水成本存在差异，影响了有关初始投入带来的经济回报效率；（b）但更重要的是，个别项目的节能与节水的设计策略不同，产生的经济效率就决然不同。因此，无论是节能或节水，显示目前建设与设计单位对技术应用经济成本回报优化能力差别比较大。

表3-10　公建项目节能节水回报期分析

|  | 节能回收期变化幅度（年） | 节水回收期变化幅度（年） |
|---|---|---|
| 一星 | 1.1 ~ 14.7 | 3.4 ~ 36.5 |
| 二星 | 0.5 ~ 12.3 | 4.0 ~ 15 |
| 三星 | 0.5 ~ 7.5 | 3.5 ~ 31 |

## 六、绿色建筑个别单项技术成本效率分析

技术应用的分析是十分重要的任务，但由于时间和资源的限制，本研究的有关成果内容比较初步，还需要进一步深化。在有限的资料与时间限制下，研究小组对绿色建筑个别节能与能源利用技术的成本效率作了探讨性分析，尝试了解目前绿色建筑应用的节能减排技术的成本效率情况。下面的研究成果受到项目数据不完整的限制，有关分析结论只是初步意见。节能减排技术的"成本效率"是指某单项技术每投入1元的增量成本，该技术带来的年节能效益。

### （一）住宅项目节能技术经济效率

将住宅绿色建筑项目中常用的10类设计技术，按平均投入的增量成本和产生的节能效益做分析，评估他们相对的技术成本效率，以每年每1元成本带来的节电量（kWh/元.a）表示。要留意两点：（a）部分项目应用的技术对应的增量成本为零时，显示节能的效率十分高，这些技术不包括在本效率分析内；（b）另外在分析过程中，也了解到部分地方建设管理单位已把个别技术标准定为强制要求（如江苏省地区外遮阳已有相关政策要求安装。参考《关于加强建筑节能门窗和外遮阳应用管理工作的通知》苏建科〔2008〕269号），由于这些技术已成为常规措施，它们没有增量成本，不计算该地区外遮阳的效率，计算平均值时不考虑。

本分析只包括产生成本的技术。

对住宅项目常用的10类节能技术经济效率分析的初步成果如下：

（1）在10项技术中，由于高效照明已成为比较普遍采用的技术措施，增量成本已降低到趋于零，节能效率最高；

（2）太阳能热水系统应用也比较普遍，节能效率较高；

（3）高能效水冷机组，高效风冷或蒸发冷却机等技术都只有一个项目应用，虽然他们的效率可能比较高，但可能不具有代表性；

（4）太阳能路灯及草坪灯、太阳能光伏发电、地源热泵技术的相对效率最低。但也留意由于项目应用再生能源的技术目前不普遍，这些技术在本研究内只有一个应用的项目可计算节能效率，可能不具有代表性。

## （二）公建项目节能技术效率

将公建绿色建筑项目中常用的 12 类设计技术，按平均投入的增量成本和产生的节能效益做分析，评估他们相对的技术成本效率，以每年每一元成本带来的节电量（kWh/ 元·a）表示。当部分项目应用的技术所对应的增量成本为零时，显示节能的效率十分高，这些技术不包括在本效率分析。部分技术（如高效空调、高效照明）在公建项目中，由于市场上已普遍采用，没有引起明显增量成本。同时，地方政府已把个别技术定位为法定要求（如在江苏省地区，外遮阳已有相关政策要求安装，已成为常规技术措施），也没有增量成本。有些项目并没有提供应用技术的节能报告（如冷热电联供），本研究没法考虑它们的效率。本分析只包括产生成本的技术。

对公建项目常用的 12 类节能技术经济效率分析的初步成果如下：

（1）公共建筑中大量采用中央空调，且市场上能效更高的空调机组价格增量并不大，增量成本比较低，故该项技术效率最高；

（2）由于高效照明已成为比较普遍采用的技术措施，增量成本已降低到趋于零，16 个公建项目中仅一个由于附属设备引起增量成本，该技术的节能效率代表性可能不高；

（3）太阳能热水系统应用比较普遍，节能效率也较高；

（4）太阳能路灯及草坪灯、风力发电技术、光伏、蓄能设施等由于成本高，效率也相对比较低；

（5）冷热电联供仅有一个项目使用，申报材料未提供节能报告，本研究没有考虑。

综上所述，（1）从"效益"来看，住宅绿色建筑项目节能量从 0.71kWh/a·m² ~ 18.2kWh/a·m² 不等。无论从节能量幅度和平均节能量来看，节能效益随星级提高而有所提高，一星级项目平均节能量为 4.95kWh/a·m²、二星级为 8.1kWh/a·m²、三星级为 13.56kWh/a·m²。二氧化碳排放减量随星级提高而提高，一星级项目平均单位面积每年每平方米二氧化碳排放减量为 3.2kgCO$_2$/a·m²、二星级为 4.6kgCO$_2$·m²、三星级为 6.1kgCO$_2$·m²。从节水幅度和平均节水量来看，节水量随星级提高而提高，一星级项目平均节水量为 0.18m³/a·m²、二星级为 0.44m³/a·m²、三星级为 0.63m3/a·m²。（2）公建绿色建筑项目节能量从 2.1kWh/a·m² 至 49.8kWh/a·m² 不等。无论从节能量幅度和平均节能量来看，节能效益随星级提高而提高，一星级项目平均节能量为 2.6kWh/a·m²、二星级为 20.2kWh/a·m²、三星级为 30.1kWh/a·m²。二氧化碳减排量随星级提高而提高，一星级项目平均二氧化碳减排量为 1.7kgCO$_2$/a·m²、二星级为 9.9kgCO$_2$·m²、三星级为 16.3kgCO$_2$·m²。从节水幅度和平均节水量来看，节水量随星级提高而提高，一星级项目平均单位面积每年每平方米节水量为 0.08m³、二星级为 0.4m³、三星级为 0.43m³。（3）从"效率"来看，住宅项目平均的节电效率为：一星级项目平均每 1 元增量成本投入，年节电量为 0.32 kwh、二星级为 0.29 kwh、三星级为 0.25 kwh。公建项目平均的节电效率为：一星级项目平均每 1 元增量成本投入，年节电量为 0.35 kwh、二星级为 0.44 kwh、三星级为 0.66 kwh。此分析可以再次指出：个别的绿色建筑技术选择和应用，会对项目本身的经济效率带来极大的影响，设计单位对技术的应用和成本效益的了解，是未来决定绿色建筑的经济效率性的最重要因素。（5）从分析技术的初始投入回报期可以看出，节能节水的回收期的长短幅度差异十分大，反映了地方的能源和用水成本存在差异，影响了有关初始投入带来的经济回报效率。同时，分析也指出，更重要是个别项目的节能与节水的设计策略不同，产生的经济效率绝然不同。无论是节能或节水，显示目前建设与设计单位对技术应用经济成本回报优化能力差别比较大。（6）在有限的资料与时间限制下，研究小组对绿色建筑个别节能与能源利用技术的成本效率做分析。分析住宅项目应用的节能技术，可以指出，由于高效照明已成为比较普遍采用的技术措施，增量成本已降低到趋于零，节能效率最高；太阳能热水系统应用比较普遍，节能效率较高；太阳能路灯及草坪灯，太阳能光伏发电，地源热泵技术的相对效率最低。（7）分析公建项目应用的节能技术，公共建筑中大量采用中央空调，且市场上能效更高的空调机组价格增量并不大，增量成本比较低，故该项技术效率最高。由于高效照明已成为比较普遍采用的技术措施，增量成本已降低到趋于零。太阳能热水系统应用比较普遍，节能效率也较高。太阳能路灯及草坪灯，风力发电技术、光伏、蓄能设施等，由于成本高，效率也相对比较低。

# 第四章　新时期绿色建筑的经济效益评价研究

推广绿色建筑是低碳城市建设的主要政策之一，然而目前绿色建筑的政策讨论还是集中在技术应用层面，在绿色建筑的经济研究中主要的关注点是在绿色建筑技术产生的建造成本，对绿色建筑对国家整体或地区经济体系的影响研究十分缺乏。这里针对这个问题做出讨论，补充这方面的不足，并提出一个分析绿色建筑宏观经济效益的方法。绿色建筑的宏观经济影响可以包括两方面：一是在整体经济体系内额外带动的产值，二是额外产生的就业机会。本章针对上述问题做出讨论，提出分析理论和方法，补充目前在这方面研究的不足。并以实例和数据，通过建立直接与间接的相关产业的后向与前向影响模型，以及绿色建筑额外增量产值对本身就业的带动关系分析，推动十二五期间我国绿色建筑的整体宏观经济效益。

## 第一节　绿色建筑经济评价

这里首先对绿色建筑经济评价指标选择进行了详细的阐述，接着分析了绿色建筑经济评价指标要遵循的基本原则，对绿色建筑效益指标中的经济效益、环境效益、个人舒适度进行剖析，探讨了其中存在的问题与解决策略，最后做了绿色建筑全寿命技术经济分析，希望本文可以在一定程度上为专业的学者提供参考与借鉴。

### 一、绿色建筑经济评价指标选择

#### （一）增量内部收益率（IRR）

指在项目全寿命周期内，绿色建筑与传统建筑各年增量净现金流量的现值之和等于零时的折现率。增量内部收益率可以说明增加的投资是否可行、效益如何。当 IRR 大于等于 ic 时，则绿色建筑方案相对于传统建筑方案增加的投资是可行的；当 IRR 小于 i 时，绿色建筑方案一般不可行。增量内部收益率越大，说明增加的投资所产生的效益越好。

## （二）增量投资净现值（NPV）

增量投资净现值的优势体现在当传统建筑与绿色建筑的费用与效益数据不能确定的情况下，只需确定各阶段它与绿色建筑的费用或效益差额，而且最终体现出的全寿命周期的净节约值显得比较直观，当存在多个绿色建筑方案的时候，这就更便于判断，有利于绿色建筑的经济评价指标选择。

## （三）增额内部收益率（BCR）

当增额内部收益率（BCR）这个数值大于 1 时，表明绿色建筑方案相对于传统建筑方案更经济可行；当 BCR=1 时，说明该绿色建筑方案有待改进；BCR 小于 1 时，说明该绿色建筑方案一般不可行，但是在本文中，为达到认证等级相关指标，有时也需要考虑未满足经济效益的技术措施。

## （四）增量费用投资回收期

增量费用投资回收期也是绿色建筑的一项经济评价指标，投资回收期也称返本期，就是用经营成本的节约或增量净收益来补偿增量投资的年限。对互斥方案采用增量投资回收期进行比较，增量投资回收期小于基准投资回收期时，投资大的方案为优选方案；反之，投资小的方案为优选方案。

# 二、绿色建筑经济评价指标的基本原则

绿色建筑经济评价指标是严格遵循一定的原则的，进而才能凸显出优于传统建筑的综合经济效益、社会效益与生态效益，下面本文主要举例分析以下四点基本原则：

## （一）灵活性原则

绿色建筑的经济评价指标不能够墨守成规，要依据多样的建筑类型进行变化，进而实现应有的经济效益。

## （二）科学性原则

所谓的科学主要指的就是绿色建筑的经济评价指标这个数值必须要精确，再辅助于科学的评价方法才能最大化地发挥出绿色建筑综合的实际价值。

## （三）简明性原则

绿色建筑经济评价的突出特点就是简洁高效、清晰明了，不仅能使方案间的区别一目了然，还能提高工作效率，节省时间。

（四）全面性原则

对绿色建筑进行经济评价分析还需要遵循的一个原则就是全面性原则，全面就是涵盖着绿色建筑的方方面面，从基础的经济成本到后期潜在的经济效益等。

## 三、绿色建筑经济评价中存在的问题

### （一）政府推广力度不到位，存在认识误区

虽然政府加大绿色建筑（如节能建筑的推广），但开发商往往从短期利益出发，使得政策执行不力，就会出现这种雷声大、雨点小的尴尬局面。

建筑的使用者对绿色建筑知识的缺乏，存在"绿色建筑是高科技建筑""绿色建筑是耗资高的建筑"等片面的理解，使用者看不到使用的好处，担心绿色建筑是昂贵的建筑，等等。

### （二）缺乏新技术，造价较高

投资者和建设者对绿色建筑技术认识不够，掌握不够，担心技术采用的风险而不愿意尝试，这就导致了绿色建筑施工效率的低下。

绿色建筑的初期投资增加，开发商不了解绿色建筑未来运行成本的降低和绿色建筑自身带来的效益，从思想上不能接受绿色建筑的实施。

## 四、针对绿色建筑经济评价中的问题，提出解决措施

### （一）政府推广力度要合理，纠正认识误区

政府要加强对绿色建筑的宣传推广，政府要鼓励新能源的研发与生产，制定优良的引导性政策，划拨技术资金并充分做好市场的调研推广，逐步纠正人们的认识误区，从简单粗放的传统建筑观念转变为绿色环保建筑理念，进而促进房屋建筑行业的迅猛快速发展，为我国的经济做出巨大的贡献。

### （二）积极采用新技术，把造价控制在合理范围内

绿色建筑发展的直接力量还在于如何使开发商和使用者达到双赢，这就需要采用新技术，促进房地产市场的健康发展，新技术给用户带来舒适感，在提升绿色建筑质量的同时创新施工模式，提高绿色建筑的施工效率，降低用人成本，进而有利于减少绿色建筑的工程造价，把建筑资本投入到后续的施工中去。

## 五、绿色建筑的效益指标研究

### （一）绿色建筑的个人舒适度与环境效益

绿色建筑可以给人们带来个人舒适度，它是指绿色建筑给住户带来的整体感受，因为当前的消费者相比于之前的消费者更加的看重生活水平与档次。绿色建筑对室内的环境、格调布局、空间等都制定了更为严苛的要求与标准，为的是满足消费者的多样需求，绿色建筑还兼顾了光照、自然风、位置朝向等因素，旨在最大化的满足个人舒适度。所谓的环境效益就是：绿色建筑统统使用的是环保建材，不仅吸收室内的有毒气体与二氧化碳，还抵御室外的各种风沙尘土。

### （二）绿色建筑的经济效益

绿色建筑还发挥着经济效益，主要表现在节约水资源、节地与能源、节约建筑材料及缩降运营管理成本上。绿色建筑使得经济效益得到更好的发挥，一般情况下，绿色建筑采用的是成本价较低、质量上乘、物美价廉的建筑材料，使得装修工程与结构施工一次性施工到位，杜绝重复返工现象的出现；在节地与节能方面，绿色建筑集约优化利用土地，要做到废物循环利用，避免二次污染浪费，绿色建筑在选址时也充分考虑到了所需要的光照、自然风等因素，这就可以减少空调和照明灯的使用。

## 六、绿色建筑全寿命技术经济分析

### （一）项目整体综合效益的评价

它的作用即主要是针对绿色建筑的综合效益来说的，并且是从整体上宏观把握绿色建筑项目的综合效益。需要特别注意的就是应该要使用"全生命周期"思想，从三个角度对绿色建筑关键技术全寿命周期进行评估测量，对绿色建筑施工的各个环节、各个阶段进行考虑，比如：绿色建筑在初期的设计规划、在建筑中期面临的问题、在绿色建筑后期的维修与护理工作等等，从生态环境效益、社会效益与经济效益等角度出发，对于涵盖在整个绿色建筑生命周期的评价与考核予以严格监管，把项目整体综合效益的评价落到实处。

### （二）项目总体技术经济评价

项目总体技术经济评价有利于绿色建筑的发展与进步。其中的核心就是项目经济敏感性分析，不确定性分析中单因素敏感性分析，在经济评价确定性分析的基础上通过进一步分析，预测项目的主要不确定性因素的变化对项目评价指标的影响，从中找出敏感因素来，确定评价指标对该因素的敏感程度和项目对其变化的承受能力。项目总体技术经济评价有利于提前预测出绿色建筑项目的不确定性因素，为其做出科学的动态指标，进而实现绿色建筑项目在经济上与质量上的双向达标。

综上所述，随着可持续发展观的逐渐深入人心，房屋建筑行业也紧跟时代潮流，倡导绿色建筑，更加注重社会效益与环境效益之间的动态平衡，因此本文探究分析绿色建筑经济评价具有深刻的现实性意义。绿色建筑在先进科学技术与绿色消费理念的基础上引领着未来建筑行业的发展进步，希望相关的政府部门人员予以大力支持，提倡绿色建筑，逐步从整体上焕发出建筑产业的生机与活力，进而促进建筑业的可持续健康发展与经济实力的显著增强。

# 第二节　绿色建筑经济评价体系

绿色建筑自推广以来，在国内外建立了许多关于评价绿色建筑的标准。但是这些评价标准却几乎不涉及对绿色建筑经济方面进行分析评价。国内外学者对这方面进行了一系列研究，但是仍没有形成一个统一的绿色建筑经济评价标准。通过对已有的研究成果进行归纳总结，分析其中可采纳的部分和有待改进之处，从而提出了一个系统完善的绿色建筑经济评价体系，该体系从绿色建筑各参与方的角度对绿色建筑进行经济评价，从而可以更好地推进绿色建筑的发展。

目前，全球正处于资源枯竭和环境严重污染的状态，严峻的形势要求人类必须走可持续发展道路，重视资源节约和环境保护，尤其是资源消耗巨大并对环境产生严重影响的建筑业，而绿色建筑可以很好地弥补目前建筑业给人类带来的困扰。以发展的可持续性为理念的绿色建筑，可以有效解决现阶段遇到的环境、生态、能源等问题，是符合 21 世纪可持续发展方向的绿色居住生活方式。由于各方面的原因阻碍着绿色建筑的发展，使其很难推广。开发商觉得绿色建筑就是增加投入成本，咨询设计单位技术力量欠缺，没有具备资质的专业技术人员。所以，绿色建筑全寿命周期的经济评价，对于绿色建筑的开发和推广起着至关重大的作用。

## 一、绿色建筑经济评价体系研究的必要性

现有的绿色建筑评价体系有：英国的 BREEAM 评价标准体系，是用于评估各种风格类型建筑的系统；美国的 LEED 评价标准体系，采用了全生命周期的方法对绿色建筑进行经济评价，从而包含了更多方面的评价；加拿大的 GBC 评价标准体系，在其他评价标准已有的评价对象上，加入了对改建建筑的评价内容和具体评价方法。以及我国发布的用于评价绿色建筑的标准。然而，上述这些评价绿色建筑的标准体系，都没有提出如何对绿色建筑经济方面进行评价。绿色建筑正是由于在经济评价方面的缺失，造成了绿色建筑现在

难以推广的现状和人们对于绿色建筑的误解，使绿色建筑难以在如今市场经济下开发和发展，没有一个稳固的立足点。因此，应该把重点放在绿色建筑的经济评价方面，提出并建立具体的评价内容和方法，并在实践中得以利用，以绿色建筑经济分析结果来显明其优点，使绿色建筑得以全面推广。

## 二、绿色建筑经济评价体系研究概况

当前国内外学者大都采用全生命周期的方法，对绿色建筑进行经济分析评价，通过绿色建筑与一般建筑的成本与收益差别的对比来对绿色建筑进行衡量。研究结果主要可以分为三大方面；第一方面，采用费用效益分析或成本效益分析的方法，来对绿色建筑进行经济分析评价。如国内学者鲍学英、赵喆、孙磊、周童等在确定绿色建筑评价指标时，采用工程经济学的相关知识，将一些评价指标和评价参数引入进来，提出了一套以绿色建筑为主题的经济评价分析方法，其中将绿色建筑的效益分为经济效益、环境效益和社会效益，从全生命周期的角度去考虑绿色建筑的费用，并给出了可以量化费用和效益的具体方法。第二方面，通过引入增量成本和效益的角度出发进行分析，如金龙等从《绿色建筑经济评价标准》评价建筑物是否符合绿色建筑的六个方面入手，从全生命周期角度分别分析了这六个方面的增量费用和增量收益，从全寿命周期角度考虑，采用增量投资净现值为经济评价指标对绿色建筑进行经济评价。最后，学者宋倩情等借鉴价值工程理论，引入弹性价值系数概念构建绿色建筑的价值工程综合评价模型，根据弹性价值系数的大小对绿色建筑进行评价。在现有体系研究基础上，本文从绿色建筑各参与方，即社会、开发商和消费者，对各参与方的费用和效益进行分析，从而对绿色建筑全寿命周期进行经济评价。

## 三、评价体系的构建内容

### （一）开发商的增量费用和增量效益

绿色建筑开发商的增量成本，主要从《绿色建筑评价标准》对绿色建筑进行评价的六个方面来考虑。绿色建筑为实现这六个方面的要求所增加的成本就是绿色建筑开发商的增量成本。如果开发商对绿色建筑进行全生命周期的经济分析评价，能够看出，绿色建筑的成本投入量虽然高于一般建筑，但是其运营管理阶段的使用管理成本却很低，同时，能减少大量的资金和能源利用。另外，开发商对土地进行改造时，利用绿色建筑施工时采取了各种技术措施将大部分建材回收利用，同时，这也增加了开发商的利润空间。最后，用于绿色建筑与非绿色建筑的价格差别，开发商可以获得较大的差额利润。

### （二）消费者的增量费用和增量效益

消费者在购买绿色建筑时，付出的多于其购买一般商品房的费用，称为消费者的增量成本。主要有以下几个方面：一是，房地产开发商将其增量成本转移在房价上；二是，因为绿色建筑采用的一些技术手段和措施，使其运营管理成本增加；三是，绿色建筑在拆除时，使用了一些技术方法和措施而增加的费用。消费者在使用绿色建筑过程中，获得的多于消费者在使用一般商品房时的收益，称为消费者增量效益。由以下几个方面组成：一是，因为绿色建筑采用了各种措施和技术手段，使消费者在使用过程中减少了许多能源消耗和维护费用而增加的收益；二是，由于绿色建筑遵循可持续发展和以人为本，而使消费者的生活品质得以提升并获得良好的环境和健康效益。

### （三）社会效益

在绿色建筑的生命周期内产生了较好的外部效益，可是开发商却不能得到所有的外部效益。主要指绿色建筑以节能环保为理念，带来一定的环境效益以及具有节约资源的优点。通过上文对开发商、消费者和社会三方的费用效益分析，可以看出，由于绿色建筑具有非绿色建筑所不具备的社会效益和环境效益，作为绿色建筑成本的承担者，绿色建筑的开发商当然希望其产生的除经济效益以外的其他效益，经过一些手段也转化为自己的经济效益，而绿色建筑的消费者从绿色建筑中获得的环境效益，也为周边小区的居民所共享。由于这些问题的存在，导致各参与方对绿色建筑持消极态度。想要推动绿色建筑的发展，使绿色建筑更好地被开发商、消费者和社会接受，需要政府通过制定相关的财政补贴和税收政策，以此对开发商和消费者进行激励。

目前，国内外还没有形成一个统一、完整的绿色建筑经济评价体系，本文从绿色建筑的相关方入手，分别站在开发商、消费者和社会角度，并对其进行费用效益分析。通过对比分析得出政府需要制定相关的法规政策去激励开发商和消费者，这样开发商和消费者可以获得一些政府补贴和奖励政策作为自己的增量收益，而这些政府补贴和奖励可以看作是绿色建筑带给社会的增量成本，通过站在不同的角度进行费用效益分析，使绿色建筑的相关方可以更清楚地对其进行经济分析评价，对推广绿色建筑和对其进行经济性分析评价起一定作用。

# 第三节  绿色建筑对宏观经济的影响

绿色建筑的经济效果是它的增量投资。为了达到比目前常规建筑更低的碳排放量、消耗更少的能源、使用更少的水量，建筑本身需要额外的投入成本，这就是绿色建筑的增量经济投入。在一个经济体系内如果有额外的投资，也就会带来整体生产总值的增加。要分析低碳绿色建筑的增量投资对宏观经济的影响，就是要量度这方面的影响有多大。量度绿色建筑的增量投资对宏观经济的影响，本研究应用了宏观经济学内已广为接受的投入产出理论和分析方法，建立一个绿色建筑对宏观经济影响的理论框架。

## 一、基于经济投入产出的分析框架

投入产出表是用统计数据表达在一个经济体系内（国家、区域、城市）不同部门产品与劳务的分配使用去向，反映在某一特定周期中（通常是一年）各部门之间的经济联系。依据投入产出表计算出来的各种经济参数和建立起来的投入产出模型，能从对在房地产业内绿色建筑建设引发的增量投资进行各种经济分析，具体地从数量上估算增量投资对其他产业的经济作用[①]。由于绿色建筑投资是房地产业的一部分，就可以通过分析房地产业对宏观经济带动效应来了解绿色建筑增量投资对宏观经济的影响。有关按投入产出表研究房地产业对经济的带动效应，无论在理论[②]或者实际测算方面都已十分丰富，本报告不再详细赘述。绿色建筑投资对宏观经济带动效应可以包括三方面：后向关联、前向关联、和旁侧效应。图 4-1 是解释这三方面效应的框架。

"后向关联"是指绿色建筑投入（增量投资）与向本身产业（房地产业）供给生产要素的产业的关联（图 4-1 范围 A）；

"前向关联"是指绿色建筑与需求本产业（房地产业）产品或服务的产业关联（图 4-1 范围 B）；

"旁侧效应"是指绿色建筑的建设对地区其他方面，如就业、环境改善等影响（图 4-1 范围 C）。

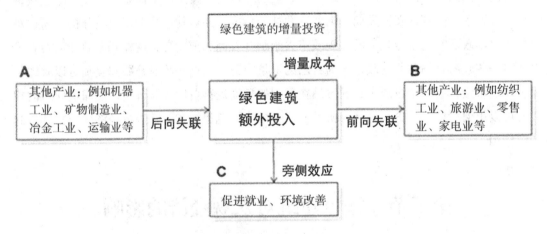

图 4-1　绿色建筑增量投资的宏观经济影响：分析框架

在整个经济体系内，不同产业部门的运行既要直接消耗别的产业提供的产品，又要间接消耗别的产业提供的产品，从而构成产业与产业之间的消耗关系。这种产业与产业之间的消耗关系可以用直接消耗关系和完全消耗关系这两类消耗系数来反映[③]。根据图 4-1 的理

---

①　董承章. 投入产出分析 [M]. 北京：中国财政经济出版社，2000.

②　梁荣. 中国房地产业发展规模与国民经济总量关系研究 [M]. 北京：经济科学出版社，2005.

③　毕康. 北京市物流业的投入产出分析 [D]. 北京：北京交通大学，2006.

论框架，本报告进一步把相关的具体计量方法确定，其中包括测算三个经济带动效应：（a）后向影响：直接消耗关系和完全消耗关系；（b）前向影响：直接分配关系和完全分配关系；（c）总带动影响：完全消耗关系与完全分配关系之和（图4-2）。

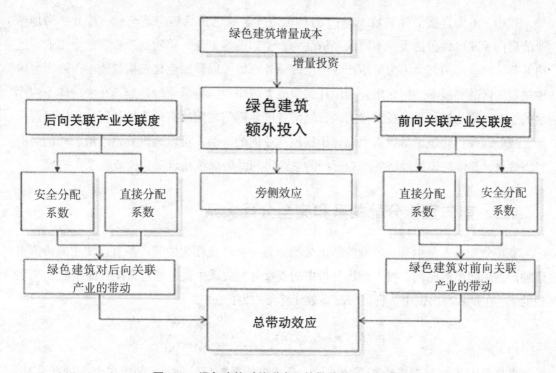

图 4-2　绿色建筑对关联产业的带动效应分析模型

## 二、后向直接消耗关系和完全消耗关系

直接消耗是指一部门生产单位产品对其他部门产品的直接使用量，是反映再生产过程中一部门与国民经济其他部门直接联系的最基础的参数。投入产出分析中的直接消耗关系主要是通过直接消耗系数 $a_{ij}$ 来表现的[1]。在投入产出模型中，直接消耗系数计算公式为：

$$a_{ij} = \frac{x_{ij}}{X_{ij}}, \quad (i, \ j = 1, 2, \dots, \ n) \tag{4-1}$$

直接消耗系数 $a_{ij}$ 反映了任意两个部门之间的直接依存关系，$a_{ij}$ 值是用 $j$ 产品部门的总投入（$X_j$）去除该部门生产经营中所直接耗的第 $i$ 产品部门的产品或服务的数量 $X_{ij}$。由直接消耗系数 $a_{ij}$ 构成的 $n \times n$ 的矩阵 $A$，称为直接消耗系数矩阵。矩阵 $A$ 反映了投入产出表中各产业部门之间技术经济联系和产品之间的技术经济联系。

一个部门在生产过程中除了直接消耗某一部门产品外，还会通过对其他部门产品的消耗间接消耗该部门的产品，这种关系就是完全消耗关系。完全消耗关系等于直接与全部间接消耗关系之和，考虑了所有间接消耗后对某部门产品的全部消耗即为完全消耗。完全消

---

① 陈仲常.产业经济理论与实证分析 [M]. 重庆：重庆大学出版社，2005.

耗关系用完全消耗系数 $b_{ij}$ 来表示。完全消耗系数矩阵可以在直接消耗系数矩阵的基础上计算得到，利用直接消耗系数矩阵计算完全消耗系数矩阵 $B$ 的公式为：

$$B = (I - A)^{-1} - I \qquad (4-2)$$

式中，$A$ 为直接消耗系数矩阵；$I$ 为单位矩阵。绿色建筑是房地产业一部分。房地产业的后向关联可以包括很多不同的经济活动，例如机器工业、矿物制造业、冶金工业、运输业等。这些部门都会因为房地产业产生的额外产值（低碳绿色建筑增量成本）而需要增加提供的产品和服务。把后向完全消耗关系概念应用在分析低碳绿色建筑在经济体系内产生的影响，完全消耗系数反映作为国民经济各产业部门之间所有的直接和间接后向经济联系。按低碳绿色建筑增量投资而测算于房地产业内的产值，可以再推算该产值带动的后向经济效益，从而将国民经济各产业部门的总产出与低碳绿色建筑增量投资联系在一起。

## 三、前向直接分配关系和完全分配关系

直接分配关系是指某一产业的产出分配给另一个产业作为中间产品直接使用的价值占该种产品总产出的比例。投入产出分析中的直接分配关系主要是通过直接分配系数 $r_{ij}$ 来表现的[①]。在投入产出表中，直接分配系数计算公式为：

$$r_{ij} = \frac{x_{ij}}{X_i}, \quad (i, j = 1, 2, \ldots, n) \qquad (4-3)$$

直接分配系数与直接消耗系数不同，直接消耗系数反映的是 $j$ 部门在生产过程中对 $i$ 部门产品的需求情况，而直接分配系数反映的是 $i$ 部门在生产过程中对 $j$ 部门提供产品的情况。

完全分配系数是 $i$ 部门单位总产出直接分配和全部间接分配（包括一次间接分配、二次间接分配……多次间接分配）给 $j$ 部门的数量。它反映了 $i$ 部门对 $j$ 部门直接和通过别的部门间接的全部贡献程度。完全分配关系用完全分配系数 $d_{ij}$ 来表示。完全分配系数矩阵可以在直接分配系数矩阵的基础上计算得到，利用直接消耗系数矩阵计算完全消耗系数矩阵 $D$ 的公式为：

$$D = (I - R)^{-1} - I \qquad (4-4)$$

式中，$R$ 为直接分配系数矩阵；$I$ 为单位矩阵。

房地产业的前向关联可以包括很多不同的经济活动，例如纺织业、旅游业、零售业、家电业等等。因为房地产业产生的额外产值（低碳绿色建筑增量成本）是提供给这些部门的产品和服务，这些部门都会通过使用房地产业提供的产品与服务而产生经济效益。把前向完全分配关系概念应用在分析绿色建筑在经济体系内产生的前向影响，完全分配系数反映作为国民经济各产业部门之间所有的直接和间接前向经济联系。按绿色建筑增量投资而

---

① 胡国强，王高瑞，王国胜.关于投入产出表分配系数的初步研究 [J].郑州：经济经纬，1997（4）：79-80.

测算于房地产业内的产值，可以再推算该产值带动的前向经济效益，从而将国民经济各产业部门的总产出与低碳绿色建筑增量投资联系在一起。

# 第四节  绿色建筑评价对关联产业的总带动效应

## 一、绿色建筑通过房地产业对关联产业的总带动效应

基于上面的理论和计量方法，通过房地产业，绿色建筑额外投入是房地产业的产值一部分，在整个经济体系内，同一产业的后向与前向带动效应之和为房地产业对该产业的总带动效应[1]。如果从中国整个经济体系来看，按照投入产出表的数据分析，算出 2002 年中国房地产业的平均后向带动效应为 0.658027，而平均前向带动效应为 0.581220，中国房地产业的后向带动效应略高于前向带动效应，而总带动效应是两者之和 1.239247。在 2002 年，整体上我国房地产业每增加 1 单位产值对各产业的总带动效应为 1.239247，其中对金融保险业的带动效应为 0.144836，居各产业之首。有较强的总带动效应的其他产业包括：金融保险业，公共管理和社会组织，批发和零售贸易业，建筑业，化学工业，租赁和商务服务业，金属冶炼及压延加工业，通信设备、计算机及其他电子设备制造业，交通运输及仓储业，通用、专用设备制造业，住宿和餐饮业，交通运输设备制造业，农业，电气、机械及器材制造业，房地产业等[2]。除了从全国的角度来分析房地产业的额外投资对其他产业的总带动效应外，也可以针对地方经济体系，尝试通过分析省域或市域的投入产出表，了解房地产业通过直接与间接方式对其相关产业的后向和前向带动作用。根据 2005 年的统计数据，分析 2005 年上海市房地产业对 42 个主要关联产业的总带动效应，指出 2005 年上海市房地产业每增加 1 单位产值，可带动所有产业增加 2.2035 单位产值[3]。

## 二、绿色建筑宏观经济总带动效应

目前全国和不同地区已公布的投入产出数据只可以按 2007 年的资料做分析，2010 年投入产出表没有全面完成编制。基于本部分主要目的是解释上述建议绿色建筑对关联产业的带动效应分析模型的应用，2007 年资料中有关具可比性的数据可以用做分析依据。

本文根据 2007 的统计数据（中华人民共和国国家统计局和各地的统计年鉴），把我国全国和几个主要省份城市的房地产业对关联产业的总带动效应数据加以整理，得出后向关联、前向关联、总带动效应的系数。表 4-1 是在不同地区领域尺度下，中国房地产业对

① 梁荣.中国房地产业发展规模与国民经济总量关系研究 [M].北京：经济科学出版社，2005.
② 王媚媚.中国房地产业的投入产出分析 [D].重庆大学贸易与行政学院，2009.
③ 黄力.房地产业与其相关产业的关联效应分析 [D].上海师范大学商学院，2009.

42 个其他产业的总带动效应。

表 4-1    房地产业对其他产业的总带动效应

| | 完全消耗系数 | 完全消耗系数 | 完全消耗系数 |
|---|---|---|---|
| 全国 | 0.4754 | 0.5894 | 1.0648 |
| 江苏省 | 0.5173 | 0.3782 | 0.8956 |
| 上海市 | 1.1890 | 0.5665 | 1.7554 |
| 广东省 | 0.4885 | 0.6265 | 1.1150 |
| 天津市 | 0.3984 | 0.2919 | 0.6903 |
| 北京市 | 0.7614 | 0.3219 | 1.0833 |

绿色建筑投资是房地产业的一部分，额外的投入会通过房地产业对宏观经济带动效应来产生宏观经济的影响。2007 的统计数据指出绿色建筑投资在我国房地产业内每增加 1 单位产值，平均对各产业的总带动效应为 1.0648。也就是说如果绿色建筑为了提高建筑的节能减排水平而投入每 1 万元增量成本，会在整个经济体系内额外产生平均 10,648 元的经济产值。

由表 4-1 可以看出，2007 年，绿色建筑的宏观经济带动效益在上海市是最高的，总效益系数达到 1.7554。在上海市的绿色建筑建设投入每 1 万元增量成本，会在整个城市经济体系内额外产生 17,554 元的经济产值，在全国城市地区中名列最高。其他城市省份的总带动效益系数分别为：北京市 1.0833、广东省 1.115、江苏省 0.8995、天津市 0.6903。

这些数据的目的是建立和提供一个科学的和以经济分析方法为基础的框架，供政策决定者参考。具体测算未来绿色建筑对国家或地区的经济影响力度规模不在本书叙述的范围内。以我国十二五期间的绿色建筑建设量目标作为一个测算范例。2012 年 4 月，财政部和住房城乡建设部联合发布《关于加快推动我国绿色建筑发展的实施意见》，明确提出："力争到 2020 年，绿色建筑占新建建筑比重超过三成。我国的目标是在十二五期间达到全国有 10 亿平方米的绿色建筑量，而 2010 年年底前，全国绿色建筑评价标识项目建筑面积约为 1000 万平方米，所以就是在十二五期间增加约 9 亿 9 千万平方米的绿色建筑建设面积。根据于 2011 年对我国绿色建筑的经济成本数据调研与分析[①]，以及本报告上述成本分析中对住宅和公建绿色建筑的成本调查，再假设未来绿色建筑技术要求会有所提升等考虑，可以设每一平方米的绿色建筑平均平均需要投入 100 元增量成本，就是在十二五期间在房地产业的额外直接投入可以达到 990 亿元。以全国整体来测算，绿色建筑投资在我国房地产业内每增加 1 单位产值，平均对各产业的总带动效应为 1.0648，带来额外约 1,054 亿元产值。低碳绿色建筑的宏观经济总效益是直接投入和带动产值的和，测算为 2,044 亿元。

---

① 　叶祖达, 梁俊强, 李宏军等. 我国绿色建筑的经济考虑 成本效益实证分析 [J]. 生态城市与绿色建筑, 2（4）: 28-33.

## 三、绿色建筑建设对社会就业的带动效应

### （一）绿色建筑建设对社会就业的带动效应

产业发展会带动就业增长。各种产业尤其是国民经济主导产业的发展促进宏观经济整体发展，扩大了整个社会的就业空间，带动了劳动投入量的提升。随着我国经济持续稳健发展，房地产业从业人员在总就业人口中的比重持续稳定增长。房地产业的健康发展对扩大就业机会起到了积极的作用[①]。要测算分析绿色建筑建设带来的就业效益，本文进一步在此分析框架的基础上，指出绿色建筑的增量投资就可以基于房地产业对社会就业的总带动效应，而产生额外就业岗位。

要测算绿色建筑投入通过房地产业产值增加，而引发房地产业的就业岗位数量增加，首先要收集历史房地产业每年的总产量和就业人数的数据，然后假设经济增长与就业人数之间呈非线性关系，建立的经济增长与就业人数之间的非线性模型方程[②]：

$$L = f(Y) = AY^a \qquad (4-5)$$

式中，

$Y$：房地产业产值

$L$：房地产业就业人数

$A$：常数

$a$：就业产值弹性系数

将模型函数模式两边取对数，变成易于推算产值弹性系数 $a$ 的方程：

$$lnL = A + a\,lnY + e \qquad （4-6）$$

式中，

$Y$：房地产业产值

$L$：房地产业就业人数

$A$：常数

$a$：就业产值弹性系数

$e$：表示随机误差

将不同年份间房地产业每年的总产量和对应的房地产就业人数的数据代入函数（方程4-6）中，利用统计软件进行回归计算，最终确定房地产业就业产值弹性系数 $a$ 值（变量）和 $A$ 值（常数）。

例如，可以用北京市应用上面的方程，测算北京房地产业就业产值弹性，也就是北京房地产业的产值增长，每变动 1% 引起产业就业增长率变动的百分比[③]。通过调查历年的北

① 谢宝华,刘平.区域经济不均衡发展现状对我国房地产业就业的影响[J].经济研究导刊,2007,(10).

② 刘水杏.北京市房地产业的社会经济效应[M].北京：中国建筑工业出版社，2011.

③ 贾卓.北京市房地产业对社会就业的带动效应分析[D].首都经济贸易大学，2009.

京统计年鉴，得到各年北京市房地产业总产量和房地产业就业人数的数据。将表4-1中数据运用弹性模型方程4-6计算，得出北京房地产业就业产出弹性a=0.2930，A= 4.0425。通过同样方法可以计算全国和不同地区的房地产就业产值弹性，测算未来房地产直接就业带动影响。

### （二）绿色建筑社会就业总带动效应

根据2007年的统计数据，分析绿色建筑建设通过房地产业带来的就业效益。首先运用就业产值弹性模型（方程4-5、4-6）测算绿色建筑投入通过房地产业产值增加，而引发全国于十二五期间房地产业的就业岗位数量增加。

图4-3是将全国不同年份间房地产业年总产量和对应的房地产就业人数的数据代入函数（方程4-6）中，利用统计软件进行回归计算，确定全国房地产业就业产值弹性系数 *a* 值（变量）和 *A* 值（常数）。代入方程4-5：

$$L = f(Y) = AYa$$

$$L = 3.187(Y)0.4147$$

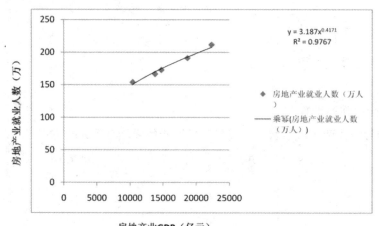

图 4-1　全国房地产产值与本身产业的就业关系

以上的数据分析，建立计算十二五期间绿色建筑增量投入带来的就业影响方法。可以整理我国在2010年到2015年间GDP与就业的数据。基本历史数据从《中国统计年鉴～2011》和《中华人民共和国国民经济和社会发展第十二个五年规划纲要》文件中摘入。在绿色建筑增量投入对全国整体就业产生的影响时，采用前面的模型，包括主要的成果如下：

2010年全国GDP为401，202亿元，房地产业产值为22，316亿元；

从2010底到2015底的五年内，全国绿色建筑的增量成本（绿色建筑对经济体系的额外投入）为960亿元；从2010年到2015年，绿色建筑的额外直接经济影响为基准年房地产业产值的4.3%；

基于统计数据分析的总经济效应系数值，绿色建筑投资在我国房地产业内每增加 1 单位产值，平均对各产业的总带动效应为 1.0648。总间接效应为 1，021 亿元；

根据上述系数，推算出期内绿色建筑的直接和间接的总经济效益为（990 + 1，054）2，044 亿元。

基于统计数据分析得到的房地产产值与本身产业的就业弹性方程 4-5 的 $a$（弹性系数）和 $A$（常数），统计数据指出绿色建筑投资在我国房地产业内增加 990 亿元产值，对本身产业的就业带动效应为 56.61 万个岗位。

从以上分析可见，绿色建筑在十二五期间的额外投入，对宏观经济有明显的、重要的增量影响，而通过直接和间接就业带动效应，将产生乘数效应的额外工作岗位数。

绿色建筑的增量投资是绿色建筑对社会经济整体的增量投入。额外的投资带来整体生产总值的增加。分析低碳绿色建筑的增量投资对宏观经济的影响，就是要量度绿色建筑作为房地产业一部分对经济产值和就业的影响。本研究针对这个问题做出讨论，提出分析理论和方法，补充目前在这方面研究的不足。并以实例和数据，通过建立直接与间接相关产业的后向与前向影响的模型，以及绿色建筑额外增量产值对本身就业的带动关系的分析，测算十二五期间我国绿色建筑的整体宏观经济效益。

# 第五章　新时期绿色建筑经济的展望及产业发展策略研究

科技和社会的进步使人们对居住环境有了更高的要求，不仅要求建筑外表具有形式美，而且要求建筑给人们提供一个安全、舒适、便捷的生活环境。建筑艺术是建筑师赋予建筑物的灵魂，现代建筑中优秀艺术作品不断涌现，给人类留下了很高的文化价值和审美价值。伴随着人们对绿色世界的追求，"绿色建筑"登上了人类舞台，它倡导节约能源、可循环利用、回归自然的设计理念。不断进步的科技将使建筑更加智能化，从而给人们提供更为舒适、便捷的生活环境。绿色建筑是一个很大的范畴，产业化建筑应该是包含在绿色建筑中的。但同时，用传统的钢筋混凝土结构也同样可以达到绿色建筑的要求。因此，如果产业化建筑能在短时期内得到快速普及的话，自然也将带动绿色建筑快速发展。据了解，相比粗放型的传统建筑模式，现代产业建筑模式运用工业手段和工业组织，对建筑各个阶段的各个生产要素通过技术手段集成和系统的整合，达到建筑的标准化，构件生产工厂化，住宅部品系列化，现场施工装配化，土建装修一体化，生产经营社会化，形成有序的工厂的流水作业，以大规模工业化生产方式制造住宅，以提高生产效率和整体质量，并有效降低建筑能耗，从根本上改变传统建筑方式对资源能源的大量消耗及对环境带来的巨大影响，最终实现由"高能耗建筑"向"绿色建筑"的转变。目前，国内 80% 的省市都出台了地方"红头文件"响应国家在建筑产业化方面的号召，并同时推出中长期的推动目标。其中，诸如北京、上海等地也都以建筑产业化为切入点，在示范项目申报、扶持资金申请、土地招标等环节将"采用建筑工业化方式建设"列为必要条件，以图大力推动建筑产业化试点示范项目的发展。

## 第一节　新时期时代下绿色建筑经济的展望

### 一、新时期绿色建筑市场发展潜力

《建筑节能与绿色建筑发展"十三五"规划》指出，到 2020 年，城镇新建建筑能效水平比 2015 年提升 20%，部分地区及建筑门窗等关键部位建筑节能标准达到或接近国际现阶段先进水平。城镇新建建筑中绿色建筑面积比重超过 50%，绿色建材应用比重超过

40%。完成既有居住建筑节能改造面积 5 亿平方米以上，公共建筑节能改造 1 亿平方米，全国城镇既有居住建筑中节能建筑所占比例超过 60%。城镇可再生能源替代民用建筑常规能源消耗比重超过 6%。经济发达地区及重点发展区域农村建筑节能取得突破，采用节能措施比例超过 10%。加快提高建筑节能标准及执行质量，全面推动绿色建筑发展量质齐升，稳步提升既有建筑节能水平，深入推进可再生能源建筑应用，积极推进农村建筑节能。

## 二、新时期绿色建筑市场发展前景展望

经济发展越来越快，城市的变化也是日新月异，绿色建筑渐渐成为一个城市的标志性建筑。绿色建筑在我国虽然起步仅十年，但由于其节能减排的潜力超越了建筑业本身，行业发展十分迅速。随着我国建筑业的高速发展，建筑的能耗也随之急剧上升，巨大的建筑能耗，已成为国民经济的负担。因此建筑节能与绿色建筑的发展势在必行。

## 三、新时期绿色建筑细分行业发展前景分析

绿色建筑作为建筑行业的增量市场，可以分为建筑节能、建筑智能、风景园林、建筑工业化四大细分产业。

在未来绿色建筑市场的进一步扩张中，智能建筑，节能系统可望占据更多市场份额，新材料，建筑工业化，风景园林等细分产业将乘着市场空间扩张的春风受益。几大细分产业都将随着绿色建筑经济的发展得到行业规模的壮大。

建筑自动化节能、节水、室内舒适度的指标未来将随着智能建筑的发展逐渐实现一体化自动控制，建筑智能可望成为绿色建筑主要细分行业。建筑节能产业对应建筑节能新材料，建筑工业化对应绿色施工与运营，风景园林产业对应绿色建筑室内环境指标，以上三大产业规模将随着绿色建筑经济增长而增长。不同细分产业占比将有所变化。我们认为，到 2020 年，智能建筑将占据绿色建筑行业 40% 的市场份额，建筑节能、风景园林、建筑工业化三大产业将分别占据绿色建筑市场 20%、22.5%、17.5% 的市场份额。

# 第二节　新时期绿色建筑经济的发展趋势

存全球可持续发展的共同目标下，提升建筑与人、建筑与自然之间的协调关系，是当今建筑发展的主要课题，也是建筑产业现代化的根本目的。随着工业 4.0 时代的到来，全球工业信息化和自动化带来计算机技术与建筑领域的不断融合，基于"碳中和"等背景的建筑新目标被不断提出，人们将会越来越重视未来建筑对人的行为和环境变化的响应、互动。建筑产业现代化是一个发展的过程，是一个历史的动态概念。随着科学技术的发展和

新技术的广泛运用，建筑产业现代化的水平越来越高。为用户提供满足需求的低碳绿色建筑产品，由多种技术打造的人性化、智能化建筑"系统"，必将成为未来绿色建筑形态的主流。

# 一、高新技术在绿色建筑经济现代化中的应用

纵观建筑历史上的每一次风起云涌，都不难发现其背后有技术革新的影子。当代建筑业对技术的大胆尝试和利用大都局限于材料技术、结构技术、设备技术等对建筑创作的创新方面。近十年来，人们越来越多地认识到了信息技术的发展给建筑带来的影响。

## （一）新型材料与新工艺

高新技术的出现促进了人们对材料本质、结构、性能认识的深入和材料制备手段的进步，使得材料科学取得了长足的发展，尤其是涌现出了大量性能优良、功能多样化的新概念功能材料。可用于建筑领域的新型功能材料如下：

### 1. 光、热敏感材料

这类材料的颜色，能随外界光照强度或温度的改变而呈可逆变化，称之为光致变色或热致变色材料。利用其中一些材料随光照强度或温度升高颜色变深而使透光性下降这一特点，可将其以薄膜的形式涂、贴或镀于建筑物门、窗等普通玻璃表面。当室外日照强烈或室外温度过高时，可通过玻璃颜色自动变深，来降低进入室内的日照辐射。相反，利用其中一些材料随光强或温度升高而颜色变浅的特点，可将其涂于建筑外墙面，当室外日照过于强烈时，其颜色变浅而减少建筑物对日光的吸收。

### 2. 常能材料

这类材料种类较多，可从不同的角度达到节能的目的。例如，利用具有低光传输损耗和对太阳可见光光谱传输特征的光纤，可将太阳的自然光导入日照不足的建筑（如暗厅、黑厕所等）内。将光纤与具有后发光作用的储光材料相结合，还可将白天的太阳能储存用于夜晚的室内照明。这类储光材料，并不借助于光电或光热转换过程，可直接储存和释放太阳光能，因而它对太阳能的利用率高。又如，受光照射激发后能发出较强光的光致发光材料，已有研究报道将这类材料涂敷于建筑物墙面上，其可在夜间或暗处发出使人眼能分辨物体的光强，持续时间达 8 小时。另外，还有一些金属和金属化合物选择性光透过材料，这类材料允许可见光透过而隔离红外线，将其制作成膜，附于建筑物的玻璃上，可以让日光以可见光形式充分进入室内，同时，防止室内热量以红外辐射的方式从玻璃处散失。

### 3. 环保材料

这类材料有半导体光催化材料、无机抗菌材料、电磁屏蔽材料、紫外线过滤材料等。光催化材料如掺杂二氧化钛等，在光照下通过光化学反应而催化分解空气中，能吸附不利于人类健康的氨气、甲醛等多种有机挥发物，杀灭空气中的细菌，净化室内空气。这类材

料具有使用中自身无消耗、对环境无二次污染等优点。据报道，口本已尝试将这类材料制作成白净化玻璃和墙涂料用于医院室内的空气净化。无机抗菌材料中有一类含有银、铜等金属离子的材料，较目前大量使用的有机抗菌剂而言，其具有安全、广谱抗菌性、无耐药性、无二次污染、抗菌性能稳定且持久等特点。类似的材料已在舰艇外壳涂料中使用，以防止海洋生物的附着。例如，将这类材料用于建筑物如卫生间、下水道等处，则可达到防止细菌附着滋生的目的。电磁屏蔽材料的作用是隔离电磁辐射，其所屏蔽的电磁辐射波段可有不同。根据需要可将其以涂料形式涂附于建筑物需屏蔽部位，既可防止外来有害电磁辐射进入建筑物内，也可防止建筑物内的电磁辐射泄露于室外。这类材料已被用于军事设施的抗电磁干扰和防信息泄密。紫外线透过材料，如一些金属氧化物，可让日光中的可见光透过而过滤其中的紫外线，这类材料已在某些防日晒产品中使用，若将其成膜于博物馆、展览馆等建筑的采光玻璃上，则可达到保护室内展物免受紫外线损伤的目的。

4. 机敏材料

机敏材料是将感应功能与执行功能集于一身的一类材料。其典型代表是已在航天器、军用占机及舰艇等上获得应用的形状记忆合金。形状记忆合金，具有形状能随温度或所受应力的改变，而自动可逆或不可逆地恢复至事先所设计形状的功能，形状能随温度可逆变化的形状记忆合金可用于建筑物百叶窗、空调风门、太阳能接收装置等的自动温控调节，形状随温度不可逆变化的形状记忆合金可用于制作密封性能十分优异的各种自紧管接头。形状能受应力激发而变化的形状记忆合金，可作为自动修复材料埋入建筑物内，一旦建筑物因过载出现裂缝，埋入的形状记忆合金受应力变化激发，产生的形状变化将产生反向应力抑制缝的进一步扩展。还有一类具有自动修复功能的中空纤维机敏材料，正在被研究，这种纤维内含液态胶粘剂，可预先埋没于建筑物体内，一旦建筑物局部变形开裂，其将释放出液态胶粘剂黏合建筑物裂缝，防止裂缝进一步扩大。

5. 减振材料

这类材料有各种阻尼合金、磁或电变流体等。阻尼合金利用所受交变应力引起的合金内部相变等过程消耗外来能量，其已在军事上如潜艇中获得广泛应用。若将其用于建筑物基础和建筑用设备基本上，则可成为良好的耗能减振材料。例如，以阻尼合金制作电梯结构件，可减小电梯噪声，以阻尼合金制作建筑中管道连接件可阻止噪声顺管道传递。磁或电变流体是一类其黏度随磁或电场强度变化可迅速、连续在液态与近乎同态之间改变的流体材料。以其制作阻尼器，利用振动产生的电磁反馈信号控制阻尼器中磁或电变流体黏度的变化则可达到减震的目的。这类阻尼器具有阻尼参数可实时调整、阻尼力大且可控、能耗低等优点。最早设想的是将其用于车辆的悬挂系统中，但若将其设置于建筑的各种振动隔离系统中，则可达到控制地震等引起的建筑物振动的目的。

（二）信息化技术的应用

党的十八大报告提出："坚持走中国特色新型工业化、信息化、城镇化、农业现代化道路，推动信息化和工业化深度融合、工业化和城镇化良性互动、城镇化和农业现代化相互协调，促进工业化、信息化、城镇化、农业现代化同步发展。"

住房和城乡建设部科技与产业化发展中心建筑技术处处长叶明表示，在信息化和建筑工业化发展的互相推进中，信息化的发展现阶段主要表现在建筑信息模型（简称"BIM"）技术在建筑工业化中的应用。BIM 技术作为信息化技术的一种，已随着建筑工业化的推进逐渐在我国建筑业应用推广。建筑信息化发展阶段依次是"手工、自动化、信息化、网络化"，而 BIM 技术正在开启我国建筑施工从自动化到信息化的转变。

工程项目是建筑业的核心业务，工程项目信息化主要依靠工具类软件（如造价和计量软件等）和管理类软件（如造价管理系统、招投标知识管理、施工项目管理解决方案等），BIM 技术能够实现工程项目的信息化建设，通过可视化的技术促进规划方、设计方、施工方和运维方协同工作，并对项目进行全生命周期管理，特别是从设计方案、施工进度、成本、质量、安全、环保等方面，增强项目的可预知性和可控性。

随着越来越多的企业认识到 BIM 技术的重要性，BIM 技术将逐步向 4D/5D 仿真模拟和数字化制造方向发展，工业化住宅建造过程届时将更可控、效益将更高，不管未来建筑信息化技术如何发展，从现阶段来看，其已在我国建筑工业化发展中扮演了"推进器"的角色，随着未来信息化和工业化的深度融合，信息化必将在我国的产业化发展中起到更大的作用。

新型建筑工业化正是将传统建筑业的湿作业建造模式转向制造业工厂生产模式。制造业信息化将信息技术、自动化技术、现代管理技术与制造技术相结合，可以改善制造企业的经营、管理、产品开发和生产等各个环节；提高生产效率、产品质量和企业的创新能力，降低消耗，带动产品设计方法和设计工具的创新、企业管理模式的创新、制造技术的创新以及企业间协作关系的创新，从而实现产品设计制造和企业管理的信息化、生产过程控制的智能化、制造装备的数控化以及咨询服务的网络化，全面提升建筑企业的竞争力。

## （三）"互联网＋"

世界正在发生改革，科技的力量在改变着我们的世界，"互联网＋"无疑为建筑业的改革创新带来了新的内涵，对于建筑业来说，在融入互联网思维的进程中，整个产业存在着很多的机遇。建筑业的未来发展过程中，产业的最大机遇是城镇化的建设，由于基础设施投资额大，以及国家"一带一路"战略的提出，都将促进建筑产业的未来发展。因此，可以预见，"互联网＋"在促进建筑业的可持续发展的同时，也将助推工程项目不断创新。

"互联网＋"建筑业可以利用数字加工技术、智能硬件、互联网、大数据、征信体系、云计算、移动技术等各种各样的新技术，为建筑业提供更好的服务。"互联网＋"为建筑业提供了专业应用，并促使项目现场各个环节工作的效率提高，保证项目质量，降低建造成本。未来的建筑产品应该更加绿色、更加低碳、更加集约；在建造过程中则需要更加精密，施工现场要更加智慧，整个施工过程要更加的绿色，同时，建筑能够更加低碳，甚至实现"零排放"，这就需要在建造过程中更加智慧，并在建筑的后期运行过程中更加高效、集约，将社会的更多资源统筹起来，综合运用。而要想实现建筑业精益、智慧、绿色的发展，需要建筑业的相关组织和人员都要发生一种变化和提升，包括组织能力、技术创新能力、管理创新能力、人员素质能力等。

随着信息化技术的发展，建筑业会越来越多地应用 BIM 技术、物联网、大数据和云计算以及其他智能硬件为代表的移动应用技术等，这些技术将真正融入建筑行业中，使整个行业更好地发展。

"互联网＋"建筑业会怎样解决这些问题呢？建筑产业在迈向现代化的过程中，最重要的是新型建筑工业化，它的基础则需要信息化技术，并将部品部件进行标准化，把各种各样信息输入进来，在建筑的设计阶段、装配阶段包括验收阶段，提高产品效益。同时，在设计阶段运用 BIM 技术进行三维设计和深化设计，可以提前预知项目所面临的困难；施工现场利用 BIM 技术，则可以把质量、成本等进行融合，并利用各种各样的移动技术深入到项目的施工现场。这也是因为项目施工现场大多是移动的办公方式，利用一些信息化手段可以大大提高项目的生产效率。在验收阶段，可以利用智能硬件技术和信息化技术相结合，比如三维扫描技术等，来提高项目验收的质量和效率。可以说，"互联网＋"时代，这些技术和相关产品为建筑业提供了专业应用，并促使项目现场各个环节工作的效率提高，保证项目质量，降低建造成本。

"互联网＋"从某种意义上说，就是把建筑行业的信息化技术和社会上通用的信息化技术结合在一起，从而更好地为行业服务。比如目前行业内炙手可热的 BIM 技术，"互联网＋"建筑业可以在 BIM 技术的基础上，利用数字加工技术、智能硬件、互联网、大数据、征信体系、云计算、移动技术等各种各样的新技术，为行业提供更好的服务。

在"互联网＋"时代，建筑业的各参与方，包括建设单位、设计单位、施工单位、分包单位、行业主管以及很多中介单位等，都发生了很大的变化，同时，整个行业更多利用信息化手段来更好地管理项目。在专业应用的基础上，建筑业也积极融入云技术。因为建筑业有很多独特的技术、格式、要求，这就需要在行业应用的基础上，将项目现场各种数据及时收集到，保证数据的真实性，并利用大数据的挖掘和分析功能，提供各种各样大数据的服务，最终让行业持续提高，不断进步。同时在大数据的基础上，逐渐积累行业内的征信体系，在征信体系基础上，为行业融资，降低融资成本，提高融资便利。这就是"互联网＋"建筑业应有的"模样"。

互联网的特点是信息真正的公开，然而建筑行业的特点则是割裂、博弈的。如何使项目的各个参与方形成一个团队，并用合作的方式把产品做好，这个过程中需要一个良好的沟通机制和协作机制，这个改变将在未来发生，但它的发生不是一开始就发生。按照互联网的特点，首先是连接，接入以后大家会互动，互动过程中慢慢产生需求，接入到互联网以后信息变得更加丰富，因而可以省略很多中间环节，在这个过程就会有大数据产生。对很多业主来说，在投资的时候不清楚项目的成本和支出费用等，如果有大数据就可以知道相关费用，进而再利用大数据建立征信体系，真正地把信息化通过产业化的方式高度集成，未来也将不断建立和完善云服务系统和大数据平台，为全国提供信息化管理的服务，共同推进我国新型建筑工业化的快速发展。

## 二、新时期时代下绿色建筑经济发展新思路

### （一）智能建筑

1984 年，世界上第一座智能大厦在美国康涅狄格州（Connecticut）哈特福德市（Hartford）诞生，被称为"都市大厦"（City Palace Building）。从此，智能建筑以世界建筑业高新技术的姿态在世界范围内蓬勃发展、独占鳌头。

什么是智能建筑？至今世界上虽没有一个公认的统一的定义。但是，伴随着智能建筑在世界各地的发展应用，美国、日本、中国、欧洲等国家和地区都给出了相应的智能建筑的定义。

我国在智能建筑约十多年发展的过程中，认真研究并借鉴了美国等国外智能建筑的发展情况，提出了适合我国国情的智能建筑定义：智能建筑（Intelligent Building），它是以建筑为平台，兼备建筑设备、办公自动化及通信网络系统，集结构、系统、服务、管理及它们之间的最优化组合，向人们提供一个安全、高效、舒适、便利的建筑环境。这个定义是人们在对国内外很多公认的智能建筑定义分析和研究后建立起来的共同的概念。它首次出现在《智能建筑设计标准》（GB/T 50314 ~ 2000）中，不仅是我国智能建筑业发展的基本依据和理念，也具有国际公认性，有利于我国智能建筑业与世界智能建筑业的接轨和发展。

#### 1. 智能建筑的发展

智能建筑是随着人类对建筑内外信息交换、安全性、舒适性、便利性和节能性的要求产生的。智能建筑及节能行业强调用户体验，具有内生发展动力。建筑智能化提高客户工作效率，提升建筑适用性，降低使用成本，已经成为发展趋势。有关数据显示，2012 年我国新建建筑中智能建筑的比例仅为 26% 左右，远低于美国的 70%、日本的 60%，市场拓展空间巨大。同时，我国中国城镇化建设的不断推进，也给智能建筑的发展提供了沃土。我国平均每年要建 20 亿平方米左右的新建建筑，预计这一过程还要持续 25 ~ 30 年。按照"十二五"末国内新建建筑中智能建筑占新建建筑比例 30% 计算，该比例提高近一倍。2012 ~ 2015 年新增建筑面积达到 156 亿平方米，倘若按照保守假定未来 25% 具备智能化（在新建建筑智能化占比中，美国为 70%，日本为 60%），市场需求近 4 700 亿元。

未来，中国、印度、日本和印度尼西亚将是智能建筑行业发展最快的地区。据相关规划统计，到 2020 年，在城市化、智能城市和政府减碳目标的推动下，亚洲的建筑市场份额将占全球的 43%，其中亚洲智能建筑市场将达到 10.4 亿美元。

在我国，由于智能建筑的理念契合了可持续发展的生态和谐发展理念，所以我国智能建筑主要更多凸显出的是智能建筑的节能环保性、实用性、先进性及可持续升级发展等特点，和其他国家的智能建筑相比，我国更加注重智能建筑的节能减排，更加追求的是智能建筑的高效和低碳。这一切对于节能减排降低能源消耗等都具有非常积极的促进作用。

随着我国社会生产力水平的不断进步，随着我国计算机网络技术、现代控制技术、智能卡技术、可视化技术、无线局域网技术、数据卫星通信技术等高科技技术水平的不断提升，智能建筑将会在未来我国的城市建设中发挥更加重要的作用，将会作为现代建筑甚至未来建筑的一个有机组成部分，不断吸收并采用新的可靠性技术，不断实现设计和技术上的突破，为传统的建筑概念赋予新的内容，稳定且持续不断改进才是今后的发展厅向。

2. 智能建筑的特点

（1）智能建筑是以人为本的现代建筑环境，随着科技的发展和人类的进步，人类的生活、工作、休闲都对建筑环境提出了更新更高的需求，"向人们提供一个安全、高效、舒适、便利的建筑环境"正是体现出"以人为本"的永恒的主题，也明确了发展智能建筑的基本方向和目的。这就为世界各国健康地发展智能建筑奠定了基础，避免了盲目性。

（2）突出了智能建筑应具有很强的适应性、适用性。各国和地区的科技水平、经济实力和文化素质甚至意识形态和社会制度各有不同，智能建筑的"智能"程度、发展速度甚至具体内容和方式不尽相同。因此，出现了各国各地区不同的智能建筑的定义，正是这种差异的客观反映。智能建筑的定义、概念和发展应与本国本地区的具体情况相适应，切不可生搬硬套外围的经验。在吸引公认的概念的同时提出本国的定义内容是定义智能建筑的基本原则。

（3）智能建筑定义和智能建筑技术一样，是不断发展变化的，不断前进的。智能建筑已被公认为 21 世纪建筑业的高新技术，是建筑业的发展方向，达到一个同家尤其世界范围的建筑智能化的道路还很长，但是，在这个过程中，智能建筑的具体内容也是在不断发展变化的。随着现代高科技的不断发展，建筑环境的智能化程度会不断提高。

## （二）开放建筑

开放建筑的概念起源于荷兰，是根植于建成环境的、顺应世代交替规律的理论和设计方法。当今时代，社会和科技的变化日新月异，建筑需要具备随着时间改变的能力，才能满足不断变化的新要求。

（1）开放建筑是一种扎根于日常生活环境的建筑设计策略。"开放建筑"理论认为"建筑及其环境不是静止不变的。在社会和技术的变迁中，建筑需要使自己保持功能不落后。"其思想体系包括两方面内容：社会、生活的动态发展要求建筑形态必须是一种开放的体系，以达成建筑形态与社会生活的互适；建筑创作应包含多层次和多角色，由政府、建筑师、公众参与组成的开放系统。

（2）开放建筑体系的内容用中国的古话讲就是"以不变应万变"。其中不变的部分是其"支撑体系",作为建筑骨架的支撑体系受到各种技术和材料条件的制约是不可变的,而其中万变的部分是其"填充体系",这一部分随着经济、社会、家庭结构的变化而不断变化,以提供灵活、自由、弹性的空间。

(3)开放建筑概念具有不同的阶层性,它不仅是房屋内部的设计而且涉及城市设计的内容,以适应使用者的不同需要和城市的发展。对于建筑而言要充分发挥使用者的创造性,提倡"do it yourself",便于高效空间的开发和利用,使空间极富个性;对于一个地区而言,它使地方建筑学的发展成为可能,以形成具有地区的历史和民族形式特色的地方经济构架,形成明显的地方特色,从而促使地方经济的发展和地方文脉的延续。

(4)开放建筑为建筑的工业化生产和低造价提供了更大的可能性,同时有利于建筑工业的大力发展与建筑部件的工业化和标准化生产。

### (三)建筑功能技术拓展

美国在产业化 Rcsidence function technique(住宅功能技术)的研究方面开展了工作,例如,美国航天署正努力将太空船中心先进环境技术如水的循环、净化利用、太阳能电池等推广到住宅功能技术中。例如,"卫生间中水处理系统"就是将生活废水经物化或生化处理达到《国际生活用水水质标准》。又如避免卫生间排水在地面上打洞与管道不穿越楼板的"后排水构造系统",从根本上消除了产生噪声、交叉感染、冷凝水等问题。还有光热利用和光电技术应用的太阳能技术,在产业化住宅中应用的产品有太阳能灶、太阳能热水器、太阳能电池、光伏发电站(系统)等。

# 第三节　新时期绿色建筑经济的发展策略

随着全球气候变暖,世界各国对建筑节能的关注程度日益增加。美国能源情报署资料显示,二氧化碳的排放 88% 来自建筑物,目前全球建筑能耗占到终端能耗的 30% ~ 40%。我国每年新建建筑中,99% 以上是高能耗建筑;而既有建筑 430 亿 mL 建筑中,只有 4% 采用了节能措施。据测算,若不发展绿色建筑,不采取科技节能手段,到 2020 年,我国建筑能耗将增至 10.89 亿 tce,10 个三峡发电站的满负荷运行才能满足高峰期空调负荷。由此可见,发展绿色建筑与建筑节能已刻不容缓。

## 一、加快普及绿色建筑

### (一)积极推进绿色建筑规划

规划是一项具有全局性、综合性、战略性的重要工作,是指导、调控绿色建筑建设和发展的基本手段。搞好绿色建筑规划，对于发展绿色建筑、改善人居环境、保护生态环境、促进社会经济绿色低碳发展具有十分重要的意义。

国家发展和改革委、住房和城乡建设部发布的《绿色建筑行动方案》提出："'十二五'期间，完成新建绿色建筑 10 亿 m²；到 2015 年年末，20% 的城镇新建建筑达到绿色建筑标准要求。"为了实现这一目标，促进绿色建筑的长远发展，应以规划为抓手，积极推进"绿色建筑专项规划"或"绿色建筑中长期规划"的编制工作，用规划来指导绿色建筑行动，切实推动我国绿色建筑的发展。

1. 加强绿色建筑规划编制的组织

国务院城乡规划主管部门会同国务院有关部门组织编制全国城镇绿色建筑体系规划，用于指导省域城镇绿色建筑体系规划、城市绿色建筑总体规划的编制；省、自治区人民政府城乡规划部门组织编制省域城镇绿色建筑体系规划；直辖市及其他城市人民政府组织编制所在市的城市绿色建筑总体规划；县、镇人民政府组织编制县、镇人民政府所在地镇的绿色建筑总体规划。

2. 落实绿色建筑规划的编制依据

编制全国城镇绿色建筑体系规划时，要综合考虑我国基本国情、经济发展水平及国家"十二五"规划等大政方针；各省、自治区、直辖市、县、镇人民政府组织编制其所在地的绿色建筑规划时，要充分考虑各地经济社会发展水平、资源禀赋、气候条件、建筑特点等，因地制宜地编制绿色建筑规划，合理确定绿色建筑的建设规模、步骤和建设标准：既要有适当的超前意识，但又不能脱离客观实际。

3. 明确绿色建筑规划的编制主体

编制绿色建筑规划需要有效、准确及翔实的信息和数据，并以其为基础进行定性与定量的预测，还应符合相关技术及标准，其专业性、技术性较强，故绿色建筑规划组织编制机关应当委托具有相应资质等级的单位来承担绿色建筑规划的具体编制工作。并要组织专家进行评审，确保规划的合理性、有效性及可行性。

规划是行动的指导，要积极编制绿色建筑规划，指导绿色建筑的建设和发展。尤其是我国当前正处在城镇化和新农村建设快速发展的时期，做好城镇化和新农村建设中的绿色建筑规划，必将极大地推进绿色建筑的规模化发展，推动城乡建设走上绿色、循环、低碳的科学发展轨道，促进经济社会全面、协调、可持续发展。

## （二）促进城镇绿色建筑规模化发展

1. 规模化推进

根据各地区气候、资源、经济和社会发展的不同特点，因地制宜地进行绿色生态城区规划和建设，逐步推动先行地区和新建园区（学校、医院、文化等园区）的新建建筑全面执行绿色建筑标准，推进绿色建筑规模化发展。

2. 新旧结合推进

将新建区域和旧城更新作为规模化推进绿色建筑的重要手段。新建区域的建设注重将绿色建筑的单项技术发展延伸至能源、交通、环境、建筑、景观等多项技术的集成化创新，实现区域资源效率的整体提升，旧城更新应在合理规划的基础上，保护历史文化遗产。统筹规划进行老旧小区环境整治；老旧基础设施更新改造；老旧建筑的抗震及节能改造。

3. 梯度化推进

充分发挥东部沿海地区资金充足、产业成熟的有利条件，优先试点强制推广绿色建筑，发挥先锋模范带头作用；中部地区结合自身条件，划分重点区域发展绿色建筑；西部地区扩大单体建筑示范规模，逐步向规模化推进绿色建筑过渡。

4. 市场化、产业化推进

培育创新能力，突破关键技术，加快科技成果推广应用，开发应用节能环保型建筑材料、装备、技术与产品，限制和淘汰高能耗、高污染产品，大力推广可再生能源技术的综合应用，培育绿色服务产业，形成高效合理的绿色建筑经济链，推进绿色建筑经济化发展。在推动力方面，由政府引导逐步过渡到市场推动，充分发挥市场配置资源的基础性作用，提升企业的发展活力，加大市场主体的融资力度，推进绿色建筑市场化发展。

5. 系统化推进

统筹规划城乡布局，结合城市和农村实际情况，在城乡规划、建设和更新改造中，因地制宜纳入低碳、绿色和生态指标体系，严格保护耕地、水资源、生态与环境，改善城乡用地、用能、用水、用材结构。促进城乡建设模式转型。

## （三）推动农村绿色建筑发展

### 1. 宣传教育是基础

自改革开放以来，虽然我国教育水平有了显著性的提高，但是我国农村地区相对于城市地区的教育水平还有一定差距。绿色节能理念在我国提出、发展的时间还很短，特别是在偏远的农村地区，村民的绿色节能理念还很薄弱。推动农村绿色建筑发展的第一步应该是让村民了解到什么是绿色建筑，这样的建筑能给村民本身带来哪些经济利益，给集体带来怎样的方便、实惠。让村民认识绿色建筑的唯一有效途径就是积极的宣传教育：

### 2. 经济可行是根本

制约农村发展绿色建筑的一个关键因素是经济基础薄弱。虽然我国农村自改革开放以来取得了长足发展，经济实力大为增长，但是，农村的经济相对于城市经济水平仍有一定差距，而且这个差距呈逐年增大趋势农村居民人均可支配收入为城市居民人均可支配收入的 1/4～1/3，因此不可能用高成本去换取农村居民建筑的绿色节能，这样既违背了绿色建筑的本意，也不可能被农村居民所接受。

### 3. 因地制宜，就地取材，被动式设计是途径

农村有着自己独特的地理环境和人文环境，如贵阳位于云贵高原东部，多山地丘陵，

气候温和，降水较多，日照较少，少数民族共有 37 个，其中以布依族、苗族人口居多。石板镇隶属于贵阳市花溪区，镇山村位于石板镇花溪水库的一个半岛上，地理环境为典型的丘陵地貌。镇山村是少数民族聚居区之一，全村 154 户人家中布依族有 139 户，苗族 14 户，汉族仅 1 户。这一地区经济发展缓慢，生产力水平低下，近年来，旅游业的发展相对促进厂当地的农宅建设，但现有农宅建设存在许多问题，低下的生产力水平、原生态的生活方式和多民族聚居的传统，决定了这里的农宅建设与一般农宅建设不同，给设计提出了问题与挑战。

因地制宜、就地取材是推动农村绿色节能建筑发展的强劲动力。如贵州镇山村，盛产石材，硬度适中，非常适合用作建筑材料，在当地形成历史悠久的石头建筑。新建住宅应继续采用当地石材作为建筑材料，挖掘传统石材的潜能，既充分利用当地资源、节约运输成本，又突出地方特色，同时，农村还可以积极地发展沼气，沼气池可以分解动物粪便和植物秸秆等农村常见的垃圾，并且可以产生沼气为村镇居民建筑照明、供暖供热等，这样既净化厂农村的环境，也节省了村镇建筑的能耗。

被动式设计能够助力农村绿色建筑的发展。被动式节能是指建筑物本身通过各种自然的方式来收集和储存能量，建筑物与其周围的环境之间形成自循环的系统，不需要耗能的机械设备来提供支持也能充分利用自然资源，达到节约传统能源的效果：例如，场地的整体规划，室内通风，墙体门窗的保温等。场地的选择及整体规划，必须利用地形的有利因素，遮挡或接收太阳辐射，利用或防止主导风向，增加或降低温湿度，在小气候环境中，场地的方位、风速、风向、地表结构、植被、土壤、水体等都影响其整体状况。室内自然通风组织，自然通风主要是利用风压原理，设计时注意门窗的相对位置、家具摆设等对风在建筑内部的流动影响，也可利用天井、小亭、楼梯间等增加建筑内部开口面积，便于引导自然通风。墙体门窗的保温，需要考虑保温的墙体材料以及合适的门窗面积与墙体面的比值，这些因素直接影响到建筑物的保温性能：

4. 经济政策支持是手段

由于农村发展绿色节能建筑的时间还比较短，村民的积极性和认识还不足。因此，政府的政策引导和经济支持十分必要。政府鼓励农村居民修建绿色建筑，应给予足够的政策引导和经济支持，如简化符合绿色节能农村建设用地审批程序，通过村镇绿色建筑示范工程引导村民合理、科学建设绿色建筑。在经济上给予符合标准的绿色建筑一定的补偿，限制高耗能农村建筑的审批，加强村镇建设标准有关绿色节能实施方面的监督。

## （四）推进不同行业与地域绿色建筑发展

### 1. 推进不同行业绿色建筑发展

目前，在我国大陆有两种绿色建筑评价体系的应用最为广泛，一个是我国自 2008 年 4 月开始实施的绿色建筑评价标识制度，另一个是美国的绿色能源与环境设计先锋奖（Leadership 泊 Energy and Environmental Design, LEED）认证。据统计，截至 2012 年上半年，全国已评出的 390 项绿色建筑评价项目中，住宅建筑项目为 202 项，公共建筑 188 项；截至 2012 年 3 月，我国在美国绿色建筑委员会 USGBC（U.S.Creen Building Council）网站上注册的项目中，申报 LEED 认证最多的是商务办公建筑，其次是多功能建筑，主要是商务办公与其他建筑类型（如零售、餐厅等）相结合的综合性建筑，其次为工业类建筑，多为厂房。

鉴于我国绿色建筑建设现状，除了住宅建筑、商务办公建筑等绿色建筑外，我们还应积极推进不同行业的绿色建筑发展，充分发挥和调动相关部门的积极性，将绿色建筑理念推广应刷到相关领域、相关行业中。如推进绿色校园、绿色医院、绿色酒店、绿色厂房、绿色超市和商场等。要建立和完善覆盖不同行业、不同类型的绿色建筑标准。此外，需要出台不同行业、不同类型绿色建筑的推进意见，明确发展目标、重点任务和措施，加强考核评价，切实将绿色建筑的计划、实施及最后的考核落到实处。

2. 推进不同地域绿色建筑发展

（1）加强区域合作

我国幅员辽阔、气候多样，国土跨越了热带、亚热带、温带、寒带四大气候带，自然环境有很大差异。根据不同气候带所在区域，我国已成立了 3 个区域性绿色建筑联盟，分别是"热带及亚热带地区绿色建筑联盟""夏热冬冷地区绿色建筑联盟"及"严寒和寒冷地区绿色建筑联盟"。这些联盟的成立是为了促进各地区国家绿色建筑委员会和相关地区绿色建筑委员会间共同推动地域绿色建筑发展的一种工作网络和地域性研讨交流平台，3 个联盟的成立，标志着我国绿色建筑发展从南到北进入了全面区域合作的新阶段。

通过区域性联盟这个平台的建立，各个地区都应积极参与联盟的活动，对各地域中绿色建筑发展面临的共性问题进行交流与探讨，针对当地条件提出建设性意见和方案，共同推动区域内绿色建筑的快速和深入发展，形成点、线、面的全方位发展，加快实现绿色建筑的"普及化"。

（2）总结并发扬不同地域传统建筑的特点

在我国，很多地方的传统建筑根据当地的地理气候条件、原材料等情况而建，不仅能满足当地人民的生产生活需要，而且生态环保：如湖南湘西吊脚楼建筑，其架空的底层既通风防潮，又避暑防寒，适合当地山地地形、地表潮湿的地域环境；广州的骑楼也是为适应岭南地区的亚热带气候和地理环境而建造的，由于日照时间长、高温、多雨、潮湿，要求建筑具备防晒、防雨、防潮的功能，广州骑楼以上面住宅、下面店铺的形式为人们遮阳避雨，同时丰富人们的生活空间，节约土地，日常受欢迎；徽派建筑依山建屋、傍水结村，与周围环境巧妙结合，形成冬暖夏凉、舒适宜人的地域微气候；山东威海、荣成沿海一带的海草房，以厚石砌墙，用海草晒干后作为材料苫盖屋顶，是一种独特而具有良好的生态特性的建筑形式。

我们应总结和发扬这些传统建筑的设计理念和建造方法，结合现代建筑业的发展，根据地方的差异性促进适合不同地域特点的绿色建筑的发展。转变对绿色建筑的观念，不是所有绿色建筑都需要昂贵的设备和材料才可以实现。

### （五）严格绿色建筑建设全过程监督

绿色建筑是一项系统工程，贯穿于项目前期、设计、施工、验收以及运营全过程，我国现阶段绿色建筑的开发、设计、施工、运营阶段划分明，职责细化到各单位，特别是建筑设计单位与施工单位互相独立，各负其责，为确保推广绿色建筑既定规划目标的实现，达到预期效果，应当加大绿色建筑策划决策、设计、施工、验收及运营整个过程的监管，严格绿色建筑建设全过程监督，并根据监管反馈信息不断对监管过程进行调整和完善。

1. 策划决策阶段监管

策划决策阶段主要解决绿色建筑定位，确定绿色建筑星级目标，提出绿色建筑节能方案。以此为出发点对项目进行可行性研究，合理分析项目特点、区域环境、用能状况、能耗水平，提出绿色建筑节能方案、论证相关节能技术、分析节能增量成本，以及在此论证的基础上对项目做出合理的绿色建筑预评估。

为了有效推动绿色建筑发展，应从源头加强绿色建筑管理，对绿色建筑的项目立项报告严格把关，对绿色建筑的项目选址、区域环境、建设方案、用能情况、能耗水平、节能方案、工程造价、项目效益等多方面进行综合评估，以使绿色建筑项目方案切实可行。

2. 设计阶段监管

绿色建筑设计与普通建筑项目一样，同样经历初步设计、深化设计、施工图设计等阶段。由于绿色建筑全寿命期费用的 80% 在规划设计阶段确定。因此，加强绿色建筑设计阶段的监管对其投资控制至关重要。

初步设计阶段，主要是依据可行性研究报告、建设地点的勘察资料和其他基础资料，编制绿色建筑方案图、说明书和总概算，主要解决的是绿色建筑的技术可靠性和经济合理性等问题。在该阶段，各级建设规划行政主管部门应按照绿色建筑的标准和要求严格审核绿色建筑的初步设计方案图，各级投资主管行政部门要严把初步设计概算审核关，从技术和投资源头把好关。

深化设计阶段，主要是根据批准的初步设计文件，按照绿色建筑星级目标，确定项目所要达到的技术要求；各个专业根据具体的建筑节能设计技术指标和要求完成深化设计，如空调系统的选型建议，墙体保温、遮阳优化设计、建筑整体能耗等分析和节能技术的全寿命期成本分析；要进行绿色建筑星级认证所需要完成的各项模拟分析，完成《绿色建筑设计方案技术报告》在该阶段，要审核《绿色建筑设计方案技术报告》，必要时组织专家组进行技术论证，主要从技术的适用性、可行性、先进性、经济性等方面加以论证。

施工图设计阶段，主要是根据批准的初步设计文件和主要设备订货情况绘制建筑安装工程和非标准设备需要的施工图，完整地表现绿色建筑物外形、内部空间分割、结构体系、构造状况以及建筑群的组成和周围环境的配合。施工图是对绿色建筑节能标准和指标的具体落实和各种实施策略的具体体现，并直接用于指导施工。施工图也是编制绿色建筑工程施工预算的依据，直接体现工程造价情况。在绿色建筑进入施工阶段前，应严格审查绿色建筑施工图，包括强制性标准审查、节能审查，还应包括工艺设计审查、功能设置审查等内容，以使施工网设计技术过硬、功能与需求匹配，并兼顾工程造价。

3. 施工阶段监管

施工阶段是将绿色建筑由蓝图转变为实体的过程，对绿色建筑建成后的成品质量及其使用效果起着决定性作用。为了确保绿色建筑达到预期建设目标和使用效益，应加强该阶段的监管工作：

（1）施工组织设计审核

绿色建筑施工组织设计是用来指导绿色建筑施工项目全过程各项活动的技术、经济和组织的综合性文件，是绿色建筑施工技术与项目管理有机结合的产物，它能保证绿色建筑工程施工活动有序、高效、科学合理地进行。

绿色建筑工程监理单位应负责组织审核施工组织设计，必要时可组织专家组进行论证和评审，只有经总监理工程师签字确认后的施工组织设计，方可在施工现场予以实施。

（2）施工现场管理监管

施工现场管理是对施工组织设计的具体落实和执行。科学合理的施工组织设计能否实现，施工现场管理水平起着决定性作用，施工现场监管主体包括施工现场项目部所属施工单位、监理单位及建设行政主管部门。各监管主体除对绿色建筑施工现场质量、进度、造价三大目标进行监管外，还着重对绿色施工政策、绿色施工技术、绿色施工措施、绿色施工组织方案等方面的落实和执行情况进行监管

（3）绿色建筑施工技术监管

绿色建筑主要通过从外墙、屋面、门窗等方面提高围护结构的热阻值和密闭性来达到节约建筑物的使用能耗的目的，因此，绿色建筑的施工技术十分重要，主要包括墙体保温施工技术、门窗安装施工技术、保温屋面施工技术、太阳能建筑技术等，这些技术在实际施工过程中，由于采用的工艺标准不一样，选用的材料与设备不一样，其节能效果、使用寿命、工程造价均不同。为此，需要在施工阶段对绿色建筑施工技术实施监管。

工程监理单位的专业人员要在施工前要严格审查绿色建筑施工技术实施方案，必要时召开专家评审会进一步论证，确保各项施工技术落到实处。各地建设行政主管部门应对在施的绿色建筑进行抽查和巡检，对绿色建筑计划采用的施工技术进行检查，如发现不合格项，有权要求其予以修正，对于检查过程中发现的问题应定期复查，确保其达到预期效果。

（4）绿色建筑材料监管

绿色建筑的施工过程，除受到工艺水平、技术先进性、工作人员操作水平等因素影响外，还受到直接构成绿色建筑的有效组成部分（如水泥、砂石、钢材、涂料、灯具、石材、保温材料等各类建构）的影响。

绿色建筑是各类建材经由各种施工工艺和技术形式组合加工而成的产品，各类建材质量的优劣直接决定着绿色建筑产品质量的优劣。因此，在绿色建筑施工过程中应加强绿色

建筑材料的监管。

首先，施工单位应对自行采购及建设单位提供的建材进行检验，从采购源头上严格把关，对于不符合绿色建筑建设要求的建材一律不得入场，已入场的不合格建材应予以清退。其次，工程监理单位应履行监管职责，对入场的建材进行抽检，必要时送专业机构检测。如发现不合格建材，一律不允许使用，并及时清出施工现场。再次，各级建设行政主管部门应对其管辖区域内在施绿色建筑定期巡检，如发现不符合绿色建筑要求的建材坚决要求清退，不得用于工程。

4. 验收阶段监管

验收阶段是绿色建筑从建设阶段转入运营阶段的必经过程，只有通过验收合格的绿色建筑才能投入使用。绿色建筑的验收，应更注重其绿色建筑特有内容的评估和验收，根据各绿色建筑的建设目标及预期效益，结合《绿色建筑评价标准》，对绿色建筑的建设用地占用情况、建设过程中能耗情况、资源能源占用情况等多方面进行评价。

5. 运营阶段监管

绿色建筑竣工验收合格后，即可投入使用。绿色建筑投入运营一段时间后，应对其运营效果进行评估，看其能否达到预期的节能减排目标和使用效益。对绿色建筑运营阶段的监管，可以采取能源审计形式，即在绿色建筑投入运营一定时间后，对其进行能源审计，根据能源审计结果进而对其效益加以评判。

能源审计单位应根据各个绿色建筑项目建设之初制定的建设目标、预期效益及《绿色建筑评价标准》等严格审计。如有不合格项目，情节严重的可以依据奖惩措施给予一定处罚。

在对绿色建筑进行能源审计过程中，一方面对所发现的具有普遍性和共性的问题应加以总结归纳，吸取经验教训；另一方面对于做得好并值得借鉴的地方，应加以推广应用，以便为我国绿色建筑的发展奠定坚实基础，并推动其发展进程。

## 二、推进既有建筑节能改造

### （一）加快城镇既有居住建筑节能改造

我国城镇既有居住建筑规模庞大，由于其年代久远，受当时技术水平和人们的节能意识的限制，基本没有采取任何节能措施，建筑物的保温隔热性能差、设备系统陈旧、工作效率低下，导致了采暖效率低、能耗高。同时，在采暖期和空调期间大量二氧化碳等污染物的排放，也增加了温室气体的浓度和大气污染，建筑节能已成为我国节能减排工作的重要组成部分，既有建筑节能改造，特别是严寒和寒冷地区（也称北方采暖地区）既有居住建筑的节能改造，是我国当前和今后一段时期建筑节能工作的重要内容，对于节约能源、改善室内热环境、减少温室气体排放、促进经济社会绿色低碳可持续发展，具有十分重要的意义。

### 1. 既有居住建筑节能改造的内容

既有居住建筑节能改造通常是指我国严寒和寒冷地区未按照《民用建筑节能设计标准（采暖居住建筑部分）》建设，并已投入使用的采暖居住建筑，通过对其外围护结构、供热采暖系统及其辅助设施进行供热计量与节能改造，使其达到现行建筑节能标准的活动。节能改造的主要内容有：

（1）外墙、屋面、外门窗等围护结构的保温改造；

（2）采暖系统分户供热计量及分室温度调控的改造；

（3）热源（锅炉房或热力站）和供热管网的节能改造；

（4）涉及建筑物修缮、功能改善和采用可再生能源等的综合节能改造。

### 2. 城镇既有居住建筑节能改造的原则

为了保证城镇既有居住建筑节能改造的顺利实施，城镇既有建筑节能改造应坚持以下6项原则。

（1）坚持以人为本，兼顾各方利益。要尊重居民和建筑所有权人的意愿，保障群众权益，兼顾居民、产权单位、供热单位等各方利益，确保社会的和谐稳定。

（2）坚持节约能源与改善居住条件、节省居民热费支出并举。节能改造要与改善居住环境相结合，与实行按用热量计量收费同步推进，在降低采暖能耗的同时，提高建筑质量，改善居住环境，节省居民热费支出。

（3）坚持政府主导、社会参与、市场运作。要发挥政府主导作用，充分调动社会各方的积极性，要创新改造融资模式，鼓励合同能源管理，促进节能改造市场机制的形成。

（4）坚持统筹规划、因地制宜、分类指导。节能改造应纳入各地建设规划和计划，根据建筑物的不同情况确定改造技术方案，因地制宜，先易后难，分类指导。

（5）坚持技术经济合理、示范先行、稳步推进。优先选择投入少、改造效益明显或易于组织改造的项目进行节能改造。针对不同类型的城镇居住建筑进行节能改造试点，探索完善节能改造的技术路线和管理办法，以点带面，稳步推进。

（6）坚持整体推进、同步改造。节能改造应以热源或热力站为单元，对其所覆盖区域内的供热系统、建筑围护结构进行统一规划和设计，同步实施改造。

此外，应根据各地实际情况，将可再生能源应用到节能改造中。

### （二）加强城镇既有公共建筑节能改造

既有建筑量大面广，耗能十分惊人。有关统计数据表明，我国各类大型公共建筑的单位建筑面积全年耗电量为 $100 \sim 350 \ kW \cdot h$，是城镇住宅单位面积用电量的 $10 \sim 15$ 倍，占全国城镇总耗电量的 22%，其中，中央空调系统占总耗电量的 45% $\sim$ 65%，是欧洲、日本等发达国家同类建筑单位面积耗电量的 $1.5 \sim 2$ 倍。鉴于此，我国既有公共建筑的节能改造更是迫在眉睫：

### 1. 以标志性建筑节能改造为试点，推动公共建筑节能改造

在公共建筑中，大多为政府办公设施、酒店、商业大厦等，其中，有些公共建筑甚至是城市的标志性建筑。如果能对这类公共建筑率先进行节能改造，不仅会对用在节能改造中的政策标准和技术产品具有良好的示范宣传和推广作用，而且其节能改造前后的能效对比也会成为加快推进公共建筑节能改造的有力证据，这样有利于进一步引导和推动既有公共建筑的节能改造。

### 2. 加强能耗测量，明确改造部位，注重投入产出核算

公共建筑的类型丰富，形式多样，内部设备系统复杂。不同用途的建筑其用能特点不同，如商场的耗能时间一天长达 $12h$ 以上，人员密度高，发热量大，空调开启时间较其他公共建筑要长，单位面积的耗电量在公共建筑中也是最高的。因此，大型公共建筑节能是我国建筑节能的重点。

公共建筑节能改造主要包括内部设备系统的改造，屋面、外墙、外窗等围护结构的改造等；鉴于公共建筑的体量和面积一般都比较大，应在进行节能改造前，加强各部分的能耗测量，如内部设备系统、外刚护结构（屋面、外墙、外窗），并计算节能改造后取得的预期节能效果，加强改造前后能耗对比，同时进行节能改造投入产出核算，从而确定公共建筑的重点节能改造部位，以合理的投入取得最大的节能效果，以期取得节能改造效益最大化。

### 3. 加强公共建筑节能监管

建立健全针对公共建筑特别是大型公共建筑的节能监管体系，不断深化公共建筑节能监管体系建设及体制创新。实现公共建筑能耗的可计量、可监测，确定各类型公共建筑的能耗基线，识别重点用能建筑和高能耗建筑，并逐步推进高能耗公共建筑的节能改造。

## （三）推动农村既有居住建筑节能改造

我国农村居住建筑的建设历史长，在设计、施工等多方面都属于无标准的情况，水平较低，也影响农村人居住的生活品质。北方大部分地区不仅没有保温处理，而且供暖设备传统、简陋，不仅影响供暖，而且普遍存在能源浪费严重的情况，南方地区的农村居住建筑也存在隔热降温的问题，居住难谈舒适性问题。

国家发展改革委、住房和城乡建设部出台的《绿色建筑行动方案》指出，重点任务之一是积极推进绿色农房建设："各级住房城乡建设、农业等部门要加强农村村庄建设整体规划管理，制定村镇绿色生态发展指导意见，编制农村住宅绿色建设和改造推广图集、村镇绿色建筑技术指南，免费提供技术服务。大力推广太阳能热利用、围护结构保温隔热、省柴节煤灶、节能炕等农房节能技术；切实推进生物质能利用，发展大中型沼气，加强运行管理和维护服务。科学引导农房执行建筑节能标准。"

为了更好地推动农村既有居住建筑节能改造，可从以下几个方面考虑。

1. 严格落实建筑节能强制性标准

2013 年 5 月 1 日实施的《农村居住建筑节能设计标准》，将我国推进农村居住建筑节能工程建设工作纳入了规范化发展轨道。《农村居住建筑节能设计标准》明确提出，对于农村居住建筑适用节能技术的选择，要立足于农村居住建筑的实际状况，重点在于提供低成本、高可靠性的围护结构节能技术。严寒和寒冷地区农村居住建筑应采用保温性能好的围护结构构造形式，夏热冬冷和夏热冬暖地区适宜采用隔热性能好的重质围护结构构造形式。

《农村居住建筑节能设计标准》分别列出了各气候区适宜采用的各种围护结构节能措施。特别强调要充分利用当地资源，促进特色建材的使用，对传统保温技术进行合理的改良，同时积极推进对传统的供暖通风设施进行节能改造，对于传统的采暖措施提供了一些技术改进措施，如改善燃烧性能、提高燃料能源利用率等具体的技术策略。《农村居住建筑节能设计标准》也对合理科学地使用可再生能源技术给予了指导，如对于地热能的利用，除了对应用范围作了限定外，还提出可采用地热能直接供热，或者有限制地使用地源热泵系统等。

2. 创新既有建筑节能改造工作机制

要做好农村既有居住建筑节能改造的调查和统计工作，制订具体改造规划。制订改造方案要充分听取有关各方面的意见，保障社会公众的知情权、参与权和监督权。在条件许可并征得业主同意的前提下，研究采用加层改造、扩容改造等方式进行节能改造。坚持以人为本，切实减少扰民，积极推行工业化和标准化施工。政府主管部门应在节能改造工程完工后，进行建筑能效测评，对达不到要求的不予竣工验收。

3. 推进可再生能源建筑规模化应用

积极推动太阳能、浅层地能、生物质能等可再生能源在建筑中的应用。太阳能资源适宜的农村地区成出台太阳能光热建筑一体化的强制性推广政策及技术标准，普及太阳能热水利用，积极推进被动式太阳能采暖；要研究完善建筑光伏发电上网政策，加快微电网技术研发和下程示范，稳步推进太阳能光伏在建筑上的应用；要合理开发浅层地热能，开展可再生能源建筑应用地区示范，推动可再生能源建筑应用集中连片推广。

4. 加快绿色建筑相关技术研发推广

要加快绿色节能建筑共性和关键技术研发，重点攻克既有建筑节能改造、可再生能源建筑应用、节水与水资源综合利用、绿色建材、废弃物资源化、环境质量控制、提高建筑物耐久性等方面的技术，加强绿色建筑技术标准规范研究，开展绿色节能建筑技术的集成示范。要根据农村地区的特点，因地制宜推广自然采光、自然通风、遮阳、高效空调、热泵、雨水收集、规模化中水利用、隔音等成熟技术，加快普及高效节能照明产品、风机、水泵、热水器、办公设备、家用电器及节水器具等。

### 5.大力发展绿色建材

因地制宜、就地取材，结合农村当地气候特点和资源禀赋，大力发展安全耐久、节能环保、施工便利的绿色建材。加快发展防火隔热性能好的建筑保温体系和材料，积极发展烧结空心制品、加气混凝土制品、多功能复合一体化墙体材料、一体化屋面、低辐射镀膜玻璃、断桥隔热门窗、遮阳系统等建材。政府有关部门要研究建立绿色建材认证制度，编制绿色建材产品目录，加强建材生产、流通和使用环节的质量监管和稽查，杜绝性能不达标的建材进入市场，引导规范市场消费。

## 三、推动绿色建筑与建筑节能的工业化和产业化发展

### （一）加强绿色建筑与建筑节能标准化体系建设

#### 1.整合现有标准

对我国的绿色建筑与建筑节能标准进行整合，可将规定某气候区某类建筑的节能目标和性能的标准整合为目标层次标准；将工程设计、施工与验收、运行管理等各环节的节能标准整合为：工程层次标准；将节能建筑产品标准、节能施工机具标准、节能设备仪器标准等整合为产品层次标准，以目标、工程、产品三大层次来构建绿色建筑与建筑节能标准体系。

#### 2.制定完善相关标准

我国目前的绿色建筑与建筑节能标准多集中在评价方面，缺少与之相配套的设计、施工与验收、运行管理等方面的标准。实践中，往往需要借助于现行的相关专业标准，但相关专业标准或针对性不强，没能明确对绿色建筑和建筑节能的要求；或覆盖面不够，没有显化绿色、节能的要求。为此，应尽快研究制定绿色建筑和建筑节能设计、施工与验收、运行管理等方面的标准。而现有的评价标准针对性较差，评价指标也不尽合理，难以对不同气候区不同类型的建筑做出科学的评价。随着绿色建筑与建筑节能技术的发展，部分节能建筑产品标准已经滞后，亟须更新完善。

#### 3.加强政府指导

要加强政府宏观指导，强化政府对标准化发展重大事项的决策和指导。各级地方政府要将标准化工作纳入议事日程，政府各有关部门要按照"统一管理，分工负责"的原则，做好各自领域、职能范围内的标准化工作，尽快形成"统一管理、依托各方、各司其职、合力推进"的标准化工作新局面。

#### 4.加大资金支持力度

利用公共财政的导向作用，加大对标准化建设的经费支持，通过专项资金、部门预算等形式，支持绿色建筑与建筑节能标准的研究、制定和推广实施等工作，逐步建立政府资助，行业、企业等多方投入，共同支持标准化建设的经费保障机制。另外，可建立标准创

新奖励制度。各级政府可结合有关激励政策的落实，设立标准创新贡献奖，奖励在标准化领域做出突出贡献的行业组织、企事业单位、标准化专业技术组织和个人，进一步引导和推动绿色建筑与建筑节能标准化领域的技术创新和进步。相关行业组织、社会团体和有条件的企事业单位也要结合实际，建立配套的标准创新奖励制度，进一步调动标准化工作者的积极性和创造性，推动标准化工作持续创新发展。

5. 加大标准化宣传培训力度

要充分利用网络、电视、广播等媒体，对绿色建筑与建筑节能标准体系的基本知识和实施意义等进行集中、连续的宣传报道，要组织各种规模的培训班，使每个行业、每个单位都有宣传、贯彻绿色标准体系的骨干，要充分调动生产者、经营者、消费者实施绿色标准的积极性、自觉性，全面提高社会各界的标准化意识，在全社会形成一种学标准、讲标准、用标准的良好氛围。

## （二）推动绿色建筑与建筑节能工业化发展

绿色建筑与建筑节能工业化是指通过现代化的制造、运输、安装和科学管理的大工业生产方式，并在设计、生产、施工、开发等环节严格执行节能标准，进而形成完整的、有机的产业链，实现房屋建造全过程的工业化、集约化和社会化，从而提高建筑工程质量和效益，实现节能减排与资源节约。

绿色建筑与建筑节能工业化是建筑业新型生产方式，是我国建筑业的发展方向。为了使我国绿色建筑和节能建筑更加健康有序地发展，一定要使其实现工业化生产。不断推动绿色建筑与建筑节能工业化发展，是由我国国情决定的，也是实现建筑领域绿色低碳发展的必要途径。《绿色建筑行动方案》（国办发〔2013〕1号）将推动建筑工业化作为一项重要内容。推动绿色建筑与建筑节能工业化发展是住房和城乡建设传统模式、生产方式的深刻变革，是降低能源消耗、减少环境污染的重要途径，是优化建筑业产业结构转型升级的重大举措。

绿色建筑与建筑节能工业化需要从以下几方面加以促进。

1. 完善建筑工业化相关标准

标准化是工业化的基础。有关标准的制定和完善，对于保证工程质量、提高效率、节约资源、降低成本、促进行业技术进步，有重要作用。但是，我国目前还没有统一的关于工业化建筑或者工业化住宅的认定标准，技术标准也需要进一步完善。瑞典政府在推行建筑工业化过程中，出台了一整套工业化建筑标准，如浴室设备配管标准、主体结构平面尺寸和楼梯标准、公寓式住宅竖向尺寸及隔断墙标准等；日本政府通过对材料、住宅性能标准、结构材料安全标准等方面的研究，进一步加强了住宅产品标准化工作。我国应在借鉴国外经验的基础上，立足本国实际，完善我国工业化建筑相关标准，进一步推动我国绿色建筑与建筑节能工业化发展。

### 2. 完善配套技术设施

科技是第一生产力，建筑业的科技水平直接制约了我国新型建筑工业化的发展。从建筑工业化程度高的国家也可以发现，他们不仅具有成套的标准体系，还具有与之相配套的技术。我国应积极引进和推广国外并适合我国发展的先进技术，例如装配式工业化建造技术、部品生产技术、构件安装和管理技术等，配套发展机械化，进行科学管理，可有效提高利用率。根据欧洲的统计，传统建造方法每平方米建筑面积需 2.25 个工作日，而预制装配式施工仅用 1 个工作日，可节约人工 25% ~ 30%，降低工程造价 10% ~ 15%，缩短工期 30% ~ 50%。积极引进并开发适应不同地域特点的成套技术对推动我国建筑工业化发展有着至关重要的意义。

### 3. 加强行业管理

要不断改革完善适应建筑工业化发展的工：程建设管理制度，保证构件、安装等作业完全符合验收标准；健全质量检查制度，对新技术、新工艺还要制定相应质量标准，建立全面提高产业工程业务技术水平的规划和培训制度，鼓励钻研技术和大搞技术革新，要创造条件，积极培育技术能力强、节能环保可持续发展好的企业进行相应产品的生产及新工艺的研发，建立相应的构件和部品信息系统。此外，要加强行业之间的横向协作和配合，如建筑、建材、轻工、化工、冶金等有关行业之间的配合，使各个行业在统一的目标下开展协作，绿色建筑与节能建筑是我国未来建筑的发展方向，而建筑工业化是绿色建筑与节能建筑的主要发展模式，建筑业作为是我国的基础产业和国民经济的支柱产业，无论是其能耗还是创造的价值都占有重要比例，建筑领域也是实现绿色低碳发展的重要着力点，发展绿色建筑与节能建筑是实现绿色低碳发展的重要 ~ 环。

## （三）推动绿色建筑与建筑节能产业化发展

### 1. 法制建设助推建筑节能产业化

建筑节能是一项利国利民的综合性工作，对我国建设事业的可持续发展、全面建设小康社会有着重大意义。因此，国家和地区相继制定出台了一系列建筑节能领域的法规和政策，以更好地发挥政府对节能的宏观调控作用，用法规和政策推动建筑节能产业化发展。

2007 年对《节约能源法》的修订，在工业节能的基础上，增加了对建筑节能、交通节能等方面的专项规定，明确了节能执法主体，强化广节能法律责任，使我国工业、建筑、交通三大领域节能工作进入法制化轨道。

各地为了有效推进节能减排工作，也在积极致力于建筑节能领域法规政策建设。如《上海市建筑节能条例》对可再生能源在建筑中的应用、节能建材市场监管、施工节能、能效测评标识制度、建筑运行阶段的节能监管等都做出了详细规定，还专门针对建筑节能的激励措施做出了规定，以此鼓励节能示范项目、节能新技术、新材料、合同能源管理、绿色建筑等先进节能技术与理念的发展推广。

2. 推广节能环保型绿色建材

国家住房城乡建设主管部门于 2013 年发布的《"十二五"绿色建筑和绿色生态城区发展规划》提出，要推动绿色建筑产业化，以产业基地为载体，推广技术含量高、规模效益好的绿色建材，并培育绿色建筑相关的工程机械、电子装备等产业。要加大高强钢筋、高性能混凝土、防火与保温性能优良的建筑保温材料等绿色建材的推广力度。建设绿色建筑材料、产品、设备等产业化基地，带动绿色建材、节能环保和可再生能源等行业的发展。

推广节能环保型绿色建材，要注重培育创新能力，突破关键技术，加快科技成果推广应用。要开发应用节能环保型建筑材料、装备、技术与产品，限制和淘汰高能耗、高污染产品，大力推广可再生能源技术的综合应用，培育绿色服务产业，形成高效合理的绿色建筑产业链，从而推进绿色建筑产业化发展。在推动力方面，要由政府引导逐步过渡到市场推动，充分发挥市场配置资源的基础性作用，提升企业的发展活力，加大市场主体的融资力度，推进绿色建筑市场化发展。

3. 开展各类建筑节能示范工程

（1）可再生能源建筑应用示范城市

为落实国务院节能减排战略部署，加快发展新能源与节能环保新兴产业，推动可再生能源在城市建筑领域大规模应用，2009 年，财政部、住房和城乡建设部联合出台了《关于印发可再生能源建筑应用城市示范实施方案的通知》（财建〔2009〕305 号），对纳入示范的城市，中央财政予以专项补助。资金补助基准为每个示范城市 5 000 万元，具体根据 2 年内应用面积、推广技术类型、能源替代效果、能力建设情况等因素综合核定，切块到省。推广应用面积大，技术类型先进适用，能源替代效果好，能力建设突出，资金运用实现创新，将相应调增补助额度，每个示范城市资金补助最高不超过 8 000 万元。补助资金分 3 年拨付，第一年，根据城市申报应用面积等因素测算补助资金总额，按测算资金的 60% 拨付补助资金；后两年根据示范城市完成的工作进度拨付补助资金。

（2）可再生能源建筑应用示范县

2009 年，财政部、住房和城乡建设部联合印发《加快推进农村地区可再生能源建筑应用的实施方案》（财建〔2009〕306 号），以县为单位，实施农村地区可再生能源建筑应用的示范推广，引导农村住宅、农村中小学等公共建筑应用清洁、可再生能源。对纳入示范的县，实施中央财政扶持政策，2009 年农村可再生能源建筑应用补助标准为：地源热泵技术应用 60 元／平方米，一体化太阳能热利用 15 元／平方米，以分户为单位的太阳能浴室、太阳能房等按新增投入的 60% 予以补助。以后年度补助标准将根据农村可再生能源建筑应用成本等因素予以适当调整。每个示范县补助资金总额将根据上述补助标准、可再生能源推广应用面积等审核确定。每个示范县补助资金总额最高不超过 1800 万元。中央财政将核定的补助资金一次性拨付到省，由省级财政按规定拨付到示范县，示范县负责将补助资金落实到具体项目。

（3）可再生能源建筑应用集中连片示范区（镇）

2011 年，财政部、住房和城乡建设部启动了可再生能源建筑应用集中连片推广示范区（镇）的申请。鼓励在具备一定基础、发展潜力较大的重点镇中推广应用可再生能源，并结合乡镇特点，集中发展一批太阳能房等，切实改善居民生活条件。要求申请可再生能源建筑应用集中连片示范镇要编制相应的实施方案，提出明确的推广面积及实施项目等，并要同步做好小城镇总体规划，充分体现绿色集约、生态环保、特色鲜明等。示范镇集中推广应用面积不低于 12 万 $m^2$。对于列入示范的城镇，中央将拨付补助资金 800 万元。

（4）太阳能光电建筑应用示范

为加快推进太阳能光电技术在城乡建筑领域的应用，财政部、住房和城乡建设部联合印发《关于加快推进太阳能光电建筑应用的实施意见》（财建〔2009〕128 号），启动了太阳能光电建筑应用示范的申报工作。财政部还出台了《太阳能光电建筑应用财政补助资金管理暂行办法》（财建〔2009〕129 号），由中央财政安排专门资金，对符合条件的光电建筑应用示范工程予以补助，以部分弥补光电应用的初始投入。补助标准将综合考虑光电应用成本、规模效应、企业承受能力等因素确定，并将根据产业技术进步、成本降低的情况逐年调整。同时财政优先支持技术先进、产品效率高、建筑一体化程度高、落实上网电价分摊政策的示范项目，从而不断促进提高光电建筑一体化应用水平，增强产业竞争力。

（5）国家现代建筑产业化试点城市

2011 年 3 月，沈阳市成为全国首个"国家现代建筑产业化试点城市"，沈阳市将通过抓好试点示范工程，为新技术、新材料、新工艺、新设备的推广应用搭建平台，着力解决城市建设项目中存在的低附加值、低水平重复建设等问题，努力走出一条适合现代建筑产业化发展的创新之路。2011 年，沈阳市确定了近 700 万 mL 的示范工程。到 2015 年，沈阳装配式现代建筑总面积将要达到 1 000 万 mL 以上。

4. 推动绿色建筑技术产业化

《"十二五"绿色建筑和绿色生态城区发展规划》要求，要提高自主创新和研发能力，推动绿色技术产业化，加快产业基地建设，培育相关设备和产品产业，建立配套服务体系，促进住宅产业化发展。

①加强绿色建筑技术的研发、试验、集成、应用，提高自主创新能力和技术集成能力，建设一批重点实验室、工程技术创新中心，重点支持绿色建筑新材料、新技术的发展。

②大力推进住宅产业化，积极推广适合工业化生产的新型建筑体系，加快形成预制装配式混凝土、钢结构等工业化建筑体系，尽快完成住宅建筑与部品模数协调标准的编制，促进工业化和标准化体系的形成，实现住宅部品通用化，加快建设集设计、生产、施工于一体的工业化基地建设。大力推广住宅全装修，推行新建住宅一次装修到位或菜单式装修，促进个性化装修和产业化装修相统一，对绿色建筑的住宅项目，进行住宅性能评定。

③促进可再生能源建筑的一体化应用，鼓励有条件的地区对适合本地区资源条件及建筑利用条件的可再生能源技术进行强制推广，提高可再生能源建筑应用示范城市的绿色建

筑的建设比例，积极发展太阳能采暖等综合利用方式，大力推进工业余热应用于居民采暖，推动可再生能源在建筑领域的高水平应用。

④促进建筑垃圾综合利用，积极推进地级以上城市全面开展建筑垃圾资源化利用，各级住房城乡建设部门要系统推行建筑垃圾收集、运输、处理、再利用等各项工作，加快建筑垃圾资源化利用技术、装备研发推广，实行建筑垃圾集中处理和分级利用，建立专门的建筑垃圾集中处理基地。

⑤建立以企业为主，产、学、研结合的创新体制，国家采取财政补贴、贷款贴息等政策支持，以绿色建筑相关企业为主体，研究单位和高校积极参与的技术创新体系，推动技术进步，占领技术与产业的制高点。

为了促进建筑产业化发展，需要着重完成以下工作：第一，加强标准体系建设。建筑产业化的核心是标准化。我国目前建筑产业化的标准大多停留在企业标准，无法在市场推广，应尽快制定地方标准、行业标准和国家标准体系，并与国际标准接轨。第二，重视技术体系集成。健全建筑产业化技术保障、构部件产品以及产业化建筑质量控制等技术体系。设立建筑产业化科技专项，加强技术集成与创新，加快对关键技术的科技攻关。第三，强化产业链培养。支持建筑构部件生产企业产业化发展布局，完善产业链，使构部件产品生产与建筑建造相配套、使用与工程技术相配套，以保障建筑质量。第四，完善政策与法规体系。通过财政支持激励建筑产业化技术创新。对企业开发建设和消费者购买产业化建筑，给予适当税收减免或优惠。土地出让时，将建筑产业化相关要求纳入评价条件。对产业化建筑给予适当容积率奖励。第五，大力推广应用。加大产业化建筑在保障性住房建设中的试点示范。重点培育龙头企业，以市场力量推进建筑产业化发展。要加大建筑产业化基地建设规模和推广力度，扩大示范试点覆盖面。

## 四、加快绿色建筑与建筑节能科技创新与信息化发展

### （一）加强绿色建筑与建筑节能技术研发

近年来，政府各部门高度重视绿色建筑及建筑节能技术的发展，加快既有建筑改造、绿色建材、建筑物耐久性等绿色建筑共性和关键技术研发。为加强绿色建筑与建筑节能技术研发，可进一步采取以下措施。

1. 加强跨部门、跨领域、跨环节的统筹协调和有效配合

要切实加强跨部门、跨领域、跨环节的统筹协调和有效配合，实现绿色建筑与建筑节能技术创新中各个环节的紧密衔接。要推进绿色建筑与建筑节能技术与能源、交通、信息等交叉领域主管部门间的有效配合。要进一步调动各地方积极性，加强与地方研发工作的衔接。

## 2. 推进不同环节管理模式和运行机制创新

要遵循绿色建筑与建筑节能技术创新规律，推进不同环节管理模式和运行机制创新。围绕绿色建筑与建筑节能技术创新重大应用基础研究，进行可预期的持续性、稳定化支持，实行长周期、弹性化考核。围绕产业化关键技术研发攻关，开展"跨学科合作""大兵团作战"，落实《国家中长期科学和技术发展规划纲要》提出的加快建立以企业为主体、市场为导向、产学研结合的技术创新体系。

## 3. 推进用～产～学～研的实质结合

要强化国家科技计划在人才培养、团队建议、条件平台、技术创新战略联盟建设中的职能与作用，推进用～产～学～研的实质结合：产业技术创新是一项复杂的系统工程，需要产学研用之间建立长期、持续和稳定的合作关系，并在完善合作过程的利益和信用保障机制前提下，不断推进技术创新成果商业化。与国家技术创新工程的实施紧密结合，强化科技计划在资源配置中的引导作用，推进人才队伍培养、条件平台建设，并依托科技计划中产学研结合有基础的项目，推动技术创新联盟形成。

## 4. 全面实施知识产权、核心专利战略和标准战略

要加强知识产权保护，推进技术标准工作，是培育和提高绿色建筑与建筑节能技术创新能力的必然要求。健全知识产权制度，实施核心专利与技术标准战略，建设技术领域自主创新，优化创新环境。

## （二）加强绿色建筑与建筑节能新技术与新产品推广应用

随着我国工业化和城镇化进程的加快，加强建筑建设期和运行期的节能成为建筑节能的关键～为实现建筑建设期和运行期的节能，应从建筑节能材料、建筑节能技术和产品方面人手，通过加强政策引导、增强经济刺激和推行建筑节能标准等手段，促进建筑朝着绿色节能的方向发展。

### 1. 加强政策引导

为鼓励建筑节能材料的开发，政府有关部门出台了很多鼓励政策，如《国家发展改革委关于修改产业结构调整指导目录（2011 年本）有关条款的决定》（自 2013 年 5 月 1 日起施行）明确指出，鼓励新型墙体和屋面材料、绝热隔音材料、建筑防水和密封等材料的开发与生产；鼓励废矿石、尾矿和建筑废弃物的综合利用；鼓励利用工业生产石膏生产新型墙体材料及技术装备开发与制造；鼓励一次冲洗用水量 6L 及以下的坐便器、蹲便器、节水型小便器及节水控制设备开发与生产利用；鼓励现有 2000 t/d 及以上新型下法水泥窑炉处置工业废弃物、城市污泥和生活垃圾；鼓励纯低温余热发电；鼓励粉磨系统等节能改造利用下业副产石膏生产新型墙体材料及技术装备开发与制造、

《国民经济和社会发展第十二个五年规划纲要》指出，要加快低碳技术研发应用，控制工业、建筑、交通和农业等领域气体排放；要抑制高耗能产业过快增长，突出抓好工业、建筑、交通、公共机构等领域节能，加强重点用能单位节能管理。同时还明确指出，鼓励

建筑节能。

《绿色建筑行动方案》指出，要推进可再生能源建筑规模化应用，积极推动太阳能、浅层地能、生物质能等可再生能源在建筑中的应用。太阳能资源适宜地区应在2015年前出台太阳能光热建筑一体化的强制性推广政策及技术标准，普及太阳能热水利用，积极推进被动式太阳能采暖，研究完善建筑光伏发电上网政策，加快微电网技术研发和工程示范，稳步推进太阳能光伏在建筑上的应用，合理开发浅层地热能。财政部、住房城乡建设部研究确定可再生能源建筑规模化应用适宜推广地区名单：开展可再生能源建筑应用地区示范，推动可再生能源建筑应用集中连片推广，到2015年年末，新增可再生能源建筑应用面积25亿mL，示范地区建筑可再生能源消费量占建筑能耗总量的比例达到10%以上。

2。增强经济激励

《绿色建筑行动方案》指出，要研究完善财政支持政策，继续支持绿色建筑及绿色生态城区建设、既有建筑节能改造、供热系统节能改造、可再生能源建筑应用等，研究制定支持绿色建材发展、建筑垃圾资源化利用、建筑工业化、基础能力建设等工作的政策措施。对达到国家绿色建筑评价标准二星级及以上的建筑给予财政资金奖励。要研究制定税收方面的优惠政策，鼓励房地产开发商建设绿色建筑，引导消费者购买绿色住宅。改进和完善对绿色建筑的金融服务，金融机构可对购买绿色住宅的消费者在购房贷款利率上给予适当优惠。要研究制定促进绿色建筑发展在土地转让方面的政策，要研究制定容积率奖励方面的政策，在土地招、拍、挂出让规划条件中，要明确绿色建筑的建设用地比例。

## （三）加强绿色建筑与建筑节能信息化和智能化建设

### 1.推进绿色建筑与建筑节能信息化建设

（1）建立绿色建筑与建筑节能管理体系

建立安全、灵活、高效的绿色建筑与建筑节能数据采集、传输、加工、存储和使用等一体化的消费统计，反映消费结构，为了区域和建筑业进行管理提供基本数据支持。建立节能目标责任评价、考核和奖惩体系，按照相应的量化方法对管理机构和重点用能单位考核，强化政府和使用者责任，发挥节能政策指挥棒作用，确保实现"十二五"节能目标。

（2）建立绿色建筑与建筑节能信息资源数据库

建立绿色建筑与建筑节能信息资源数据库，实现对节能监管、审计、监察、项目审批等节能减排工作的过程管理，并对积累的大量信息资源进行存储，实现对资源信息方便、快速、高效的检索、查询及传输，以促进绿色建筑与建筑节能信息资源的更深层应用。

（3）实现节能行政执法的公开化和自动化

建立节能监察电子政务系统，实现节能监察行政执法的办公自动化，建立绿色建筑与建筑节能案件审理数据库，对案件的审理过程信息进行全面的记录和存储，便于涉案各方对案例审理过程的跟踪和检查，同时建立节能行政执法门户网站，对案件审理的全过程进行公开并对案件结果进行公布。

（4）实现信息资源共享

绿色建筑与建筑节能信息资源的充分利用首先表现为被更多的政府机关、企业单位、节能服务公司查询、浏览。建立绿色建筑与建筑节能信息资源数据库与相关政府机关联网，以促进政府机关各部门更高效地履行职能，更好地实现政府的服务、监督、规范职能；将绿色建筑与建筑节能信息资源数据库与相关企业联网，可使企业进一步厂解围内外绿色建筑能耗水平和节能技术发展状况，指导企业更好地提升技术能力和管理水平。

2.推进绿色建筑与建筑节能智能化建设

（1）制定相关政策法规

推进绿色建筑与建筑节能智能化需要政策支持和法律保障，从世界各个发达国家的绿色建筑和建筑节能智能化发展过程来看，无一例外的是建立强有力的法律保障体系，从国家与行业的法律最高层面，将智能化对绿色建筑和建筑节能的重要性凸显出来。因此，应尽快建立专门的司法部门来推进绿色建筑和建筑节能立法工作，组织相关建筑、法律和经济专家进行立法咨询，对相关具体的单项法律提供司法解释。

（2）建立和完善管理机制与激励政策

当前的绿色与智能化技术虽然能产生巨大的社会经济效益，但民众对此的需求并不强烈，开发商与设计、施工单位对绿色与智能化产品的使用缺乏内在动力。为此，政府职能部门应研究确定发展绿色建筑和建筑节能智能化的战略目标、发展规划、技术经济政策，制定鼓励和扶持政策，将市场机制和国家的财政鼓励政策相结合，综合运用财政、税收、投资、信贷、价格、收费、土地等经济手段，逐步推进绿色建筑和建筑节能智能化的发展。此外，还需对绿色建筑和建筑节能智能化的市场准入、实施过程监管及宏观调控等业务进行整合、重组，建立统一的管理部门，避免各自为政、条块分割、协调管理难度大的问题。

（3）转变智能化技术发展策略思路

我同绿色建筑和建筑节能智能化发展技术思维方式需要发生根本性转变，要从"以人为本"转向"以自然为本"，只有保证自然的生态利益才能保证人类生存的根本利益；因此，更多的技术应用将会把自然利益置于第一位，技术思维方式的转变也表现在能源利用理念上，传统的节约思想将向可再生思想发展，从节流转向开源，只有开发新的替代性能源和可再生能源才能解决根本问题。

（4）利用现有技术开发新型智能化技术

目前，我国基于建筑节能的技术主要有以降低能源消耗为主的建筑节能技术、以资源再利用为主的建筑节能技术、以利用新能源为主的建筑节能技术3种类型。随着建筑业的进一步发展，技术有了全面进步，网络技术、新能源技术、再生能源技术和新材料处理技术等现代工业技术为绿色建筑和建筑节能智能化的发展提供了必要的硬件技术支持，其中新型能源和现代建筑材料处理技术逐渐成为发展的主流方向。

# 五、加强绿色建筑与建筑节能的管理能力建设

## （一）完善绿色建筑与建筑节能战略规划

### 1. 以绿色理念指导城乡建设规划

建立包括绿色建筑应用比例、生态环保、公共交通、可再生能源利用、土地集约利用、再生水利用、废弃物同用等内容的指标体系，作为约束性条件纳入区域总体规划、控制性详细规划、修建性详细规划和专项规划的编制，促进城市基础设施的绿色化，并通过土地出让转让等多个环节实现绿色指标体系的落地。

### 2. 加强城乡建设规划审查

各级政府要在城镇新区建设、旧城更新、棚户区改造等规划中，严格落实绿色建筑指标体系要求，加强规划审查，对达不到要求的不予审批。

### 3. 加强绿色建筑与建筑节能的战略规划

在《绿色建筑行动方案》《"十二五"建筑节能专项规划》的实施过程中，在实际绿色建筑和建筑节能具体工作的基础上，府总结经验教训，加快研究制定"绿色建筑与建筑节能中长期发展规划"或"绿色建筑与建筑节能战略规划"，用以指导并推进绿色建筑与建筑节能工作。

## （二）完善绿色建筑与建筑节能法律法规及标准体系

绿色建筑与建筑节能作为实施可持续发展战略任务之一，近年已呈现快速发展的势头，绿色建筑相关技术迅猛发展，标准规范正进一步完善，但有关法律法规的发展却难以满足绿色建筑与建筑节能快速发展态势，难以满足我国更大规模推进绿色建筑与建筑节能发展的需要。

### 1. 进一步完善绿色建筑与建筑节能法律法规及标准

与发达国家相比，我国关于绿色建筑与建筑节能的法律法规有着明显差距。目前，我国相关绿色建筑与建筑节能的法律法规及标准主要有《建筑法》《环境保护法》《城市规划法》《节约能源法》《建设工程质量管理条例》《民用建筑节能条例》《居住建筑节能设计标准》等为了更好地满足绿色建筑与建筑节能的发展，应在借鉴他国成熟法律法规及标准体系的基础上，进一步补充和完善适应绿色建筑与建筑节能发展的相关法律法规及标准。

### 2. 制定可操作性强的奖惩规定

为了更好地推进绿色建筑与建筑节能的发展，应根据相关法律规定，建立具有可操作性的奖惩办法，健全绿色建筑与建筑节能激励约束机制，明确各参与主体责任，落实各级人员责任，严格执行责任追究和考核，使奖惩公开、公平、公正，更好地规范参与人员的行为，维护正常的生产秩序和工作秩序。鼓励和鞭策各参与方严格按照绿色节能环保要求

进行设计、施工与监督，推动绿色建筑与建筑节能健康发展。

### （三）完善绿色建筑与建筑节能统计监管考核体系

1. 充分认识建立完善节能减排统计、监测和考核体系的重要性和紧迫性

《国民经济和社会发展"十二五"规划纲要》提出，单位 CDP 能耗指标及单位 CDP 二氧化碳物排放指标的 5 年累计下降幅度都定在 16%，其中主要污染物排放总量的 4 项指标：化学需氧量、二氧化硫、氨氧、氮氧化物物累计同比下降 10%。建立科学、完整、统一的节能减排统计、监测和考核体系，并将能耗降低和污染减排完成情况纳入各地经济社会发展综合评价体系，作为政府领导干部综合考核评价和企业负责人业绩考核的重要内容，实行严格的问责制，是强化政府和企业责任，确保实现"十二五"节能减排目标的重要基础和制度保障。

各地区、各部门要从深入贯彻落实科学发展观，加快转变经济发展方式，促进国民经济又好又快发展的高度，充分认识建立这"三个体系"的重要性和紧迫性，按照《单位 GDP 能耗统计指标体系实施方案》《单位 GDP 能耗监测体系实施方案》《单位 GDP 能耗考核体系实施方案》这两个方案和《主要污染物总量减排统计办法》《主要污染物总量减排监测办法》《主要污染物总量减排考核办法》这几个办法的要求，全面扎实推进"三个体系"的建设。

2. 切实做好节能减排统计、监测和考核各项工作

要逐步建立和完善国家节能减排统计制度，按规定做好各项能源和污染物指标统计、监测，按时报送数据。要对节能减排各项数据进行质量控制，加强统计执法检查和巡查，确保各项数据的真实、准确。严肃查处节能减排考核工作中的弄虚作假行为，严禁随意修改统计数据，杜绝谎报、瞒报，确保考核工作的客观性、公正性和严肃性。要严格节能减排考核工作纪律，对列入考核范围的节能减排指标，未经统计局和环保总局审定，不得自行公布和使用：要对各地和重点企业能耗及主要污染物减排目标完成情况、"三个体系"建设情况以及节能减排措施落实情况进行考核，严格执行问责制。

3. 加强领导，密切协作，形成全社会共同参与

节能减排统计监管考核体系的工作合力各地区、各有关部门要把"3 个体系"建设摆上重要议事日程，明确任务、落实责任，周密部署、科学组织，尽快建立并发挥"3 个体系"的作用。地方各级人民政府要对本地区"3 个体系"建设负总责，加强基础能力建设，保证资金、人员到位和各项措施落实，加强本地区节能减排目标责任的评价考核和监督核查工作。要充分调动有关协会和企业的积极性，明确责任义务，加强监督检查，要广泛宣传动员，充分发挥舆论监督作用，努力营造全社会关注、支持、参与、监督节能减排工作的良好氛围。

## （四）完善绿色建筑与建筑节能市场机制

完善的市场机制在绿色建筑与建筑节能发展中起着不可低估的推动作用。绿色建筑与建筑节能的不断发展，必然使绿色建筑与建筑节能的社会分工不断细化，生产和服务日趋专业化，市场将成为绿色建筑与建筑节能领域一切活动联系的纽带、渠道和中心，市场具备更加广泛和充分发挥作用的条件。国外的绿色建筑与建筑节能发展实践证明，市场机制在调动人们的建筑节能主动性与积极性上、在引导资源的合理配置上、在促进提高生活质量和社会效益上，都有其不可替代的作用。

1. 加快供热体制改革，拉动绿色建筑与建筑节能市场需求增长

在供热采暖问题上，建筑物的建设者、供热管理者和使用者利益的分离，影响了建筑节能的正常发展。因此，加快供热体制改革，是拉动建筑节能市场需求的迫切需求。随着"热改"逐步全面实施，新建节能住宅在室内舒适程度和交付采暖费方面将会显示出明显的优势和效益。而已有的非节能住宅，采暖费用比节能建筑高许多。从市场的本质上说，消费者的最终需求才是生产者的利益追求。如果建筑物是否节能成为人们普遍关心的市场化指标，为了争得市场，开发商势必将从建筑节能消极庇付者变为积极的宣传者和实践者，改进节能设计，增加节能措施，以此来吸引消费群。住户对建筑节能也将会有更深刻的认识，这同时也会促进既有建筑节能改造的实施。

2. 建立建筑能效测评标识制度，促进信息披露

促进信息披露有效机制之一是建立建筑能效测评标识制度，对新建建筑或节能改造后的既有建筑及节能建材、部品进行能耗标识和披露。建筑能效测评标识载明了建筑物的能效信息，其作用是向建设单位（包括开发商）、建筑用户（业主）、政府部门提供一个衡量的标尺，使得建设单位能明示所建建筑的能耗水平；建筑用户能对所使用房屋的能耗量、付费的依据有所了解；政府部门则通过掌握建筑物的能耗情况作为制定能源政策的依据。通过建筑能效测评标识制度可以促进市场的良性竞争，建立公平的市场竞争机制，不断提高产品的技术含量，从而推动建筑节能领域的技术进步。

3. 建立有效的激励机制，推动建筑节能市场的发展

市场主体的行为目标是利益的极大化，这一假定是符合市场经济的一般现实的。如果按着这个假定，那么，激励市场主体的目的自然也就在于利益极大化目标的有效实现。也就是说，对于市场主体来说，最根本也是最有效的激励在于经济利益；因此，政府在对建筑节能市场进行激励的过程中，应当注重激励目标的实现。可通过建立建筑节能专项基金等方式，依托现有财税体制，完善该领域的激励政策；政府采用激励政策对建筑节能市场进行干预，与采用行政指令等强制性政策比较，执行效果更显著，实施成本更低。激励政策给予行为主体较高的自主权，若政策实施能使大多数人福利增加，则人们会主动执行而无须严加监管，政府支出可大大减少，实施效果更好。

### （五）有效实行经济激励

激励是推动绿色建筑与建筑节能的重要途径，它虽然不具备强迫的性质，但可以产生强烈的刺激作用，迫使相关群体不得不采取某种行动以适应市场机制的要求。政府通过采取一系列经济激励措施，在绿色建筑与建筑节能市场化的过程中担任引导的角色，引导不同主体出于自身利益自觉节能，并使得各个主体均能从节能中获益。激励能给予行为主体较高的自主权，采用经济激励对绿色建筑与建筑节能进行干预，与采用行政指令的行政管制政策比较，执行效果更显著。因此，经济激励是推进我国绿色建筑与建筑节能的关键。

#### 1. 明确经济激励对象

绿色建筑与建筑节能涉及很多方面的主体，他们都应划入经济激励对象的范畴。但是，对于不同的激励对象实施经济激励的效果大不相同，若能明确经济激励对象的重点，有针对性地实施经济激励，将会起到事半功倍的效果。例如，对绿色建筑开发与运营涉及的所有相关利益主体，按照参与程度的不同，房地产开发商、消费者是主要激励对象，规划设计单位、材料设备供应商、施工单位、监理单位和物业管理单位等是次要激励对象。以我国目前形势来看，从事绿色建筑市场开发的房地产商大多是有实力、行业领袖级的大企业，他们具有资金、技术、市场等方面的优势，开发绿色建筑的平均成本相对较低，在绿色建筑必将成为房地产业未来发展方向的趋势下，参与绿色建筑开发的积极性相对较高。另外，由于绿色建筑开发需要投入大量的人力、物力和财力，其销售价格过高会导致绿色建筑的消费群体大多集中在高端用户，经济激励对其房地产消费决策的影响程度相对较小，经济激励的效果相对较差。因此，现阶段我国绿色建筑经济激励应以供给端为导向，重点考虑对绿色建筑开发商的激励，尤其要重点考虑那些绿色建筑开发热情很高、具有一定经济实力但又急需国家支持的房地产开发商的激励，制定相应的激励政策，充分发挥"利益驱动"效应，增加绿色建筑产品的供给。

#### 2. 选择经济激励手段

借鉴国外经验，同时根据我国国情和绿色建筑与建筑节能所处的阶段，可选择以下激励手段。

#### （1）财政补贴

补贴主要是指通过采取物价补贴、亏损补贴、财政贴息、税前还贷等方式对节能企业进行鼓励。一般而言，补贴有三种形式：一是绿色投资补贴，即对投资者进行补贴，如对风力发电投资者实行投资补贴等，对投资者进行补贴的优点是可以调动投资者投向绿色建筑与建筑节能产业的积极性，增加生产能力，扩大产业规模；二是绿色产品补贴，即根据绿色产品产量对生产者进行补贴，这种补贴有利于增加绿色节能产品产量、降低成本，提高企业的经济效益；三是绿色消费补贴，即对购买建筑节能产品的消费者进行补贴，如对太阳能热水系统的购买者给予补贴，以促进清洁能源的推广。补贴政策的实施应解决好两个问题：一是补贴资金来源问题。美国和两欧等国家主要是通过系统效益收费或征收化石燃料税，我国主要由政府财政支付，但是，我国是一个发展中国家，财政收入有限，需要补贴支援的事业很多，所以依赖政府财政的支持不是长久之计。二是补贴策略问题，即应给谁予以补贴和以什么样的运行机制进行补贴，如果对用户进行补贴，不一定能达到政策的预期目标，如对投资者给予补贴，则可能取得既扩大生产规模又能降低成本的双重目的。

（2）税（费）收政策

发展绿色建筑与绿色节能的税（费）收政策的主要内容包括：一是强制性税（费）收政策。强制性税收政策，尤其是高标准、高强度的税收政策，不仅能起到鼓励节约利用资源和防止环境污染的作用，还能促使企业采用先进技术、提高技术水平，因而是一种不可或缺的刺激措施。因此，要建立和完善环境与资源税收体系，必须在现有资源税的基础上，扩大征收范围，开征环境税、森林资源税、碳税等税种，并逐步将现行的资源环境补偿费纳入资源环境税的范畴，同时实现税负转移，完善计税方法，加大对有害于环境的活动或产品的征税力度，加强资源税的惩罚性功能；二是税（费）收优惠政策，如减免关税、减免形成固定资产税、减免增值税和企业所得税等、实现绿色税收政策，应注意解决以下问题：一是税收调控目标的选择应建立在包括环境效益在内的成本效益分析基础上，实现环境经济一体化；二是绿色税收手段要和其他手段配合使用，三是不同税收措施要相互配合，如从税收调节环节来看，可在产前环节，运用税收手段引导企业使用清洁的能源、原材料等；在生产环节，实施鼓励采用生产工艺先进、节能降耗、消除污染的工艺、技术、设备；在产后环节，对企业回收利用废物实施税收鼓励措施。

（3）价格政策

价格政策主要包括两种：第一种是能源资源价格政策。能源资源价格与节能有密切的关系，价格上升，则会减少能源资源的需求，并促进节能技术的研究开发。所以，要改变现行的能源资源价格只开发成本的做法，使能源资源价格至少包括开发成本、环境退化成本和利用成本等。第二种是节能技术、产品价格政策。例如，可再生能源产品，由于其成本一般高于常规能源产品，所以要对可再生能源价格实行优惠的政策。

（4）公益基金

公益基金是推动我国绿色建筑与建筑节能的一种有效手段，中央财政可设立绿色建筑与建筑节能研究专项基金，鼓励相关主体从事以下工作：一是研究绿色建筑与建筑节能技术，如外墙外保温技术、可再生能源利用技术、非传统水源利用技术和节水绿化灌溉技术等，并形成绿色建筑与建筑节能技术体系目录；二是开发绿色建筑与建筑节能产品，如节水器具、节能电器和 Low-E 玻璃等，并形成绿色建筑与建筑节能产品目录；三是资助建立绿色建筑与建筑节能技术产品认证机构，认证机构根据产品检验结果和工厂审查结论进行综合评价，然后发布绿色建筑与建筑节能技术产品推荐使用目录；四是搭建绿色建筑与建筑节能技术产品推广平台，通过开展技术产品博览会、业务洽谈会等各种形式，推动绿色建筑与建筑节能技术产品的推广。

（5）购买性支出

购买性支出包括投资性支出、消费性支出两种。在投资性支出方面，政府可增加投入，促进有利于绿色建筑与建筑节能的配套公共设施建设，如城市排污管网、垃圾处理厂等；在消费性支出方面，政府可通过绿色购买行为，影响消费者和企业的生产方向，从而推动节能，如优先采购具有绿色标志的、非一次性的、包装简化的产品。实施绿色采购关键要解决好下列问题：一是健全绿色产品认证制度，为绿色采购做好技术准备；二是将绿色产品纳入政府采购的目录，实行集中采购模式，以便强制实行；三是推行绿色产品协议供货制度。协议供货制度是指通过一次招标为有共同需要的各单位确定中标供应商和中标产品，并在一定时间内由有此需求的单位直接向中标供应商采购。这既有利于选择合适的产品和价格，也有利于提高政府采购效率。

### 3. 确定经济激励程度

经济激励程度要适中，需要控制在一定幅度范围内。如果政府给予的经济激励程度低于激励对象的心理预期，则无法刺激激励对象参与绿色建筑与建筑节能的积极性，达不到推动绿色建筑与建筑节能发展的目的；如果经济激励程度超出了政府的财政能力，政府将无法实施绿色建筑与建筑节能经济激励。绿色建筑与建筑节能经济激励的最优程度，应该以"恰好能够将绿色建筑与建筑节能的外部性效果内部化"为原则。

### 4. 健全经济激励程序

由于经济激励更强调市场主体的参与，往往难于从行政实体法予以规范，以行政程序法规范整个激励的决策与实施过程就显得非常重要。激励程序应该既体现行政效率，以保证及时做出激励决策、实施激励方案，又应该体现民主与公平，以保证激励决策的合理性、接受激励的机会对所有市场主体的均等性，同时，由于激励方式多种多样，对每种方式都应有相匹配的程序，以使经济激励能够公平、公正、公开地进行。

### 5. 加强经济激励监督

针对行政主体滥用经济激励和激励对象滥用激励权利的行为，应健全相应的责任制度。一方面，对未及时兑现经济激励或者违法给付经济激励优惠的，应负否定性法律责任；另一方面，对激励对象违反法定或约定激励权利的行为，也应负否定性法律责任。

## （六）创新绿色建筑与建筑节能建造模式

近年来，流行于欧美国家的工业化绿色建筑正在我国逐步发展起来，绿色建筑在我国的兴起，既是顺应世界经济增长方式转变潮流的重要战略转型，又是我国建立创新型国家的必然组成部分。绿色建筑的发展必然伴随着一系列前所未有的创新活动。随着政策驱动，建筑工业化企业不断涌现，工业化建筑产品也开始在地产开发、建筑等领域广泛使用，而得益于国家政策的指引，我国绿色建筑与建筑节能建造模式不断创新。

### 1. 装配式建造模式

"建筑产业化"是近年来建筑行业内共同关注的话题，关于建筑产业化，采用装配式建造模式的说法可能更为贴切。原因在于，装配式建造模式涵盖了产业化、工业化、工厂化等多方面的内容。目前，国外装配式建造模式的技术发展趋势是：从闭锁体系向开放体系转变；从湿体系向干体系转变；从只强调结构的装配式向结构装配式和内装系统化、集成化发展的转变。

装配式建造模式是产业转型的主要方向之一，发展装配式建造模式，可以改善结构精度、渗漏、开裂等质量通病，提高隔声、保温、防火等性能，便于系统维护、更新。为了促进我国的装配式建造模式发展，一定要加大科研投入，突破关键技术。加强高强度、自保温、阻燃、长寿命、可循环、健康（吸附污染）的轻型建材开发；要加快项目建设体制改革，创造有利于装配式建造模式发展的市场环境。特别是加快绿色施工企业营业税改增值税进程，优化建筑企业结构，淘汰技术力量薄弱，挂、分包小队伍，促进建筑业结构调整；此外，要扶持和培育大型企业集团和集群，激发市场主体推进装配式建造模式的积极性和创造性。

从环境问题和社会问题等方面考虑，装配式建造模式也将成为房地产业的工业革命的引领者，目前我国装配式建筑发展潜力非常大，节能效果很好，而且在克服 PM 2.5 空气污染方面可发挥很大的作用。而我国还要建设大量的建筑，但依靠大量劳动力已不再可行，建筑质量无法保证，成本也在上升。所以，我国现在发展装配式建造模式正当其时。

2. 模块化建造模式

模块化建造模式实现了住宅与商业楼宇的绿色可持续发展的建筑工程，是目前国际上最先进和最彻底的工业化的建筑模式，代表了目前世界上最先进的住宅设计和建造水平。模块建筑体系的突出特点和优点为：设计灵活多变、尺寸和形状多样化，适应市场需求；控制建筑质量；建筑牢固性和鲁棒性能好；投资回报快且该系统可建成 A 级欧洲节能型住宅顶级水准；符合城市可持续发展战略，环保节能性能大大高于传统建筑模式，建筑体可以 100% 回收利用。其中，模块化建筑的最明显特点就是建筑速度相比较普通建筑快，并且高科技含量高，"模块"在建筑上表现存在很多种模式，同时模块化是可以表现在不同的部位，但目前更多建筑上的"模块化"体现在实用功能上。而模块化建筑正因为其建筑的材料采用的是模块化的形式，在建筑的工程施工中，可以快速精准地搭建房屋，且坚固而美观。我国各大城市已经越来越多的发展模块化建筑，除厂建筑速度很快的缘故，无论是材料的成本，施工的现场和人员都将最大化节约成本。

建筑采用模块化建设和使用新型建筑材料，不仅使建筑本身更坚固，另外其独特的保温效果，将减少变化的空间温差，减少依赖空调、加热设备，更节能和环保。并且空间的利用更加合理，更重要的是，它传播绿色空间在建筑的不同层次的空间，提高效率，使用绿色空间，更好地体现了和谐发展的理念是人与自然，而且建筑更美丽。与传统建筑相比，模块化建造模式最明显的优势是异地施工，异地施工过程本身，避免了施工现场杂乱和噪声污染对环境的影响。其产品在其生命周期，具备更高的能源效率，模块化产品保持了大量的原材料和零部件拆卸后可重复使用，非住宅施工现场，其使用的材料和生产工艺（包括传统的装修过程中），在使用过程中和使用结束的全过程是可持续的。产品多元化，使现场施工的方法更加灵活，除了提供完整的翻新或装修的住宅产品，同时也为传统的建筑方法的组成部分提供方便，包括室内墙系统、厨房设备、墙体系统等这些部件，组件的生产可以直接运到施工现场安装，有力地支持了传统的施工方法。

### （七）积极探索参与碳排放交易机制

建筑碳排放权交易，即"在一定管辖区域内，为参与减排的建筑物确定碳排放权及减排目标，并允许该权利在特定碳排放权交易市场中进行交易，以相互调剂排放量，确保实际排放不超过排放限额同时以成本效益最优的方式实现减排任务的市场机制"。然而，以建筑节能为特点的排放权交易却很少出现在国际盛行的各种交易体系中，例如欧盟排放权交易体系，其主要减排行业为电力和热力生产、钢铁等能源生产型及密集型行业，目前为止未涉及建筑节能领域。全球清洁发展机制（CDM）中，也仅有 10 个项目属于建筑节能领域；而我国建筑节能领域的 CDM 项目甚至还没有。这种现象主要是因为通常碳排放权交易模式针对的是工业企业，而建筑碳排放权交易却因其自身的特殊性无法完全适应，若仍采取常规模式来推进，必然会暴露许多缺陷。此时需改变一贯思路，结合建筑碳排放的特点，对其交易体系进行单独考虑及设计，形成一套完善的方法学，方能科学地指导建筑碳交易实践的有序开展，

#### 1. 建立国内建筑领域强制性碳市场

建筑在国内外碳市场发展的困境表明，只有建立建筑领域国内强制性碳排放权交易制度才是建筑节能获取可持续融资渠道的出路。自愿性碳交易市场是我国碳交易市场发展初期的过渡性安排，但不是我国碳市场发展的主流和方向。自愿性碳市场发挥两方面作用：一方面是衔接清洁发展机制项目交易与国内强制的碳交易体系；另一方面是作为补充机制，扩大我国碳交易市场主体覆盖范围，降低减排成本，为强制性碳市交易引入相应项目级抵消机制：建议研究建筑领域自愿碳市场的方法学，碳减排量核证和注册登记确权问题，为建筑强制性减排做铺趣。

#### 2. 加快国内建筑领域碳交易配套政策研究

加快国内建筑领域碳交易配套政策研究，为市场运行创造条件，包括建立"量化碳目标考核评价制度""碳交易税费减免优惠政策""政府'以购代奖'"或回购碳指标的收购政策，建立碳储备库，用以调节市场供需。

#### 3. 深化碳交易制度的技术研究

建立符合碳交易需求的建筑能耗和温室气体排放报告制度，完善报表和排放清单标准化建设；建立独立的第三方排放监测核证制度，明确核证机构的资质和业务规范；加快建筑领域碳交易方法学标准化建设，简单易行，提高操作性。

#### 4. 深化交易机制和交易模式研究

总量控制交易或基准线信用模式原则都适用于建筑碳交易，但根据建筑类型的不同，

必须建立符合不同类型建筑减排特点的交易机制。考虑大型公建交易主体明晰、节能潜力较大、数据基础好、具备可借鉴的国际经验，可优先从大型公建总量控制碳排放权交易人手，，而北方供热企业的碳交易项目边界大、系统考虑因素多，可在天津试点基础上深化研究，提高交易的可操作性。深入研究新建建筑基准线信用交易模式，开发自愿性碳减排项目。

5. 分步骤、分阶段推进碳交易制度

碳交易是新生事物，不能一蹴而就，要逐步推进，建议碳交易步骤如下。

（1）准备阶段：完善相关的法规、政策和技术标准，确定合适的交易领域和交易模式，测试碳交易的流动性和可行性，培育市场参与主体的能力与市场经验。

（2）试点阶段：落实碳交易的实施方案，严格执行各项制度，真正体现以市场机制解决问题。

（3）全国推广阶段：制定建筑领域碳排放权交易制度的指导性文件，在有条件的地区进行经验复制，与其他行业的碳交易和减排活动进行有效对接，繁荣碳金融市场。

# 参考文献

[1]（美）谢德勒.绿色蜕变 可持续变革前沿的硬道理 [M].大连:东北财经大学出版社,2012.

[2] 戴星翼.走向绿色的发展 [M].上海:复旦大学出版社,1998.

[3] 戈钟庆.低碳经济与河北转型研究 [M].北京:中国经济出版社,2013.

[4] 刘存发.解读建筑 [M].天津:天津科学技术出版社,2015.

[5] 刘仲秋,孙勇.绿色建筑系列 绿色生态建筑评估与实例 [M].北京:化学工业出版社,2013.

[6] 吴涛.项目管理创新发展与建筑业转变发展方式 [M].北京:中国建筑工业出版社,2013.

[7] 夏麟,田炜.绿色公共建筑增量成本控制及技术策划研究 [M].上海:同济大学出版社,2016.

[8] 徐小东,王建国.绿色城市设计 基于生物气候条件的生态策略 [M].南京:东南大学出版社,2009.

[9] 叶祖达,李宏军,宋凌.中国绿色建筑技术经济成本效益分析 [M].北京:中国建筑工业出版社,2013.

[10] 叶祖达.低碳绿色建筑 从政策到经济成本效益分析 [M].北京:中国建筑工业出版社,2013.

[11] 耿华.现代化建筑设计中绿色建筑设计理念的应用 [J].绿色环保建材,2019(8).

[12] 郭志山.我国新时期绿色建筑经济可持续发展对策研究 [J].科学与财富,2017(30).

[13] 刘加平,何知衡.新时期建筑学学科发展的若干问题 [J].西安建筑科技大学学报(自然科学版),2018(1).

[14] 卢苗丽,徐菊花.关于绿色建筑经济性的探讨 [J].中国科技博览,2015(27).

[15] 王文慧.构建新时期绿色建筑设计创新体系 [J].建筑技艺,2019(1).

[16] 杨志魁.浅析我国绿色建筑经济的发展途径 [J].经济研究导刊,2017(20).